U0595078

姜维公　主编

吉林省文化发展专项资金项目"'三交'视域下《中国地方志集成》中吉林地区古代民族史料汇编(批准号:001001006006)"结项成果

吉林旧志中经济史料整理与研究

——以《中国地方志集成·吉林府县志辑》为中心

李龙胜　黄为放　周文瑶　著

長春出版社

全国百佳图书出版单位

图书在版编目（CIP）数据

吉林旧志中经济史料整理与研究：以《中国地方志集成·吉林府县志辑》为中心 / 李龙胜，黄为放，周文瑶著. -- 长春：长春出版社，2024. 12. -- (松江丛书 / 姜维公主编). -- ISBN 978-7-5445-7696-3

Ⅰ. F129

中国国家版本馆 CIP 数据核字第 2024YH8478 号

吉林旧志中经济史料整理与研究：以《中国地方志集成·吉林府县志辑》为中心

著　　者　李龙胜　黄为放　周文瑶
责任编辑　孙振波
封面设计　宁荣刚

出版发行　长春出版社
总 编 室　0431-88563443
市场营销　0431-88561180
网络营销　0431-88587345
地　　址　吉林省长春市朝阳区硅谷大街7277号
邮　　编　130103
网　　址　www.cccbs.net

制　　版　荣辉图文
印　　刷　三河市华东印刷有限公司

开　　本　170毫米×240毫米　1/16
字　　数　374千字
印　　张　21.5
版　　次　2024年12月第1版
印　　次　2025年2月第1次印刷
定　　价　108.00元

整理说明

一、《吉林旧志中经济史料整理与研究——以〈中国地方志集成·吉林府县志辑〉为中心》主要收集清代、民国及东北沦陷时期吉林地区旧志中的经济关系的资料。“旧志”指1949年新中国成立以前吉林省的地方志书，本书时间范围上溯清代、下限至中华人民共和国成立为止（1616年至1949年），部分数据根据需要延伸至1949年以后。参考《〈中华民族交往交流交融史料汇编〉编纂体例》的解读，本书将吉林旧志中“经济关系”的相关史料分为“农业、工业与商业”“财政、交通与人口”“物产资源”等部分进行整理。

二、书中涉及的吉林地区旧志以《中国地方志集成·吉林府县志辑》所收录的方志为主，少数旧志来自《长白丛书》收录的吉林旧志。这些方志主要包括：金毓黻《民国长春县志》，打牲乌拉总管衙门纂修《光绪打牲乌拉乡土志》，郑士纯修《民国农安县志》，林珪修、徐宗伟纂《民国珲春县乡土志》，王瑞之编《民国辉南风土调查录》，王瑞之编《民国安图县志》，姚祖训修、佚名编《光绪通化县乡土志》，刘维清、张之言修《民国临江县志》，车焕文《民国抚松县志》，吴光国修、于会清纂《光绪辑安县乡土志》，钱开震修、陈文焯纂《光绪奉化县志》，钱开震修、包文俊修、李溶纂、曲廉本续修、范大全续纂《民国梨树县志》，魏声和等《珲春县志》，阙名《珲春琐记》，袁昶《吉林志略》，林传甲《大中华吉林省地理志》等十六部旧志。这些方志主要有康熙刻本、木犀轩藏清抄本、道光间刊昭代丛书本、光绪间刊仰视千七百二十九鹤斋丛书本、小方壹斋舆地丛抄本、民国间商务印书馆铅印丛书集成初编本，以及辽海丛书本、1985年黑龙江人民出版社龙江三纪本等十余种，补充李澍田《长白丛书》方志三部，订讹补遗，择善而从。

三、本书分为上下两编，共有八章，章下分节，内容用文言文表述，以文字记述为主，辅以表格等。上编为“吉林‘旧志’中各地民众经济关系史料”，包含农业、工业、商业、财政、交通与人口和物产三章内容，共设作物、田制、手工业、重工业、输入、输出、财政、交通、人口、动物、植物、水族和矿物等节；下编为“吉林‘旧志’中各地民众社会生活与社会流动史料研究”，共五章，包含《吉林“旧志”中各地民众社会经济史料概论》《疆隅淹没辽金界，虎穴鹰巢处处——萨英额〈吉林外记〉记》《〈长白汇征录〉国内研究综述》《辽东第一佳山水，留到于今我命名——刘建封〈长白山江岗志略〉记》《讲辽东舆地必读之作——曹廷杰〈东三省舆地图说〉记》等研究论文，对吉林旧志的体例、内容及经济关系相关方面进行整体研究。

四、本书正文中的史料，文字用通用规范汉字，行文遵守现代标点和段落规范。本书在前人基础上对旧志中相关史料进行摘录、点校、分类、整理，对行文中出现的民族名称等问题以注释的形式进行解释。对东北某些地名和族名均统一叫法，均保持史籍的原始叫法，地名使用现行标准名称。借鉴学界研究成果，对重出、讹误、存疑的史料进行辨析、考证，以注释形式列出，适当解读其体现的“三交”中“经济关系”的内涵。另 1941 年版《民国长春县志》中部分讹误，均已按杨洪友校注 2018 年版《长春县志》进行修正，不再逐一注释。

目 录

上编 吉林“旧志”中的经济史料

下编　吉林"旧志"中经济史料研究

上　编
吉林“旧志”中的经济史料

吉林省旧志中的经济史料主要包括农业、工业与商业、财政、交通、人口、物产等几类，每章分节进行摘录。

第一章　农业、工业与商业史料汇编

一、农业

（一）作物

《长春县志》卷三《食货志·实业》

农

《诗·大雅》：黍稷重穋，禾麻菽麦，秬秠糜芑，耟钱镈铚。言农种农具者，如此其详也。然农各视地而异：高下肥硗，异乎土质；寒燠燥湿，异乎天时；精粗勤惰，异乎民习。厚生敦业，由来尚矣。长春系因以招垦设治，居民多以力田起家。曩昔土沃人稀，隰野百里，四体稍勤，即足自给。近年芜莱尽辟，生聚日繁，气象熙暤①，诚乐郊也。惟县境土质略有差异，如乡一区、二区、三区为高原地，土量轻松，宜植豆麦黍粱；三区亦多沃田；四区地属夹荒，土质含沙，较为硗薄。至沿河一带，地势洼下，宜作稻田，此其大较也。但关于播种耕获，仍沿旧法，倘能农具改良，机械代力，资生之原，可操左券。兹按前代遗制，敬述农时，以宏我先民矩镬焉。

立春　清制：每岁立春前一日，由县具卤簿，陈仪仗，郡守以下皆诣东郊，行迎春礼。今废。

雨水　长工就佣，农作开始。

惊蛰　修耒耜，粪田。

春分　菜圃植蒜、剪韭。

清明　俗谚云：二月清明麦在前，三月清明麦在后。民国以是日为植树节。

---

① 熙暤：描述和乐、怡然自得的状态。

谷雨　故事，每岁是日，有司诣先农坛，行藉田礼。

立夏　种植杂谷、菜蔬。

小满　补种杂粮。

芒种　农俗，过此日后停止播种（俗谚云：过了芒种，不可强种）。

夏至　次耘，扁豆熟。

小暑　三耘，玉蜀黍熟。

大暑　刈麦，掘马铃薯。

立秋　刈靛，沤麻，晒菌蕈及淡巴菇。

处暑　同上。

白露　收绵，植葱，始刈禾。

秋分　百谷成熟，稼收野阔。

寒露　筑场圃。

霜降　腌渍菜蔬。

立冬　窖藏晚菘。

小雪　客作工满，盖藏御冬。

大雪　同上。

冬至　民国以是日为冬节。

小寒

大寒　纳赋，迎岁。

张书翰、马仲援修，赵述云、金毓黻纂，杨洪友校注：《长春县志》，长春：长春出版社，2018年，第141—142页。

《民国农安县志》卷二《实业》

自武力战争一变而为经济战争，则实业尚焉。工制器农登谷商通有无，皆能于经济界中占一位置，故谓之实业。若夫为官、为学、为军、为警类，皆不能自养。且万民以自养也。业既难言实，于何有，又或有官学军警之资格，而不得为之。与夫并无官学军警之资格，而幸冀其为之，而亦不农不工不商焉。官学军警之日见其多，而农工商之日见其少。此经济之所以恐慌也。志实业。

农业

农安昔在长春时为农安乡，设治沿为农安县，则俗之重农也。可知考，全县有地一万三千八百方里，人民三万九千零三十七户，男女三十万零四千二百三十二名口。有人有土富庶可期。惟地有遗，利民多游手不农而食者。若而人膴膴周原可以慨然而兴矣。

农户

先开垦地点

未放荒时，好来宝营子有民户七家，两家子民户两家，靠山屯民户五家，喇嘛营子民户三家，高家店民户两家。（调查册）

后开垦地点

查农安旧划十一警区，惟第一区位居城厢，第二区距城附近开垦。最早户口繁密，然面积狭小，人满为患。城西四五里民泰二区（即第八第十一区）幅员广阔，农户栉比。其余各区户口疏落。再西之东修西修区（即九区大冈一带，谓之西夹荒）。清光绪二十八九年出放，开垦最晚，农户亦复寥寥。（农会稿）

按上述，第二区同七区划并新四区，第八区为新六区，第十一区为新九区，九区大冈为新七区。

农田

东路以靠山屯、高家店、万金塔、黄花冈迤南、迤西。西路自东西卜尔墩，西至三宝屯，南至朝阳坡，北至赵家店，为腴田。以伏隆泉迤西，迤北抵长岭界，地多黄土。哈哩海城子迤北抵蒙界，皆沙包，为瘠田。全县额租地二十四万三千八百七十二垧七亩八分，可分上中下三等，平均约各占三分之一。原额原扣浮多三项四十五万九千零六十五垧四亩二分七厘，可分上中下。沙包硷甸四等平均约各占四分之一。

按中国全境多山，惟北至江省墨尔根，南至伊通州，东至铁山包，西至广宁。纵横约各三千里，一片平原，为全国唯一产粮区。而农安适处其中，亦可喜也。

农畜

全境骡马四万八千六百一十三匹，牛六千九百七十头。

按农事人力马力各半，而财力其次焉。农安独富于畜牧，钜家至畜牝马四五十匹，牝牛亦至少十余头。得子以其母，不惟耕田有资，而每售一马一牛获赀亦累万也。

郑士纯修，朱衣点纂：《民国农安县志》，凤凰出版社选编：《中国地方志集成·吉林府县志辑②》，南京：凤凰出版社，2006年，第55—56页。

《民国农安县志》卷二《田赋》

分则制赋详于禹贡，履亩加税肇自春秋。田之有赋也久矣，农安在古代肃慎、夫余田制无考，高丽税布五匹、谷五石。租户一石，次七斗、下五斗。是为田赋，见于载籍之始。辽太宗籍五京户口以定赋税，有公田闲田私田之分。金官地输租，私田输税。其制不传大半。分田之等为九，而差次之。夏税亩取三合，秋税亩取五升，又纳秸一束。束，十有五斤。元代取民分丁税、地税二种。其地税又分夏税、秋税，大抵仿行唐制。世祖中统四年戒蒙古军不得以民田为牧地。有明一代莫详沿革。清初则纯为郭尔罗斯[①]游牧地也。道光七年借地安民而丈放升科之事起焉。兹列目为六，曰丈放、曰划拨、曰清赋、曰升科、曰税契、曰换照。条分缕晰不惮求详，俾留心田制者得以考沿革而悉原委焉。志田赋。

清代

放荒

农安荒有二种，东荒为月字荒，系与蒙人佣工，一月准领荒三十垧，由人民与蒙公直接办理；西荒为方字荒，每方四十五垧，外有二垧房园，由省委员会同蒙员办理。其荒横跨长春所属界内，故曰夹荒。兹欲考厥原委当自长春始。

（辛亥）乾隆五十六年，郭尔罗斯札萨克公恭格喇布坦以其游牧之地招流民垦种（长春县新调查），初不知有履亩绳丈之制，地多租少流民利之，故至者日众。（同上）

（庚申）嘉庆五年将军秀林查办始为借地安民之议。（同上）凡得熟地二十六万五千六百四十八垧，以其地划分四乡，一曰沐德、二曰抚安、三曰恒裕、四曰怀德，俗呼为大荒，又曰老荒。（同上）

（丁亥）道光七年属长春界内夹荒招民领种。（上同）初四大乡界外横跨长春所属，地界名曰夹荒（西夹荒即恒裕乡十、十一、十二、十三、十四、十五甲，东夹荒即怀德乡木石河一带）。（同上）

---

① 郭尔罗斯：在吉林西部地区。

（壬寅）光绪二十八年冬十二月，饬勘明新荒界内艾甘免屯等处，未放蒙荒。（军道宪札）计地一万余垧。（知县张呈）

办法未详。

（丙午）三十二年秋八月二十一日，饬候补通判张呈泰将前次放剩新安镇迤北之荒，就近与蒙公商明勘放完竣。（府转奉军道宪札）计有地四万垧。（同上）

按此荒出放约值钱九十六万余吊，以之归补前借官帖代还欠债之款。冬十二月初六日，县属伏龙泉镇设立蒙荒行局。（总理张会办，王移知）拟抵还借款之荒应迁，伏龙泉以北、大来伯向西一带，划放四万垧以资抵换，所收荒价及将来征租统归蒙公。（府转奉军道宪札）

划拨

（庚戌）宣统二年夏，饬查明田赋由某属拨来若干。（民政宪谢札）

拨来

考县境原属长春府管辖。光绪十五年，分设县治，所有田赋税额，均由长春府按四六划拨，当拨归县属四成，纳租地九万余垧，四成蒙租津贴办公钱六千吊。二十四年经前将军延委杜前县办理加增，又增纳租地九万余垧。共有纳租地十八万三千七百九十七垧八亩八分。又增蒙租津帖办公钱一千四百四十吊，先后共有蒙租津帖钱七千四百四十吊。（知县茹详报）

按县原升科及续增地二十二万六千一百六十二垧六亩八分。详税捐志。茹详与拨长岭后数符按四六划拨及加增数未识何考。

拨去

考农安原分心、正、意、诚、身、修、家、齐、国、泰、民、安十二区。光绪三十四年秋，将家、齐、国三区划隶长岭县治，计地三万七千五百八十四垧一亩七分二厘。（呈报）

按此即新安镇主簿管辖区域。

郑士纯修，朱衣点纂：《民国农安县志》，凤凰出版社选编：《中国地方志集成·吉林府县志辑②》，南京：凤凰出版社，2006年，第67—68页。

《民国珲春县乡土志》卷九《实业》

农业

珲春山川磅礴，原湿漫衍，为天然宜于农植之区域，曩以八旗少年，隶属军治，悉仰官俸自给，未能勤农事以尽地利。三十年来，直鲁之民移垦日多，三韩遗族视此邦为乐土，租种愈夥。但未能有集合巨资，划为农区，以谋改良种植者。是则赖邦人士之提倡矣。兹将农业状况分述如左：

1. 农作物之种类

（1）豆类

大豆、小豆、绿豆、豌豆、蚕豆、豇豆、篇豆[①]、菜豆、芸豆、刀豆。

（2）麦类

大麦、小麦、荞麦、穬麦、燕麦。

（3）谷类

谷、高粱、黍、稷、粘蜀黍、秫、稗、粳稗、玉蜀黍。

林珪修，徐宗伟纂：《民国珲春县乡土志》，凤凰出版社选编：《中国地方志集成·吉林府县志辑③》，南京：凤凰出版社，2006年，第411页。

《民国珲春县乡土志》卷九《实业》

芸豆	小豆
11.00	13.00
11.00	12.50
11.50	13.00
11.60	13.50
11.70	13.50
11.90	—13.50
12.00	14.50
12.20	14.50
12.30	15.00
12.40	15.00
13.00	—16.50
13.20	16.50

① 即扁豆。

续　表

芸豆	小豆
15.00	16.00
15.00	15.50
16.00	—15.00
16.50	15.00
16.50	15.00
18.00	15.00
18.00	18.00
18.00	18.00
19.00	18.50
19.00	19.00
20.00	20.00
20.00	21.00
11.00	16.00
10.50	13.00
12.00	13.00
13.00	14.00
12.90	14.50
13.00	14.80
13.50	15.00
14.00	17.00
14.90	20.00
16.00	20.00
15.90	18.00
15.00	19.00
14.35	15.85

垦务篇（见《东三省政略》清末出版）

珲春，滨海之地也，气候平和而又有江河，流域纵横而贯□之，故原湿丰沃五谷之植随在皆宜。光绪七年吉省既废禁山围场之制，于是珲城南冈东沟黑顶子寺处均设垦局。珲城设春和、春云、春华、春明、春融、春阳等社，计垦成熟地五千六百二十垧零一亩六分。南冈设志仁、尚义、崇礼、勇知、守信、明新等社，计垦成熟地一万八千九百三十九垧九亩三分。东沟设春仁、春义、春礼、春智、春信等社，计垦成熟地两千零七十三垧九亩六分。均经奏报有案，是为珲春筹办垦务之始。光绪二十年复收还朝鲜流民越垦地亩，并将垦民立社编甲照则升科。设抚垦局以管理之丈报熟地一万五千四百余垧，岁征大租银两千七百七十九两。自兹以后放荒招垦逐渐经营，渐著成效。

林珪修，徐宗伟纂：《民国珲春县乡土志》，凤凰出版社选编：《中国地方志集成·吉林府县志辑③》，南京：凤凰出版社，2006年，第433页。

《抚松县志》卷四《人事》

农业

农会

民国十三年，知事刘天成以本邑设治已久、农业不兴，实由农产无人提倡改良、农民疾苦无可告语，遂提议组织农会；通知城乡绅董定期开会，选举会长。票选结果，车仁盛被选为正会长，李长胜为副会长，农会于是成立。由县发钤记一颗，文曰“抚松县农会钤记”。嗣于十六年[①]夏改选，史春泰为正会长，徐肇业为副会长。会址设于小南门里路东，亦颇适中。

农事

抚松林荒初辟，农事简单，被佣者分为三种：一、先支工资；二、倒楂；三、秋收分粮，谓之青户，俗称榜青。盖不预支工资，秋成始能分粮，谓之青分：每人可种地四五十亩，每人年可余奉票小洋四五千元。先支工资者，言明一年工资若干，预先交付。倒楂者，例如某甲开垦某乙之荒，所有农具、食粮均由某乙供给，此一年所出之粮完全归甲独有，以酬其开垦之劳。如来年某甲仍欲耕种，则须与某乙另行商订，计亩论租矣。又有垦荒者，例如某甲有荒若

① 民国十六年。

干，招某乙开垦，所有盖房、农具、食粮、会款，均由乙自行预备，甲给予乙七年或八年之年限，在此年限之内不纳租粮，迨年限既满，始行论租，或由甲另行招佃。按以上数者比较，若从劳工方面着想，以垦荒较青分、倒楂为便宜。抚松地处边陲，气候微寒，耕种稍晚，至土宜之辨别、施肥之讲求及防病防虫诸法，尚待研究；而铲锄之事，亦属简略。兹将农事分述如左：

立春　租兑田地。

雨水　长工、青户就佣，开始工作。

惊蛰　修耒耜。

春分　修耒耜。

清明　种菜蔬。

谷雨　种大小麦。

立夏　播种五谷。

小满　补种杂粮。

芒种　补种豆子。

夏至　耘田。

小暑　耘田。

大暑　挂锄刈草。

立秋　挂锄刈草。

处暑　刈麻、沤麻、晒菌蕈。

白露　种葱；三岗做参，谓之开锅。

秋分　百谷皆熟，禾稼收获；三岗参户栽参。

寒露　谷尽登场。

霜降　拾蘑菇，腌菜。

立冬　碾谷储仓。

小雪　猎取皮张，樵柴，工满分粮。

大雪　猎取皮张，纳租赋，盖藏御冬。

冬至　猎取皮张，纳租赋，盖藏御冬。

小寒　纳租赋，盖藏御冬。

大寒　决算赢绌[①]，迎岁。

---

① 指财政盈余和亏损。

农产

本邑农产，五谷咸备，惟以天时土宜之关系，其各类种植之多少及产量之约数，不无出入。兹据十六年秋季之尽量调查，列表如左：

类别	播种亩数	每亩平均产量	总产额
高粮	一六九九〇〇（亩）	四（斗）	六七九六〇（石）
谷子	一〇三〇〇〇	四	四一二〇〇
糜子	四六〇〇〇	四	一七四〇〇
玉蜀黍	四五〇〇〇	五	二二五〇〇
稷子	三九九〇〇	四	一五九六〇
元豆	三七〇〇〇	三	一一一〇〇
吉豆	五九〇〇	二	一一八〇
小豆	五七〇〇	三	一七一〇
豇豆	五二〇〇	三	一五六〇
稗子	五二〇〇	七	三六四〇
精子	五二〇〇	二	一〇四〇
大麻	四九〇〇	三	一四七〇
线麻	四八〇〇	三	一四四〇
苏子	四七〇〇	三	一四一〇
大麦	三九〇〇	五	一九五〇
小麦	三八〇〇	三	一一四〇
荞麦	三五〇〇	四	一四〇
黄烟	三二〇	八十斤	二五六〇〇〇斤
芝麻	三二〇	二	六四〇
合计	五〇〇〇〇〇		一九四七〇〇石

张元俊监修，车焕文总编：《民国抚松县志》，凤凰出版社选编：《中国地方志集成·吉林府县志辑⑤》，南京：凤凰出版社，2006年，第423—425页。

（二）田制

《长春县志》卷三《食货志》

田亩

附学田

禹别九州，任土作贡；画圻分田，底慎财赋。然后国用饶而民生裕，故古之敷政者，必自经界始也。长邑于前清嘉庆五年借郭尔罗斯公牧地设治招垦，流逋四归。百年以还，芜莱尽辟。逮及清季，已垦熟田六十余万垧。嗣划归农安、德惠两县二十余万垧，本邑现有实田四十余万垧。缕析如下。

乡一区：沐德头甲八千五百二十二垧六亩，沐德二甲一万零一百八十四垧四亩，沐德三甲八千四百四十四垧一亩，抚安头甲六千二百六十二垧七亩，抚安二甲五千六百八十一垧七亩，抚安三甲八千三百八十七垧六亩，抚安四甲二千六百八十五垧八亩，抚安五甲五千三百五十四垧一亩，抚安六甲六千七百五十五垧七亩，统共六万二千二百七十八垧七亩。

学田：五家子三十六垧五亩，卡伦九垧，小城子七垧二亩，兴隆山十三垧，陆家店二垧，鸡鸣山二垧五亩，新立城十三垧。

乡二区：抚安七甲一万一千五百一十二垧二亩，抚安八甲一万一千四百五十九垧八亩，抚安九甲一万四千九百九十八垧四亩，抚安十甲九千六百四十八垧四亩，抚安十一甲一万四千九百零五垧五亩，沐德八甲一万二千七百五十九垧六亩，统共七万五千二百八十三垧九亩。

学田：老边岗十垧，天吉十垧。

乡三区：恒裕北六甲七千二百三十五垧，恒裕七甲四千三百三十八垧五亩，恒裕八甲一万一千零四十一垧七亩，恒裕上中下九甲计三万一千七百七十三垧三亩，统共五万四千三百八十八垧五亩。

学田：柳家窝堡四十垧，烧锅岭三垧。

乡四区：恒裕十一甲二万一千四百八十七垧七亩，恒裕十二甲一万二千五百四十九垧七亩，恒裕十三甲一万零五百一十四垧二亩，统共四万四千五百五十一垧六亩。

学田：无。

乡五区：恒裕头甲四千二百五十二垧二亩，恒裕二甲四千三百一十八垧七亩，恒裕四甲二千五百三十九垧四亩，恒裕五甲四千六百一十二垧七亩，恒裕南六甲五千六百六十五垧八亩，恒裕中六甲五千八百零四垧，恒裕十甲一万四千四百三十九垧四亩，统共五万零三十垧二亩。

学田：大杨家屯熟地五垧八亩。

奉天安广县学田，系前清光绪三十年，长春府知府王古愚捐廉银一万两，购置荒地一千五百六十六垧七亩七分。现已垦成熟田二百零九垧八亩，所收租金专充兴学经费。档案庋存财务处。

五常县蓝彩桥学田，系吉林、长春、榆树、扶余、五常五县醵资购置荒地一千一百零二垧五亩，于前清宣统三年，经长春府城议事会议决，充作吉、长、扶、榆、五常五县学务经费。现已垦成熟田五百九十六垧二亩八分八厘，所收租金按五县俵分，轮值经管。文契归财务处保存。

按：清乾隆五十六年，郭尔罗斯札萨克[①]公恭格喇布坦，以其游牧之地，招流民垦种。初不知有履亩绳丈之制，地多租少，流民利之，故至者日众。嘉庆四年，将军秀林查办，始为借地安民之议。凡得熟地二十六万五千六百四十八亩，添设长春厅，以其地划分四大乡：一曰沐德，二日抚安，三曰恒裕，四曰德惠，俗呼为大荒，又曰老荒。每亩征粮四升，共折银五百七十八两六钱。该札萨克自向民人征收，为置通判以弹压之。每届四十五年勘丈一次，如有浮多熟地，照地增租。四大乡界地以外，横跨长春所属地界，名曰夹荒，于道光七年招民领垦。经部奏定，于租界外有续行开垦者，作为十年一限，按亩勘丈，入册收租。咸丰元年至六七年，光绪十一年至十八年，屡奉理藩院咨催勘丈。将军长顺查出熟地四十三万余垧，蒙古每年所得止十四万余垧之租。长顺派补用通判张呈泰与蒙古等共定增租之议，照十四万余垧之数再加一倍增租，免其勘丈，取其蒙公印结在案。会长顺去任，事遂中止（《吉林通志》二十九）。

张书翰、马仲援修，赵述云、金毓黻纂，杨洪友校注：《长春县志》，长春：长春出版社，2018 年，第 107—109 页。

《打牲乌拉地方乡土志》

田赋

乌拉官庄，在城西北八十里。于康熙四十五年所设、尤家屯官庄一处，张

① 蒙古语“执政官”的意思。

家庄子屯官庄一处，前其台木官庄一处，后其台木屯官庄一处，蜂蜜营屯官庄一处，共官庄五处，名为五官屯。按年共应额征官粮仓石三千零二十四石。除官庄征粮备用外，其余旗地，并无赋额。

查咯萨哩荒地，在城东北一百三十里，共熟地一千七百垧。按年额征租钱八百吊，津贴五官庄牧牛月班之需。

凉水泉荒地，在城东北二百里许，共熟地一万四千垧，历年额征租钱八千四百吊，津贴差务之需。

金恩晖、梁志忠编：《打牲乌拉地方乡土志》，长白山文库系列丛书：《打牲乌拉志典全书·打牲乌拉地方乡土志》，长春：吉林文史出版社，2022年，第128—129页。

《民国辉南风土调查录》第十三章《实业》

第一节　农业

辉南县境从前本像鲜围，间有山田，当光绪四年全行放垦，辟草莱，驱鹿豕，一变而为农植区域。前十数年犹屡遭霜雹，灾歉频仍，近年人烟日密，地脉气候渐见转移，收获亦遂丰稔。

王瑞之编：《民国辉南风土调查录》，凤凰出版社选编：《中国地方志集成·吉林府县志辑④》，南京：凤凰出版社，2006年，第55页。

《民国安图县志》卷四《实业志》

国家之盛衰视乎实业之兴替，故有国家者莫不以研究实业为要图。古人教民稼穑树艺五谷，重农业也；百工居肆以成其事，重工业也；日中为市懋迁有无，重商业也。斯三者乃人民生活之本，国家振兴之源，要在竭力研求采择西法，提倡改良，实业之发展自当胜于襄昔矣。安图边徼一邑耳，幅员辽阔山林畅茂，且榛莽荒秽，逐渐开辟。地方人民之实业其困难情状不待言矣。以言夫农林荒初垦地无膏沃，加之气候严寒，洼塘禾涝，每逢炎夏则禾稼枯乾，阴雨连绵则汪洋莫泻，是农业之困也。以言夫工居肆则墨守成规，制造则遵循旧法，若问改良新式则操器茫然，只可应售于一方，不能畅销于各县，是工业之困也。以言夫商山路崎岖交通不便，商家货物每于严冬冰道之时，购自外省藏椟待价，其利倍蓰，是商业之困也。至于矿产之业，则无人提倡，蚕桑业则气候不宜，森林之业则山林封禁，捕鱼之业则江河浅涸。似此荦荦诸大端未经举办，合地利而不求，置实业于弗问，将何以课，进行而图发农业。倘能群策群力共谋提倡，俾地无旷土，野无游民，全境无冻馁之忧，即国家有致富之源也，吾县人士盍亟图之。

马空群、陈国钧等修，孔广泉、臧文源纂：《民国安图县志》，凤凰出版社选编：《中国地方志集成·吉林府县志辑④》，南京：凤凰出版社，2006 年，第 266 页。

《光绪辑安县乡土志·田赋》

则壤成赋之制始于禹贡，而分为九等。至周官所载，不易之地家百亩，一易之地家二百亩，再易之地家三百亩。辑安边荒初开，山林多而田地少，準诸禹贡，则厥田下，下揆之周官，则为再易之地。前清征田定赋，任民之有田者税之而不复计其丁口，固己海隅苍生咸获乐利矣。

光绪二十九年，由通化县划归辑安县，额征钱粮地四万七千二百三十五亩，嗣因滋生保错，草沟以北地方归临江县管辖，随界划去额地二千二百七十一亩二分，照数剔除，实收额征钱粮地四万四千九百六十三亩八分，并怀仁县划归辑安县，额征钱粮地七万零五百九十一亩一分二，共计十一万五千五百五十四亩九分。每亩征银三分，计征存二分，正银二千三百十一两零九分八厘，经征地亩一分，耗羡银一千一百五十五两五钱四分九厘。

光绪三十年，准怀仁县移称：因去岁移送拨归辑安县地亩各册，将融和保二户冲和保一户，共三户，计地一百六十二亩六分，漏未移送，今特查明补送，共计额征钱粮地十一万五千七百一十七亩五分，应征地粮正银二分，耗羡银[1]一分，共征银三千四百七十一两五钱二分五厘。

光绪三十年，和字六保官地一千八百九十亩，每亩征钱一吊二百文，共征东钱二千二百七十五吊二百文。

光绪三十一年，聚字五保官地四百九十八亩五分，每亩征钱一吊二百文，共征钱五百九十八吊二百文。

吴光国修，于会清纂编：《光绪辑安县乡土志》，凤凰出版社选编：《中国

① 又称火耗银，是清代赋税所征在抵补实际损耗后的盈余。

地方志集成·吉林府县志辑⑦》，南京：凤凰出版社，2006年，第260—261页。

《光绪辑安县乡土志·农政》

民为邦本，食为民天。一夫不耕或受之饥。故周家以稼穑开基，尤以劳农劝民为重。如匠人治沟洫，遂大夫治修稼政，草人掌土化之法，稻人掌蓄泄之宜。设官分职，其所以为农计者，至详且备。夫天下之大利，必归农。王政之首，图在重食。惟勤劝课，禁游惰，不违农时，农政纲领三者近之。辑安山多田少，地阔民稀，开辟年浅，水利未修，迩来韩民租佃颇谙潴水种稻之法，而内地农民亦踵习其法从事耕种，共知水利之不可不兴，至于招民垦荒。甲午之战，凤凰厅所属各州县民之避乱北徙者。知通化县事黄毓森，字芷静，禀请当路安插难民，凡余荒及浮多地亩，准难民报领垦种，三年后升科，一时报领者甚众，所有招垦亩数及办理情形，原卷均经兵燹失无凭查考。

光绪元年，邓委员办理怀仁县境地亩局务，招民开垦。至光绪二年，设怀仁县治。章樾，字幼樵，知县事，接办地亩局务，即于是年升科起征。至光绪四年，据祥和等五保保正井玉等联名禀称：有流民二百二十余户，在太平沟、蒿子沟等处占垦闲荒等情。当经章公禀准该流民等续报升科。至光绪七年清丈地亩。

吴光国修，于会清纂编：《光绪辑安县乡土志》，凤凰出版社选编：《中国地方志集成·吉林府县志辑⑦》，南京：凤凰出版社，2006年，第268—269页。

《珲春琐记》

当道设局招垦，俟尽辟污莱，然后设官征赋。分局六处，每局约垦田数万亩。民数万余，山东人为多，旗人次之，而他国人之愿剃发以从事耕田者，俗呼曰小倌人，亦复不少。人之来此者，近有五六万众。田之已熟者，已有十余万亩，每年并不纳税。词讼由局判断，重大者始申详上游。王道之要，庶富后须加以教。学校之设，是所望已。

珲地所立军营七八处，操练之余，更责认他事，颇得所，其无逸之遗意。兵卒亦绝无惊扰乡里者。

旗官自都统以下名目极多，汉官惟局员，而务农者则旗人反少。……

地上沙深四五尺，少下即石。五谷惟稻难种，籼米、麦黍均易滋长。贵重者有金砂、人参二种。民间淘金虽经官禁，然野僻之区仍有淘者，惟不敢显然出卖，藏此者每置诸碗中与家人作局戏之具。闻宁古塔产金尤富，亦经官禁止淘取。

农人耕田，有得兽之助者。其兽名四不像，以其非牛、非马、非犀、非象也。而独具灵性，生长山中，不扰人间一物。农人吹胡笳，兽即闻声而至，至必以群，可以任打磨、犁田、载物诸事。设此事但须一兽，则留其一，而余俱引去。待事即毕，兽即归山中。人见其劳也，而与之食，兽亦不食。其勤且俭有如此。世之贪得无厌及无功食禄者，不几此兽之不如邪？

李东赫点校：《珲春琐记》，王锡祺：《小方壶斋舆地丛钞》（第三帙），安龙祯等整理：《珲春史志》，长春：吉林文史出版社，1990 年，第 764—765 页。

《大中华吉林省地理志》第八十四章《农垦（吉林外纪　经世文编　地学杂志）》

汉人移垦吉林，自清顺治丁酉科场始，吴江吴兆骞父兄妻子长流宁古塔，始有记载。己酉（1669）流郑芝豹及郑成功之母。部将刘炎亦于康熙十六年流宁古塔。顺治国丧，金圣叹以哭庙、抗粮杀其身，妻子发配，至今子孙居宁安南金家沽。当康熙最盛时，遍设军台，命流人分守，号曰台丁，拨与田地，令耕种自给。中原华族，经冰天雪地之困苦，与虎狼为邻，求死不得，不得不以农业谋生，命妇跣足，敲冰出汲，虽觉可怜，其子孙乃拥大地而成世家豪族。今燕、齐之民争至，领地不得者，已设清理田赋局，于省城白旗堆子。

铭安将军整顿满洲之政策

一、增设行政区域。二、军政之统辖，限于满人，汉人立于民政管辖之下。三、提倡保甲团练，防御盗匪。四、奖励士子。晓谕良民，教育子弟。五、稽查汉人占有土地征收赋税，振理财源。六、官有土地给与民间，无论满人汉人，均得沐其恩典。七、开汉人妇女出长城之禁。八、淘汰昏庸官吏，革除弊习。

清廷奖励殖民之方法

一、凡可耕未垦之地，每百亩定价四串，卖与人民，但每人以购千亩为限。又无资购买，愿领地耕作者，每百亩纳地租六百文。

二、官有荒地，付民间开垦，初免税五年，俟垦地基固时，每百亩纳租金六百六十文。此五年免税，专为垦地最少者规定之。至开垦达数千亩以上者，经若干年纳租后，即归为己有矣。

三、毗连南乌苏里地方，气候严寒，地味亦瘠，热心开垦者甚少，故凡愿移居此地者，不独免纳租税，政府补助经费三十二两，借资购置农器、牛马、建屋。半纳现金，半给食料。十年以来，沿边数十万亩之旷田，悉为勤俭耐劳之汉人产业。

汉人拓殖事业之发展

初至时，为满人佃人①，披荆斩棘，茹苦含辛。满人不解农事，渐至变卖土地，归于佃户，满人固有荒地，亦多私卖、私典与汉人者。蒙古王公荒地，亦多私招汉人开垦，其杰出者为揽头，包揽大段，招户分垦。无业人民依以为食，名曰傍亲，或曰傍青。

林传甲：《大中华吉林省地理志》，李澍田：《长白丛书》（五集），长春：吉林文史出版社，1993年，第379—380页。

二、工业

（一）手工业

《民国农安县志》卷二《实业》

工业

世运之新机日启而工作之用为急，农安无最大工厂。对于一切专门技术向未研究，初无工业之可言。然考工有记不外人生日用之需。粤镈燕函备详记载，此亦志工业之滥觞也。试举其类。

作房类

木铺五家

同和发、聚发成、双发成、天兴顺、庆和木局。

车铺四家

公升和、广和义、江木铺、德兴木铺。

银匠铺七家

祥茂兴、隆合盛、义合金、玉升金、物华鑫、新盛金、四合成。

铁匠炉十家

东发炉、万和炉、德发炉、永发炉、金茂炉、同聚合、永盛炉、宝兴炉、

① 指租种官府或地主田地的农民。

赵家炉、宋家炉。

锡铺七家

仁记、三义成、玉祯祥、利兴成、王锡铺、蒋锡铺、王锡铺。

楼房一百三十二家

工厂类

工厂二家

万福合织袜工厂、振坤女工厂。

刷印类

石印局三家

中央石印局、文英石印局、鸿大石印局。

揭裱类

裱画铺一家

文雅轩。

衣服类

成衣铺九家

三盛源、魁兴永、延兴厚、庆昌号、公兴泰、聚盛兴、万顺成、双合顺、玉兴源。

衣庄二家

文合衣庄、福善衣庄。

靰鞡铺六家

永源福、玉新合、天合公、春发合、永发合、新发合。

皮铺代造鞍三家

双发合、德兴合、侯家皮铺。

鞋铺四家

聚盛永、同聚合、福聚长、独一斋。

饮食类

馃点铺大小十五家

万玉发（资本一百五十万吊）、永庆长（一百三十万吊）、玉茗顺（一百零二万吊）、福兴合、祥聚合、双盛发、三益斋、福盛东、祥和永、义顺兴、福发兴、宝香春、王烧饼铺、杨烧饼铺。

饭馆大小十五家

万顺庆、福合园、聚顺馆、东升庆、四海园、路家馆、孙家馆、东盛饭庄、王家馆、谢家馆、孙家馆、刘家馆、郭家馆、义顺园。

郑士纯修，朱衣点纂：《民国农安县志》，凤凰出版社选编：《中国地方志集成·吉林府县志辑②》，南京：凤凰出版社，2006 年，第 61 页。

《光绪辑安县乡土志·工政》

《虞书》列共工之官，《周礼》备考工之记，工虽小道，古人尝有专家大之固赖以富国，小之亦足以利用，约之固可以谋生，推之实所以兴商。古之善治国者，通商必急于惠工，工艺者，诚商业之嚆矢也。辑安地瘠民贫，风气未开，旧有攻金之工、攻木之工、攻皮之工、设色之工、□□之工，然因陋就简，拘守成法，求其智为创而巧为述，精益求精者，盖亦难矣。劝之董之，舍其旧而新是谋，循其名而核其实，则工艺局之设诚不可缓矣。

吴光国修，于会清纂编：《光绪辑安县乡土志》，凤凰出版社选编：《中国地方志集成·吉林府县志辑⑦》，南京：凤凰出版社，2006 年，第 270 页。

《大中华吉林省地理志》第八十九章《工厂（国货调查录）》

世界工人受值之廉，作工之勤，无过于华工者。东省铁路公司，工务执斤掘土，负图版筑者，皆山东人。机务各匠，则多来自津、沽。哈埠间有南人。华工多在下级，纵艺术优良，总不逮俄工所得之多。糖厂、纱厂，尤赖华工。工厂最大者为烧锅，豆油、豆食及面粉公司次之。今滨江油房，由倭人包买，豆饼悉由南满运出。火磨面厂，省城有恒茂，各大埠亦多有之。机器锯木亦曰火锯，则萃于省城下游之东大滩。民智日开，人生亦勤，国货发达。上年哈埠秦家冈，有中俄合办工业大学，有土木、机械、电气等科，并附以工厂实习云。

吉林各工厂

省立工艺厂　省城巴尔虎门外，所织有五色国货旗牌，各色花纹布及中西各式桌椅。地球、松竹牌大支吕宋烟卷，香味尤佳。

旗务工厂　省城西关织醒狮牌改良布匹，绒毛线袜，毛巾被褥袍料，西式木器。

福昌织袜厂　哈尔滨道里中国十一道街，织各种线袜。又有东陲织袜公司。

镇远公司　哈尔滨织丝光布及各色花布。

丰顺公司制蜡厂　滨江傅家甸升平街，制蝴蝶印牌洋烛。经理人王允升，资本三万元，翌年获利四万元。

新华两合公司　宁安城南江沿，制国旗麦捆牌面粉。

永远面粉公司　阿城县，制麦穗牌面粉。

亚洲制粉公司　长春二道沟。

天兴面粉公司　依兰西关，制醒狮图牌面粉。

成发祥、成泰义及东亚粉厂　三厂皆在哈尔滨，制牛、地球、国旗等牌面粉。

烟草工厂　哈尔滨里华三道街，制烟卷甬烟纸。

振兴和记机器　哈尔滨，造汽轮船、车、电话、电灯、打米等机。

同记制帽厂　哈尔滨，制各种草帽。

顺丰公司　哈尔滨，制各种纸料。

天惠公司　长春华兴镇，制五族共和牌造碱。

增昌火柴工厂　省城西营，国货畅销，年底结帐，恒获厚利。

林传甲：《大中华吉林省地理志》，李澍田：《长白丛书》（五集），长春：吉林文史出版社，1993 年，第 385—387 页。

《大中华吉林省地理志》第九十章《作坊》

吉林省城有工务总会，在河南街。旧日工人，颇有团体。但昔日则分省、分县成帮，今则继农会、商会之后，渐有大团体。然俄边一带华工会，往往传播过激主义，秘密结社希图扰乱。此项华工但知劳动，并无技能。若各作坊之工徒，皆以一艺自立。盖上古至单简之工，始于结绳，尚有三十余家。而最新与科学有关系者，如照像馆亦多至二十家。印刷所，大小二十家，铅印能印书报，石印亦印名片、广告。今金工、木工，百业发达，衣食所资，又踵事增华也。

吉林各作坊在省城者

金银楼　即首饰楼，共十四家。河南街之装饰美术品，比于京津。　铜器店　三十五家。修整钟表二十二家。　锡器店　十五家。　铁器店　十六家，铧子炉多售农器。　以上金工。

木材店　五十四家。　木器店　一百二十六家。刻字店　十家。造车店四十四家。马具店　一十六家。　以上木工。

皮货店　九十一家。估衣店　二十三家。　帽子店　二十三家。　靴店　五十六家。鞋店　八十五家。　裁缝店　七十六家。染坊　三十七家。洗衣店　十二家。　以上衣服。

饮食店　一百二十二家。酒铺　十八家。茶店　十二家。粮店　五十家。　屠兽店　二十家。肉店　五十二家。果腊店　三十三家。　酱油店　三十家。制粉店　三十五家　叶子烟店　三十六家。以上饮食。

林传甲：《大中华吉林省地理志》，李澍田：《长白丛书》（五集），长春：吉林文史出版社，1993年，第387页。

（二）重工业

《长春县志》卷三《食货志·实业》

工

长春在铁轨未通以前，人民多从事农业，若其少数手工业，仍在原始时代。自辟埠互市以来，汽机、电力输入内地，日人挟其经济势力，以利用天产丰富之原料，所谓大机械工场随地涌现。近年邑人感受环境之督促，始有大机械制面、取油之企业组织，以相竞逐焉。至于城埠乡镇之旧式手工业，仍保其拘挛锢闭①之习，不稍变通，遂无发展之可言。兼以囿于情势，县工会迄未成立，关于失业之救济，以及储蓄保险各种合作之组织，均付阙如，不能发挥工业自身之本能，以收改善观摩之效。处此物竞天择之际，未可视为缓图者也。兹列举各工业，觇其概况焉。

金店	二十	银匠铺	
铜器行	二十七	铁器行	一百二十
锡器行	八	木器铺	一百零一
皮件铺	四十四	缝织工场	
成衣业	六十六	估衣业	五十

① 与社会隔离。

续 表

鞋帽铺	一百零九	鞭杆铺	十七
镜铺	十九	洋铁铺二	
笔店	十八	印刷业	十四
弹染业		裱画业	十九
棚杠坊		理发业	七十
泥木作坊	五	窑业	
铁匠炉	二十一	刀剪铺	九
照相业	六	罗圈铺	七
旋匠铺		鞭炮铺	三
枪炉		熏皮业	
洋服店		倮爉业	
鼓乐班	十四	浆洗业	十一
染坊	四十	纸坊	
香坊	四	澡塘	十四
绳麻铺	一	鞍韂铺	三
花店	三	酱业	十二
糖坊	二	粉坊	二十二
豆腐坊	四十七	画匠铺	十九
机房	二百六十二	码花房	二
军衣庄	五	条包铺	四
胶房	一	毡毯行	
雨伞铺	三	灯笼铺	三
灯罩工场	二	筐篓铺	九
绒房	六	铁匠炉	二十一

张书翰、马仲援修，赵述云、金毓黻纂，杨洪友校注：《长春县志》，长春：长春出版社，2018 年，第 142—143 页。

《大中华吉林省地理志》第九十六章《东省干路》

俄人自经营海参崴军港，筹划连接西伯利亚之铁路线。原定绕行黑龙江外，今沿乌苏里江，由海参崴至哈巴灵甫斯克之铁路，及沿鄂嫩河，由开他鲁佛，经尼布楚，至斯托列汀斯克之铁路，皆当日原定线之一段也。自清光绪二十二年，中俄结喀希尼密约，许俄修路贯穿黑省、蒙古、吉林，东清铁路大干线于以成。二十三年七月兴工，至二十七年十一月告竣。自胪滨[①]至海参崴，共长二千八百十六里，东清铁路合同第十二款谓全线告成后，越三十六年，中国有赎回权，越八十年，有没收权。今因俄乱收回焉。

东省干路之各站　昔日用俄文无华字，是以名称不一。

旧哈尔滨　哈埠今为特别区市政警察第一署。江桥长二百七十丈。

阿什河　即今之阿城县。

三层甸子　又作三层店子。

老爷岭　又称为小岭。

帽儿山　又作猫山。

乌吉密　今拟设治，析同宾县南，俾铁路旁易发展。

一面坡　驻兵防匪重地。

苇沙河　今拟设治。

石头河子

高岭子　又作交岭子。

横道河子　为特别区警察第三署治所，俄人拘留者极多。

上石　吉林图作小岩，东省铁路合同成案要览作山西。

海林　为宁安县出入之大站。

牡丹江　有铁桥，东南有俄商火锯。

磨刀石

抬马沟　又作柏马沟。

穆棱河　又译作美岭。

---

① 胪滨是一个历史地名，位于原黑龙江省西部，中俄边境，今内蒙古自治区呼伦贝尔市境内。

马家河　又作马桥河。

太平岭

细鳞河　又名七站，有支路入北山。

绥芬　又名六站。

绥芬河　五站。

格罗结夫　为交界驿。

管理东省铁路续订合同

一、因以库平银五百万入股，与华俄道胜银行合伙，建造经理东省铁路。

二、因中国政府接济该路款项。

三、俄政紊乱，致失管理、维持该路能力。

四、中国政府以领土主权之关系，管理维持公共交通，实行保护整顿责任。

林传甲：《大中华吉林省地理志》，李澍田主编：《长白丛书》（五集），长春：吉林文史出版社，1993 年，第 395—396 页。

《大中华吉林省地理志》第九十七章《东省支路》

清光绪二十四年，俄租借旅顺口大连湾，并约定由东清干路择站筑支路达旅大，是为东清铁路南满洲支路，据有海参崴、旅顺、大连，以哈尔滨为中枢，俄人野心于是日纵，所以酿成日俄之战。由是年六月兴工，二十七年十一月全路告成，自哈尔滨至旅顺，计长千八百二十里。今除长春以南，割归日本外，实长四百三十八里。今支路收为特别区，警察第二署设于二道沟。东省干支两路，为俄皇发展西伯利亚铁路，延长至海，徒取直线，不经由省会，自以为另辟新市，不知运费亏赔，已为俄人第一失策矣。

东省支路之各站

哈尔滨　分支处俄人以为第一松花江，因陶赖昭尚有第二松花江也。为铁路一等车站，规模雄大，附有饮食店、杂货、书摊、邮电合局。支路至此，接于正干。

五家　五等小站。

双城堡　今之双城县，哈尔滨之滨江县地亩，均由此析。居民殷实，土地膏腴，农产运销既便，地方教育、实业，有日新之象。

蔡家沟　蔡氏为双城巨族，其家庭原垦地，正当铁路之冲，出入既便，游学于外者崛起。近年简任要职，至吉长道尹焉。

石头城子　亦系四等站，镇市繁盛，邮路尤分布甚远。冬令上下，粮食极多。

陶赖昭[①]　为第二松花江，即吉长路未成时，小轮船由此溯流，直达吉林省城。今小轮船载来客货，上下者仍不少。有小支路一条，直达江岸。

窑门　松花江之南岸，有机关车停车场，并增水塔，为此路之中心。往来之车，由此换车头，或交互通过。

张家湾　为农安、德惠、郭旗出入之要站，上下客货甚多。

卜海　一名乌海。站之左右，亦有邮路分歧。

米沙子　俄人路政不修，铁路两旁不植树木。停车场地方，不准负贩食物。

宽城子　与日本南满火车相接，而上车、下车秩序，日人尚严，俄人尚宽。一治一乱各异，吾国当求根本改革也。

东路二线，价值四千万元以上，一年内曾获利三千万元。募债二千余万元无妨。

林传甲：《大中华吉林省地理志》，李澍田主编：《长白丛书》（五集），长春：吉林文史出版社，1993年，第396—397页。

《大中华吉林省地理志》第九十八章《吉长铁路》

此路依中日协约，日本得有此路之投资权，及对于资本半额之权利，及任用日人为技师长之约是也。协约成，测得南北中三道，我主北道，彼主南道，协议结果，卒定北道。全线长七十八里四十锁，铁桥共长百零六丈，隧道贯土门岭。全线勾配共八里余，以百分一为最急，其余皆平坦大道，如此容易，在世界铁路工程中，亦为罕见。宣统三年告成，建设费一里约需八万五千元，加材料运送费、电线架设费、停车场费及开业费，亦不出九万元。全线计七百万元内外，足见费用之低廉，有足令人惊者。

吉长铁路之各站

吉林　江岸站房，曾为冰冲破，江沿冰山高数丈，尤为奇观，擅坏铁桥，

---

① 隶属于吉林省松原市扶余市。

冲决轨道，倒折电杆。盖车站离城十余里，来往殊不便也。

九站　自省城至此，皆近于松花江岸。由东南向西北，有三道岭山地，小作陂陀，已划成平道。

孤店子　昔日孤店，今已城市。沿途窝棚相接，田地已辟。

桦皮厂　地方繁盛，原有税局，今仍为一大站。

河湾子　鳌龙河上有桥。

土们岭　新开隧道工成，颇极一时之盛，乃以报销有弊，局长被撤。工程处原用倭人为工程师。山峰陡峻，土石杂糅，实握全路之枢纽。

营城子　东有过道岭，西有银矿山。

下九台　德惠县境，原有分税局，今移总局驻此。有界濠尤扼要，西有驿马河桥。

饮马河　路线原测太低，会经大水，冲毁铁桥，今已改良。

龙家堡　又作隆家窝堡。

卡伦街　地方繁盛，有乌海河桥在市东。

兴隆山　前有前兴隆山，夹铁路旁。

长春　中国车站，即长春县治。又名二道沟。上下客货，不如头道沟之多，然此为本站。东有伊通河桥。

头道沟　日本南满车站，与吉会铁路接近处。

林传甲：《大中华吉林省地理志》，李澍田主编：《长白丛书》（五集），长春：吉林文史出版社，1993 年，第 397—398 页。

《大中华吉林省地理志》第九十九章《吉会铁路》

会吉铁路，自吉林向东至朝鲜千余里，自宣统三年，中韩图们江界约成，日人于吉长路以外，获得修吉会铁路权。由吉长展筑，出延吉边界至朝鲜会宁，一切照吉长办法。民国以来，已派员督办。日人所勘路线，由吉林省城东行，逾老爷岭、张广才岭渡牡丹江大石河抵敦化，东南逾哈尔巴岭，经三道沟子、土门子，渡布尔哈通河至延吉，即局子街。又东南渡海兰河至龙井村，出禹趾洞，渡图们江以抵会宁。估价三千余万元，需工六载。因国变及欧战，未及开工。以清津港为吉林尾闾，犹幸未即成也。

吉林至会宁。各站里数，共长九百九十五里，倭人勘路，经龙井村不经延吉。

大屯　六五　威虎岭　四一九　亮米台　六七四
下江蜜蜂　一〇〇　炮手营　四四九　瓮声砬子　六九四
双岔河　一五〇　平房　四六四　榆树川　七四四
额穆县　一六〇　碱厂　五〇四　老头沟　七六九
八道河　一九二　臭梨子沟　五一四　上官道沟　七八六
老爷岭　二〇七　北苇子沟　五三四　铜佛寺　七九四
大孤家子　二三七　敦化　五五九　东官道沟　八七六
大蛟河　二七八　黄土腰子　五九六　朝阳川　七九九
乌拉屯　三〇二　大石头河　六〇九　龙井村　八九七
乌林沟　三〇八　板桥子　六三九　和龙　八七九
庆岭　三五一　哈尔巴岭　四四六　大狐狸岭　九〇九
小马家子　四一一　蜂蜜砬子　六六九

吉会铁路之要工

松花江铁桥　一千八百一十八呎，自省城[①]东团山子过江。
海浪河　六百呎。
牤牛河铁桥　三百二十五呎，自额穆县横断之。
图们江　三千二百九十呎。
蛟河铁桥　三百二十五呎。
牡丹江铁桥　三百二十四呎。
大隧道　胡郎大岭七千余呎。
老爷岭　五千余呎。
大砬子　二千六百呎。
威虎岭　二千五百呎。
余有小隧道十五处。

林传甲：《大中华吉林省地理志》，李澍田主编：《长白丛书》（五集），长春：吉林文史出版社，1993 年，第 399—400 页。

《大中华吉林省地理志》第一百章《南满铁路》

南满铁路，北止于长春，昔年俄人视为支线，于长春亦不甚重，自倭人得

① 指吉林市。

之，遂为要地。西伯利亚铁路岁赔巨万，倭人截其支路之一节，遂岁获厚利。俄人铁路弊端多，无票亦可乘车，员司得贿一二元，公家损失十数元，焉得不亏。倭人稽查严密，秩序整饬，是以获利。头道沟为南满车站，俨然为长春之总站，吉长、中东两路，皆为之左右，铁路联络会议，多由南满提议，决议时亦南满多得便宜。昔海参崴路尚足与大连竞争，今力更薄矣。惟倭人骄极，长春以北粮石，由崴出口者多，因运费稍省也。

南满名义辨

满洲为种族之名，发祥之额多里、宁古塔，及建设兴京、盛京，国号大清，惟满洲八旗以满洲著籍。辽东本为汉地，清八旗亦编汉军，自古历史、地理，无有以满洲为东三省者。俄修铁路，因境上无地名，遂名满洲；日本人著满洲地志，遂以东三省为满洲，离间满汉。日俄之役，日本得志于南，遂名南满，今日省文但称满铁，以图发展。又指延珲一带为南满，以便杂居，吉林西南东南并当其冲矣。

南满教育品关于乡土至重

满蒙地理教授案。地理教育基础之养成。土地教育教材之研究。满洲地理历史概要。乡土历史调查。乡土地理教材。乡土志细目。重要物产输出表。泥制地理简易模型。木制地理简易模型。工业模型。学校附近诸标本。春季旅行所采植物标本。暑假所采植物标本、昆虫标本。岩石标本。矿物标本。

长春小学教员手岛氏，自制简易理科实验法，并装置图。共简易器五十五件，皆学生能装、能拆、能用、能仿制者，吉林教员千众，有如此者乎。吉林与此展览会者，惟甲种农学罐头食物，然不如日本学生得一技即自立也。

长春不完全发达之原因

日俄战役，长春大有南抚奉天，北控滨江、龙江，东引吉林，西拓蒙古之势。因安东路成，釜、义相接，奉天四达，吉长缓通。继四郑初修，本应自长春西达郑洮，日人因运货稍捷，不取道长春。只成丁字形，不成十字形，南满支路，则自择其便焉。

林传甲：《大中华吉林省地理志》，李澍田主编：《长白丛书》（五集），长春：吉林文史出版社，1993年，第400—401页。

《大中华吉林省地理志》第百零一章《拟修铁路》

吉林铁路直贯于滨江、长春间者，地方因以发达。横贯于延吉、依兰之间者，两道均无能利用。于是日本窥伺，拟设吉会铁路，究以款绌未成。延吉交通，则有迫不可缓之势。昔督办吴禄贞，拟设奉延铁道，于省道虽纡，果能成，则京奉可并称京延，为国路东干。稍加展拓，至于延宁，由延吉、汪清、宁安至海林站，接近东省路线，至为便利。惟山路较多，施工不易。延东由延吉、珲春，东宁至五站，路线较长，于边防有益，且临河便于开路。若奉延及由延吉拓至绥远，名曰延绥，庶完全国路东干乎。

拟修奉延铁路线

里数　自奉至延吉，旧有盘道，可通车马，比吉林至延吉，近六百里。延吉至西古城九十里。西古城经五道羊叉、王家趟子至后车厂九十三里。又至大沙河二十八里。又至四叉子五十里。又至两江口七十里。又至夹皮沟九十里。又至官衙一百零六里。又至黑石叉九十里。又至朝阳镇五十里。又至海龙一百二十里，距奉天二百余里。

拟修延宁铁路线

起延吉北，由一两沟、吉清岭至汪清县治。北穿摩天岭，由骆驼砬子、萨奇库，北穿老松岭，由陡沟子、三家子、干沟子至宁安。北接于海林车站。

拟修延东铁路线

起延吉东，循河流旧道沿图们江至珲春，循红旗河至东北境土们子，又沿瑚布图河西岸至东宁，又北沿边界，接五站铁路。

拟修延绥铁路线

由五站或海林至密山，经宝清、同江至绥远。

轻便铁路

长春至石碑岭　运石子用，由华伟公司承办。

图们江至红旗河　运木用，由督办吴禄贞创之。

吉林县学田地　黄川公司租用。

哈埠圈儿河等处　临时开埠，修马路用之。

林传甲：《大中华吉林省地理志》，李澍田主编：《长白丛书》（五集），长春：吉林文史出版社，1993 年，第 401—402 页。

《大中华吉林省地理志》第百零二章《道路》

吉林道路，即省城亦尚未尽修。大雨之后，大车来往，已修之路亦易坏。

旧有木路，已多朽腐，小胡同尤污秽。哈埠道里，十年前俄商方盛，坦荡无异欧洲，岁久失修，凸凹不平，容易翻车。道外各街市，所修马路，由马路工程局经理其事，由地主按基地摊派，现各马路工竣，每丈基地，摊款大洋百余元，负担虽重，路权即主权也。昔年大路置驿站，自设邮政，并废旧驿，道路益荒。国路、省路、县路、乡路尚未实行。旧日以修桥补路为善举，有个人许愿或善士敛钱以为者，今日少矣。堆木、摆摊、溜马、插车，妨碍交通者尤多。

省城交通各陆路

一、由旧站、二台子、大荒地、路起屯，西家子、杨树河子，达东省路之张家湾。

二、由上贵子沟、大风门、四间房，过营口、常山屯、头道沙子，至夹皮沟即桦甸要路。

三、由大茶棚、江密峰、拉法、窝瓜站、珠尔多河，至额穆索，即省东额穆县大路。

四、由马和屯、官马山子、白马夫屯、庆岭、横道河子、天平岭至官街。

五、由马相屯、大岔、双河镇、小城子、林家屯至磨盘山，即磐石大路。

哈埠电车路之敷设权

哈埠电车之敷设权，本由华商组织公司举办，已于上年与自治会订定草约，嗣因种种困难，有让与他人之议。美国工师①数人，由海参崴来接洽，然地方人民，对于路权、国权，莫肯轻让也。

吉林已开重要道路

行旅多而道不修，惟人力通之。

富饶大道　富锦东南，经同江南之二龙山、杜家房、驼腰子、二道冈入饶河境，经头道冈至饶河，横穿松乌二流域间。二道冈有小路，由杨木冈、寒葱山至同江。

虎穆大道　虎林呢玛口西南一站，至穆棱河口，循河岸内向，为索伦营、苏尔德、杨木冈、柳毛河，至密山县治。大柞家台、水曲流沟、下亮子、平安镇、大石头河、上亮子、下城子北沟，至穆棱县。又西经抬马沟、泰东站、铁岭河、乜河，至宁安县。

---

①　工程师

富密大道　富锦南经双合屯、对锦山、怀德镇由对面城，入宝清境。经韩莱营、潘莱营，至密山北境之土山，至密山。密山又有西北一线，贯勃利至依兰，亦系大道。凡此亦第二次拟修铁路也。

林传甲：《大中华吉林省地理志》，李澍田主编：《长白丛书》（五集），长春：吉林文史出版社，1993 年，第 402—403 页。

《大中华吉林省地理志》第百零三章《黑龙江航路》

黑龙江流域，延长凡六千六百六十里，俄轮一百六十二艘，货船百九十八艘，清季已喧宾夺主。盖咸丰时，俄军舰君士坦丁先入，官轮亚利库继之，乘我江上无人，竟上溯松花，由国际河流，侵入内地。俄商自组公司，自设码头，测量水道浅深，暗礁状况，绘之航图。庚子后始有译本，深藏邮传部无所设施。民国以来，始立戊通公司，海军舰亦上溯，吾国商人收买俄人轮船者，渐能挽回国权，黑龙江航路在吉省只一小部份，然乌苏里河航路及上游黑龙江额尔古讷河航权，均已收回，后之航业者，益当奋勉焉。

黑龙江正流之航路属于本省者

绥远　此处近接伯利，下游为赴庙尔之航线，支流为赴虎林、宝清之航线，是以最重。计支线已通者一百余里，轮船大者马力五六百匹，次亦三四百匹。

同江　此处北接黑龙江之航线，西南接松花江之航线，北为国际河流，西为两省交界，亦冲要也。戊通公司，仍名拉哈苏苏，距哈尔滨一千三百余里。

以上为滨江赴伯利必需往来之路，自西口子直达庙街，共长五千二百余里。

黑龙江上流之航路不属于本省者

西起室韦，为黑龙江与俄界额尔古讷通舟之起点，经过各地：必拉雅、牛耳河、珠尔干、温河、长甸、伊穆、穆赤干、奇乾河、永安、额拉哈达、洛古河、讷钦哈达、漠河、乌苏力、巴尔加力、连阴、额穆开库康安、罗伊昔肯、倭西们①、安干、察哈彦、望哈达、呼玛、西尔根奇奇拉卡、扎克达、霍洛、霍尔沁、黑河、瑷珲、马厂、奇克特、科尔芬、温河镇、乌云、宝兴镇、佛山、太平沟、萝北、格兴镇、三间房。

黑龙江下游支流航路属于本省者

兴凯湖　百余匹马力小轮船，便于来往。

---

①　位于鸥浦乡，位于呼玛县境的最北端。

虎林　昔日俄轮来往，今改用华轮。

宝清　将来必可发达，特交通便利耳。

乌苏里西岸，绥远县地。

林传甲：《大中华吉林省地理志》，李澍田主编：《长白丛书》（五集），长春：吉林文史出版社，1993年，第404—405页。

《大中华吉林省地理志》第百零四章《松花江航路》

松花江轮船，上达吉林省城，下游经乌拉街、溪浪河、秀水甸、五颗树，至老少沟、陶赖昭车站，与东省支路相接，为吉林出入冲途。今虽铁路交通，轮船仍于夏秋行驶，惟冬令不便耳。哈尔滨以下，水深而稳，通大轮船，下连三姓、富锦，或出同江，上溯黑河，下达伯利庙尔。轮船公司，昔有俄人东省铁路河川轮船部及黑龙江轮船公司，今则戊通公司在哈尔滨设有大码头，至扶余。俄商轮船，多售于华商，轮船多用外轮式，损伤堤岸，今推广下流直至伯利、庙尔航行。吉林省署，亦有官轮三只，以备差遣。

松花江航路之三区

环流境内，凡三千三百余里。

一、大营沟至吉林　本区域流于山岳重叠间，江中暗礁极多。尤有著名之五虎石，暗屹江中，平水时埋没水内，减水时则露其头部，流速不一，或为奔流，或为奔湍，盖被阻于暗礁故也。在辉发河合流处以上，最浅部二尺，下流约三尺，惟上多岸石，下多泥沙，故吃水稍大之船即难通。

二、吉林至扶余　本区域概为平原。仅在吉林附近两岸尚有丘陵地，以下皆平地，江面亦渐宽。惟河中多沙洲，有七八处。普通水深四尺至八尺，沙洲处均不满二尺，颇碍航行。吉林至白旗屯间，流速稍急，不便航行，以下概徐缓。

三、扶余至同江　本区域来自平原，至滨江下流，新店附近两岸已多丘陵，追至依兰附近，则两岸皆为峭壁矣。流速甚缓，最急部每秒不过四尺七寸三。水深在扶余附近约四尺至八尺，在滨江附近约七尺至一丈，追至新店，因江面逼窄，约及一丈至二丈。至依兰上流二十五里处，有一暗礁，水深四五尺，航行甚险。依兰下流约七尺至一丈，普通航行江中者，皆吃水四尺之轮船。

松花江流域帆船碇泊地

全江营业帆船，共千余只。

朝阳镇至吉林间　朝阳镇、王家渡口、陈家渡口、范家渡口、大鹰沟、小鹰沟、宽河、长山屯、蚂蚁河口、吉林头、二、三道码头。

吉林至扶余间　乌拉街、白旗屯、红旗屯、半拉山、老烧锅、扶余南关。

扶余至同江间　哈尔滨之四家子、正阳河口、三十六棚、呼兰河口、巴彦、新店、枷板站、蚂蚁河口、爪拉山、依兰、桦川、富锦、同江。

林传甲：《大中华吉林省地理志》，李澍田主编：《长白丛书》（五集），长春：吉林文史出版社，1993 年，第 405—406 页。

《大中华吉林省地理志》第百零五章《各江河航路》

吉林各江河，大致皆北流，如仰盂焉，明设船厂，早已开辟航路，有清继之，以防罗刹。有御船、龙船，备亲征也。有轻船、战船，备奋斗也。有渡船、运船，备转输也。黑龙江呼玛、瑷珲、卜奎[①]，并有船厂。航路不限于本省各江河。然本省江河，多松花江支流，若牡丹江则稍大焉。乌苏里河则黑龙江流域也。其他绥芬、图们二江，下游东隅已失，航路亦梗。辽河流域在吉省者，尚为细流。头道、二道之江，拉林、阿什、伊通之河，设治所在，恒通小舟，亦不失为僻壤之交通也。沿河漂散木排，准由原主认领，以恤商人。

松花江支流

头道江、二道江、拉林河、阿什河、伊通河，其支流有驿马河，支流亦多，上游双阳河口，有宋船口。

牡丹江

牡丹江可航区域，自宁安至掖河间，不过六十里，航行容易。宁安以上，至镜泊湖约四百里间，水流奔湍，且多岩石，难以通舟。掖河以下，多为渔舟往来，间有自宁安载客之槽船，顺江而下，至依兰者。但水流过急，流下即不易归。宁安附近水深七八尺，掖河附近约丈余，水底平坦无暗礁，故水流虽急，航行亦颇安全也。

---

① 齐齐哈尔。

辉发河

上源在奉天，水甚浅。境内通航者，自朝阳镇至河口，约三百里。此流域尽为山地，故两岸多绝壁，会大支流四十余，水量不让松花江。在朝阳镇约深三四尺，在官街附近自六尺达一丈，河底为石质，流速亦急。

乌苏里江航路

自伊满码头至伯利间，因有轮船往来，故帆船绝少。自伊满码头至上流松阿察河，则帆船颇多，二牌、五牌、六牌等地，皆其碇泊地。其帆船之数，较龙王庙至伯利者约差百余支。此船长三丈，宽七八尺，约积载三万六千斤，每船有帆樯二，无风时则于岸上牵缆。昔日虎林等县航路皆为俄人所占，今幸收回，航商对外，务自筹发展也。

林传甲：《大中华吉林省地理志》，李澍田主编：《长白丛书》（五集），长春：吉林文史出版社，1993年，第406—407页。

三、商业

（一）输入

《民国农安县志·建置》

市镇

农安自道光招垦以后，户口日众，交易事繁。各地商人麕集于此，购地建屋，创设营业。积久日盛，遂转荒凉之区为富庶之乡。所谓一年成聚，二年成邑者。庶几见之。（初垦民均以城内低洼无人承领已成废地，时南门外里余娘娘庙附近，王姓之荒有商号数家，拟就彼设肆，后以地主反对，乃直接与蒙古购城内之地逐渐迁入，遂成市镇。）

农安市镇之成立与各县特异之点有二：

一、各县均有官街，农安则皆民产。因农城街基系人民与蒙古直接购买，当时并未留有官街，故至今城内土地买卖犹指街心为界也。

一、各县创设人民多系被动，农安则系自动。因各县街基均由官府划留丈放招民购领，限期筑房，一切布置悉听官府之指挥，农安则纯出人民自己占领而创设者也。

郑士纯修，朱衣点纂：《民国农安县志》，凤凰出版社选编：《中国地方志集成·吉林府县志辑②》，南京：凤凰出版社，2006年，第83页。

《光绪辑安县乡土志·商政》

自前朝后市之制定而商以立，至洪水平而懋迁有无，商业为之一变。今则万国交通，水舟而轮，陆车而火，转运速便，商业云然。今日为交通之时，而辑安非交通之地，南临鸭绿，下通沙河，货物转运，非不便也。而东西北三面俱阻大山，销路难期通畅，欲筹补救之策，则首在交通商路也。商路既通，于是以商贾阜货而行布，以量度成价而征价，以刑罚禁暴而去盗，庶货贿可通而财乃可阜也。检查所。光绪三十二年，日人在境羊鱼头对岸满普城地方设立木材厂，目为军用，与木商争执，几欲开衅，经知县吴光国与日员磋商再四，始行定约，官为分设木材检查所一处于浑江口，无论何国流木经过查验放行，不准阻挠。非但杜弊亦免启衅，并详请当路推设安东县一处，运到木植与各国接洽以保利权，木商到处得有官人保护，外人不得肆其虐，木商称便。

吴光国修，于会清纂编：《光绪辑安县乡土志》，凤凰出版社选编：《中国地方志集成·吉林府县志辑⑦》，南京：凤凰出版社，2006年，第271页。

《大中华吉林省地理志》第五十四章《盐法（吉林公报）》

吉林之盐，来自奉天。有吉黑榷运局设于长春，省城则设于东关铁路旁。东三省巡阅使公署布告，整顿盐务，严定地方官协助盐务奖励、惩戒规则，禁绝私制、私贩土盐及贩私盐要犯。凡抢夺盐店，哄闹场灶，皆勒限缉获，持械拒捕，格杀勿论。并宣布缉私条例，私盐治罪法，依法科罪。吉林省公署，亦仿行奉天协订缉私章程。地方官既策以保奖，警官甲长以下则酌给奖金。各地方官、各缉私营局，如有受贿、放私情弊，依法惩办。务使供求相应，不致民户淡食、关课损失，则国民交受其益也。

吉林之官销

原定共二十万石，而每年实销不过十万石左右。

哈埠之熬商

滨江榷运分局盐仓。运来青盐，向用熬盐商人熬成白盐，然后发往各处分销。充熬商者历有年所，近年竞争者多，因熬商之利厚，而熬法颇单简。有人拟仿久大精盐，再用化学提炼，抵制洋盐，或行销国外。

盐价折改大洋　吉江两省，十七处分仓，一律收现。奉票、吉江帖，照市价折。

长春　四元一角。范家屯同。

吉林　四元四角。

伊通　四元一角。怀德同。

长岭　四元三角。

磐石　四元五角。延吉同。

珲春　四元八角。

哈尔滨　五元。五站同。

海参崴产盐附近行销地：

宁安　县城七十万，东京城十五万，乜河[①]十一万，帐房山子六千，惟塔城、东京城，并转销敦化。

穆棱　县城二十万，并转销密山。

东宁　县城二十万。

林传甲：《大中华吉林省地理志》，李澍田主编：《长白丛书》（五集），长春：吉林文史出版社，1993年，第336—337页。

《大中华吉林省地理志》第九十一章《商埠》

吉林边壤，以移民增加，窝棚林立，社会雏形，完全成立。山东人既矢志于农，直隶人乃从事于商，以乐亭人为最多，津、保人为最富，往往一家商店之名，进而为镇之名。各处烧锅业兼营钱业，并卖杂货，凡以泉字为地名者，大抵为烧锅所在。其货物有上自绸缎下而葱蒜之说，于是成邑、成都。凡滨江、长春大地千金之处，皆昔年荒榛无人，狐鼠所宅也。惟商埠因外人铁路势力开放，往往喧宾夺主，然主权所在，如滨江业已收回。但日本领事署所在，警察署损我国权，邮便局不即撤去，尤背万国之公法也。

---

① 位于牡丹江市。

吉林省之商埠

乌苏里河　咸丰八年俄约。

哈尔滨　光绪三十一年日本约，宣统三年五月十四日设滨江关。有俄日领事。

珲春　光绪三十一年日本约，三十三年五月十八日设珲春关。

吉林省城　光绪三十一年日本约，三十二年十二月开。日本领事驻之。

长春　即宽城子，光绪三十一年日本约，三十二年十二月开，日本领事驻之。

宁古塔　光绪三十一年日本约，三十三年五月开。

三姓　光绪三十一年日本约，宣统元年五月十四日设三姓分关。

局子街　宣统元年中日图们江界约，九月开，日本领事驻之。

龙井村　宣统元年中日图们江界约，九月设龙井村分关，日本总领事驻之。

头道沟　宣统元年中日图们江界约，九月开，日本领事驻之。

百草沟　宣统元年中日图们江界约，九月开，日本领事驻之。

商埠外商之犯我国法者

贩运鸦片　吉省禁烟，三令五申，十余年未能肃清，皆由俄境滥种，倭人善犯。

私卖吗啡　吉省下流社会，扎吗啡针过瘾，皆由日本药房公然出售。

私售枪弹　吉省胡匪所用枪弹，多由俄国败军所卖。倭寇亦愿以利器济匪。

流娼卖淫　吉省内地县城，亦时有日本娼，东宁多至百家，且自谓照杂居条约。

私开小押　吉省村镇，亦有倭人私开小押，短期厚利，典当因以倒闭者甚多。

纵赌无耻　吉省沿边，倭人设种种赌场，引诱华人纵赌，彼则抽头获利。

林传甲：《大中华吉林省地理志》，李澍田：《长白丛书》（五集），长春：吉林文史出版社，1993 年，第 387—389 页。

《大中华吉林省地理志》第九十二章《商行》

吉林大商行由永衡官银号营业者，则有永衡粮栈、永衡长典当、永衡印书局，以及永衡茂、永衡泰各字号，皆各分支店。经营大宗商业，与各银行对峙，而与地方最为密切，偏僻乡镇，有不收用现银元，而收藏永衡官帖者，谁谓民不信官耶。太顺银号以及各家钱庄，无不以放债、收粮为第一大宗，仍转售于外国商行而坐收其利。外国商行则挟洋货以来，易土货以出，利什倍焉。滨江洋行林立，洋货华丽，今有华商自办大罗商场，百货骈罗，亦最新之气象也。

吉林商行之状况

省城总商会在财神庙。

钱行　与市价极有关系，现大洋、铜元日少，纸币跌落，皆钱行上下其手所成。

粮食行　与店家及农家关系至密。时价涨落无定，稍贪利益动虞亏折。

药行　与参行极有关系，运销内地，愈远价愈昂。山货到柜，出门立增数倍。

当行　商人营业之大者，昔盛今衰。因银行有大宗押现，而旧衣变卖处太多。

杂货行　不问中外货物，但求销路多。或于绸缎庄附设之，亦巨商之一端。

倭人之商行

三井洋行，（新开门外）三井木厂，（久安胡同）三井公馆，（头道花园）山本洋行，（新门开外）三菱公馆，（久兴胡同东马路）丸田商行，（东马路）大久保洋行，（粮米行）东洋医院，（二道码头）吉林磷寸株式会社，（东大滩）吉林仓库金融株式会社，（吉长车站）丸天商行，（魁星楼）东野洋行，（德胜街）东洋烟叶公司，（东关昌邑屯）朝日馆，（普安胡同）南满铁路公司，（回水湾子）朝鲜银行，（河南街）松本洋服店，（新开门外）东亚烟公司，（西大街）阿川材木部，（东大滩）。

省城日人四百四十一户，男六百六十五，女五百一十五，长春更繁多矣。

西人之商行

美孚洋行，（北大街）美孚栈房，（铁路旁各站皆有）美人几于专利，东亚无抗者。

亚细亚洋行，（西大街）亚细亚栈，（铁路旁各站皆有）英商与美商相竞。

太古洋行　西商在省营业者少，不如滨江、长春对外交易之盛。

英美烟公司　近年南洋兄弟公司，稍分其利。哈埠英商老巴夺公司，亦制烟卷。

林传甲：《大中华吉林省地理志》，李澍田：《长白丛书》（五集），长春：吉林文史出版社，1993年，第389—390页。

《大中华吉林省地理志》第九十三章《商品》

吉林输入重要商品

国货　绸缎、土布、火腿、绍酒、书籍、纸张、水果。

东洋货　药丸、磁器、钟表、海菜。

西洋货　洋油、洋布、洋呢、洋毡、时辰表、颜料。

林传甲：《大中华吉林省地理志》，李澍田：《长白丛书》（五集），长春：吉林文史出版社，1993年，第392页。

《大中华吉林省地理志》第九十五章《公司》

吉林企业之公司，往往外人经营得利，华商自办不免于失败者。若长春之粮石货币交易信托公司，吉林商会设农产货币信托公司，则商战之一博，俗指为捣钱把、粮把是也。财政厅严加限制，定期交易，不得逾一月，粮石则限制三月。财政厅收其基金总额四分之一，妥存分金库，作为押款，并于公司佣费内，征税十分之一，至十分之三。本省公司，多省城巨绅、巨商发起，是以事务所云集省城。或有私借外款，自称华股者，则外人傀儡耳。然昔日与俄人合资者，今已完全华股，则欧战后俄人不支也。

省城现有各公司

天图铁路公司　二合号胡同，筹办天宝山至图们江铁路。

老头沟煤矿公司　三道码头。

安抚林业公司　东团山子。虽系奉境，实松花江上源，恃省城为销路。

恒茂火磨公司　东营大马路。

富宁造纸公司　二道码头。

制材公司　东大滩、昌邑屯，有机器火锯，为解木之用。

木材公司　新开门外东马路，租用吉林县学田地为轻便铁路。

黄川采木公司　二道码头。采黄花甸子、四合川木植，因违章停办。

华森公司　粮米行。虽日本人投资，无非放款于中国木把[①]，收买木植还帐。

丰材公司　新开门外。

中华洋烛公司　德胜街。

同丰公司　吉长车站。

松江林业公司　东大滩。近年有兴木税货牙公司，包揽一切。

源兴公司　二道码头。

贸易公司　新开门外。

信托公司　财神庙内。钱行受其操纵，名为商战，无异大赌，有贪小利而破产者。

货款公司　吉林县东。然抵押品为贵重，利息尤厚，期限更严。

货牙公司　省城有粮食、烟、麻货牙。长春、农安、扶余有粮食、牲畜货牙。余仅粮食。

林传甲：《大中华吉林省地理志》，李澍田：《长白丛书》（五集），长春：吉林文史出版社，1993 年，第 393—394 页。

（二）输出

《长春县志》卷三《食货志·实业》

商

太史公之论货殖也：善者因之，其次利导之，其次教诲之，其次整齐之，最下者与之争。又曰：天下熙熙，皆为利来；天下攘攘，皆为利往。盖巧者有余，拙者恒不足，此积著之理自然之验也。长邑居民力田勤于稼穑，逐什一之利者甚鲜若夫列肆聚货，操奇计赢，以致丰益者，如山西帮、直隶帮、山东、河南、三江各帮，咸具坚忍卓绝之精神，养成近百年来最大之潜势。自甲辰以还，辟埠互市，外商麇集。优绌相形，尽易前代方物消长之通例，进为国际贸易之竞争，然昧于经济之趋向，迄无充分之发展。加以关市讥征，束缚驰骤，浸成驱鹯殴鱼之势，而我国市廛日就萧条矣。晚近改订商约，思脱羁轭以谋国内商业之繁荣，则厚生资用，庶有豸乎？

---

① 伐木的工人。

输出额

种类	数量	价额
元豆	四十万石	每石十七元
黑豆	五百石	每石十五元
高粱	四十万石	每石十元
谷子		
小米	三万石	每石二十元
苞米	五万石	每石九元五角
小麦	五十万石	每石二十元
大麦	五千五百石	每石十五元
豆油	四百万斤	每斤二角
豆饼	八百万片	每片二元
纸张		
茶叶	三十六万零三百斤	每斤九角或一元四角不等
糖类	六十二万六千五百斤	每斤一角八分不等
药材	六万二千一百二十斤	价额不一
颜料	靛油五千桶 五色颜料三万桶	每桶七十元 每桶五角
海味	四万四千斤	价额不一
食盐	四百万斤	每斤一角二分
煤油	三十万零五千五百六十箱	每箱五六元不等
五金类	四十一万九千八百五十斤	价额不一
毛织类	二十五万八千八百打	价额不一
磁器类	二十四万对	价额不一
电料	六万九千四百五十桶	价额不一
钟表	二十一万一千二百桶	价额不一

续 表

种类	数量	价额
杂酒类	五万九千二百打	价额不一
罐头	四十三万六千五百桶	每桶二角
鲜货类	二十万零一千二百斤	价额不一
干菜类	二十五万八千二百斤	价额不一
卤碱席	卤七十八万斤 碱二百万斤席 席四十万领	每斤五分 每斤三分 每领八角
铁器	十五万六千三百份	价额不一
书籍		
文具	十二万四千九百个	价额不一
洋杂货	十八万五千七百个	价额不一
烧酒	三百万斤	每斤二角二分
线麻	三十万斤	每斤三角
黄烟	一百二十万斤	每斤二角
兽皮	三千张	每张四元
马尾	二万斤	每斤七角
猪毛	三万斤	每斤一角
猪鬃	三万斤	每斤三元
蘑菇	五万斤	每斤三角
木耳	五万斤	每斤一元四角
蜂蜜	五千斤	每斤四角
黄蜡	一千五百斤	每斤七角
药材	六万二千一百二十斤	价额不一
肉类	五十二万四千零五十斤	每斤三角不等
面粉	三百万包	每包三元五角

商　号

银行钱号	七十九	储蓄会	九
烧锅	四	当商	五十六
粮栈	四十一	绸缎布庄	五十七
京洋货庄	四十一	杂货庄	一百十八
茶庄	七	山货庄	十二
盐店	七	酒局	七
粮米铺	三十八	皮铺	四十四
鲜货业	三十六	果品铺	三十三
烟草铺	十四	磁器铺	十八
皮货庄	十六	烟麻店	十三
五金行	二	油坊	
药行	九十二	棉花商	十四
骨器商	七	古董商	五
颜料商	一	借贷庄	一
保险公司	五	转运公司	六
旅馆栈店	一百三十	派报社	十三
车店	二十六	马店	十一
猪店	二	鱼店	四
饭馆	一百四十八	肉铺	四十一
摊床	二百五十五	医院	六
茶馆	四	戏园	四
妓馆	五十八	镶牙馆	十三
钟表店	二十一	面铺	四十
煤桦场	八十二		

张书翰、马仲援修，赵述云、金毓黻纂，杨洪友校注：《长春县志》，长春：长春出版社，2018 年，第 144—146 页。

《抚松县志》卷四《人事》

商业

商务

抚松自清宣统二年设治后，渐有商铺，仅有米盐棉布之供给耳。乃民国三年，复经匪乱，举其所有尽成劫灰。乱定后，商民亦渐来归、商铺逐渐开设，商务日见起色。至民国十五年冬，复受胡匪破城之浩劫，商民被抢一空，遂均停止营业。至张公杰三履任后，由官银号贷款维持、始渐复原状。未及二载[①]，商号林立，日渐发达矣。

商会

民国二年，由张锡等提议组织商会，未经立案，徒有其名。民国七年，由各商家重行组织，公举信义长经理刘鹏为正会长，福源祥执事赵君祥为副会长。民国九年，由县转请备案，刊发钤记，文曰“奉天抚松县商会钤记”，复经改选，仍举刘鹏为正会长，福盛祥郭恩溥为副会长，商会规模始渐完备。十一年，改选，仍公举刘鹏为正会长，郭恩溥副之。十三年，改选同合祥执事刘凌云为正会长，义和东童明中为副会长。十五年，改选裕盛泉执事李明祥为正会长，天成永执事张万程为副会长。十七年，改选福盛祥执事郭恩溥为正会长，公益当经理刘鹏为副会长，规模亦颇完备，会务亦见起色矣。会址设于小南门里路东。

币制（根据十六年调查）

铜圆　有单双两种，为省内外所通行；惟兑换之价涨落不一，每十枚兑小洋一角，每百枚兑小洋一元。

现洋　市面亦不多见，欲行兑换颇为困难，价值亦无一定。

奉票　系东三省官银号所发行之汇兑券，为市面所流通者，每六十元始能兑换现洋一元。市面通行均以奉票为主币。

吉帖　抚松与吉林省接壤。在数年前，市面通行者以吉帖为多。吉帖者，

---

① 两年。

即吉林永衡官银号所发行之凭帖也。年来，地面兴盛，省币输入日多，吉帖之数锐减；且以省币兑吉帖，其价值涨落不定。商家恐受亏赔，故对于吉帖皆随时推行，无存储者。

度量衡

度　本县木工起造及官署量丈地亩，皆适用前清工部营造尺。杂货商量窄面布匹及绸缎，适用裁尺，每尺与营造长一寸。盖邑属边荒，商家尺量较省为小，借以获利也。

量　本县斗量较省城为大，有二种，一为大斗，一为小斗。凡租种地亩，必事先言明系大斗租或小斗租。大斗，每斗核五十斤；小斗，每斗核三十三斤。市面买卖粮米多半适用大斗，小斗仅乡间有用之者。

衡　本县所用之称亦较省城为小，故每斤名为十六两，其实则止十五两，但以沿用已久，民俗相安，亦未究正。本县复有一种惯例，购买山货时，每斤需外加二两五钱，则一斤即为十八两五钱矣。

输出表（民国十八年度八月调查）

种类	数目	价额	总计
元豆	一五、〇三〇石	每石九、〇〇元	九五、二七〇元
豆饼	一、五五〇片	一、二〇	一、八六〇元
豆油	五、〇〇〇斤	、二〇	一、〇〇〇元
山参	二、八三四两	八、〇〇	二二、六七二元
园参	三七八、三八〇斤	、八〇	三〇二、七〇四元
鹿茸	二〇架	一〇〇、〇〇	二、〇〇〇元
鹿胎	一五付	五〇、〇〇	七五〇元
貂皮	一〇张	一〇〇、〇〇	一、〇〇〇元
线麻	二六一、八八二斤	每斤〇、一五	三九、二八二〇〇元
水獭	一〇张	每张五〇、〇〇	五〇〇元
灰鼠皮	六〇〇张	每张、四〇	二四〇元
元皮	二、六〇〇张	每张六元	一五、六〇〇元

续 表

种类	数目	价额	总计
狐狸皮	一五张	每张二〇、〇〇	三〇〇元
元蘑	二五六、六一八	每斤〇、一五	三八、四九三元
木耳	三、四〇〇斤	每斤一、〇〇	三、四〇〇元
黄烟	五〇〇〇斤	每斤、一八	五〇〇元
贝母	五、五〇〇斤	每斤二、八〇	一五、四〇〇元
木料	五〇〇〇根	每根一、五〇	七、五〇〇元
田鸡	一五〇〇〇个	每个、〇二	三〇〇元
花其布	二、三四四匹	每匹一三、〇〇〇	三〇、四七二元
毛洋布	一、九〇匹	每匹一二、〇〇	一七、八八〇元
漂市布	一、九八〇匹	每匹一三、〇〇	二五、七四〇元
坎布	八〇〇匹	每匹一三、〇〇	一〇、四〇〇元
大尺布	二、四五〇匹	每匹九、〇〇	二二、〇五〇元
洋连布	一、三二〇匹	每匹一一、〇〇	一四、五二〇元
清水布	一、三〇〇匹	每匹八、〇〇	一〇、四〇〇元
太西缎	五〇匹	每匹二〇、〇〇	一、〇〇〇元
洋线	二二、〇八〇斤	每斤一、二〇	二六、四九六元
宁绸	五匹	每匹六〇、〇〇	三〇〇元
库缎	四匹	一四〇、〇〇	五六〇元
串绸	二一匹	六〇、〇〇	一、二六〇元
大绸	一九匹	一一〇、〇〇	二、〇九〇元
煤油	八、五〇〇箱	每箱一二、〇〇	一〇二、〇〇〇元
洋面	二〇〇袋	每袋四、八〇	九六〇元
白糖	三、一八〇〇斤	、二〇	六、三六〇元
红糖	三、八〇〇斤	、一〇	三八〇

续　表

种类	数目	价额	总计
冰糖	一二、八〇〇斤	〇、三〇	三、八四〇元
洋毯	八五〇条	每条四、二〇	三、五七〇元
洋轴线	一〇〇罗	八、〇〇	八〇〇元
夏布	二〇〇尺	每尺、五〇	一〇〇元
棉花	一一、四〇〇斤	每斤〇、六〇	六、八四〇元
海菜	一〇〇斤	每斤一、二〇	一二〇元
豆粉	二一、二〇〇斤	每斤二角	四、二四〇元
红枣	一、三〇〇斤	、〇六	七八元
甲纸	一二〇篓	五、〇〇	六〇〇元
海纸	一三〇块	四、〇〇	五二〇元
元纸	一〇〇〇匹	、二〇	二〇〇元
窝纸	三〇〇匹		二、四〇〇元
老叶烟	三〇箱		一五〇元
金银箔	五〇、〇〇〇块	每块、一〇	五、〇〇〇元
白矾	八袋	四、〇〇	三二元
川连纸	五〇扣	五、〇〇	二五〇元
毛边纸	一五〇匹	六、〇〇	九〇〇元
图画纸	五〇〇匹	、一〇	五〇元
手工纸	一、〇〇〇张	、〇五	五〇元
五色纸	一、〇〇〇张	、〇五	五〇元
毛头纸	八、〇〇〇匹	一元	八、〇〇〇元
白官纸	三〇〇匹	二、〇〇	六〇〇元
报纸	五〇〇斤	、一〇	五〇元
花生	五〇〇斤	五、〇〇	二、五〇〇元

续　表

种类	数目	价额	总计
古月	五〇〇斤	六、〇〇	三、〇〇〇元
大料	三〇〇斤	八、〇〇	二、四〇〇元
鲜姜	八〇〇斤	、二〇	一六〇元
青丝菜	五〇〇斤	、二〇	一〇〇元
肥皂	一、五〇〇块	、五〇	七五〇元
洋火	一二〇箱	八、〇〇	九六〇元
洋蜡	五〇箱	八、〇〇	四〇〇元
洋粉	五〇斤	六、〇〇	三〇〇元
毛巾	二〇、〇〇〇条	、三〇	六、〇〇〇元
烟卷	二五〇、〇〇〇包	二、四〇	六、〇〇〇、〇〇〇〇元
鲜果	五〇、〇〇〇斤	、三〇	一、五〇〇元
洋酒	八〇〇	一、〇〇	八〇〇元

张元俊监修、车焕文总编：《民国抚松县志》，凤凰出版社选编：《中国地方志集成·吉林府县志辑⑤》，南京：凤凰出版社，2006年，第425—428页。

《珲春琐记》

通商局设在和龙峪①，距珲春三四百里，贸易者多系韩人。局员自总办通商大臣以下多至数十人，各事其事。驻扎防营五座，以资守卫。边隅重镇，固应尔也。

李东赫点校：《珲春琐记》，王锡祺：《小方壶斋舆地丛钞》（第三帙），安龙祯等整理：《珲春史志》，长春：吉林文史出版社，1990年，第764页。

《大中华吉林省地理志》第九十三章《商品》

吉林之商品，以粮食为大宗，乃秋收不歉，而面价大涨，省城设火磨公司

① 位于龙井市。

后，外县来源顿减，是公司之居奇抬价，贪重利而不顾民生，转不如乡村磨坊自磨自食。地方遍灾，往往禁粮出口，奸商仍囤积贩运以出口，谓之粮把。粮涨则百货无不涨，而纸币日跌，然出口货，舍此并无大宗。财政部曾经禁运，本省虑谷贱伤农。除北五省灾区购运外，仍属存积过多，若加禁阻，则民生国税，立现停滞。是东三省货币，吉、江最滥，所恃以化虚于实，能吸出国外现金者止此。其余各货，多京师、各省自销而已。

吉林之皮货

民国八年，吉林商务总会，调查数目大略如下：

灰鼠皮六百枚，狐皮千枚，虎皮三十枚，猫皮八千枚，海豹皮四百枚，羊皮六千枚，牛皮六千枚，水獭皮二千枚，狗皮一万枚，貂皮三千枚，貉狸皮三百枚，豹皮五千枚，狼皮五百枚，马皮五百枚，貉皮一万枚，山狸皮六千枚，鹿皮三百枚，猪鬃马尾亦入此类。

吉林之药品

每年产额，虽无确数，据商会及商家之调查大略如下：

大山参五百两，鹿茸七十斤，细辛一万斤，防风四万斤，党参一万斤，木贼三千斤。参糖亦为礼物一种，每盒每斤一元。熊胆、獐脐、鹿胎亦重。

吉林之山货

花蘑、榆蘑、冻蘑（即元蘑）、榛蘑、口蘑、木耳、瓜子、葵花子、大椒、红枣、核桃、山鸡、野猪、狍鹿、哈什蚂、各果品。

吉林之土产

苏油、豆油、麻油、糖萝布、牛羊猪油、蓝靛、茶条菜、线麻、苎麻、芝麻、土面碱、缸瓦、黄烟、杂烟、鸡卵。

吉林大宗货物

粮石、木植、木炭、木杆、石头、石灰、煤、家畜（即屠宰）、洋草、杂鱼。

吉林工作货物

柞蚕丝、柳蚕丝、毛头纸、栽绒毯。

林传甲：《大中华吉林省地理志》，李澍田：《长白丛书》（五集），长春：吉林文史出版社，1993年，第390—392页。

第二章　财政、交通与人口史料汇编

一、财政

《长春县志》卷三《食货志·赋税》

赋税

国家　地方

长春自设治后，所有赋税除大租外，不过烧锅票课及厘捐、斗税、土税、杂税等项而已。初无国家、地方之分。是项税款，向归长春府派员征收，嗣因征收日见畅旺，乃于光绪十七年四月间设立专局。其税率及征额，因时代之递嬗，酌市面之繁简，屡有变更，益见起色。缘民智已开，皆知纳税义务，勇乐输将，莫遑或后也。

谨案：《吉林通志》载：长春府税务总局在城内，由知府书役经征杂税。富丰山分局一，河阳堡分卡一。杂税额征市钱一万六千八百吊（同治三年额定二万八千吊，光绪十五年分设农安县，改如今额）照章，除书役工食（计钱一千六百八十吊）并府署办公（计钱四千八百吊）。光绪十二年，改核银款，实应解银二千九百二十三两零。

税则

牛马骡驴（每卖价钱一吊）税钱三十文。

贩活猪（每口）税市钱一百文。

卖宰猪（每口）税市钱六十文。

黄烟（每百斤）税市钱四百文。

烧酒（每百斤）税市钱八十文。

当课额征银三十七两五钱（光绪十七年当铺十五家）。

土税额征市钱三万六千吊（咸丰七年额定二万四千吊，同治七年加征一万二千吊，遇闰加三千吊），光绪十二年改核银一万零一百九十八两零，按时批解司库（《册报》）。

烧锅票税与吉林府属额定共纳票市钱十万八千吊（光绪十七年册：烧锅，府属十五，农安七，每烧锅岁纳票课钱二千七百六十吊二百三十文），由府批解官参局。斗税额征市钱一万九千八百吊（光绪十年额定一万八千吊，十三年加征一千吊，十六年征如今额）。又烧锅[1]斗税额征市钱九千二百吊，均由商人包纳，按时批解道库。

货厘捐额收市钱八万吊，经商径解司库。

洋药捐分局在城内，归并总局，批解无定额（总局派员经征）。

房税无（郭尔罗斯公征）。

以上共征当课银三十七两五钱，征杂税、土税、烧锅票税、斗税、货厘捐钱二十六万三千三百二十吊（见卷四十三）。

近十数年来，长春税捐局遵照吉林通行税率，原有七、四、九厘之分。七厘即到货落地捐，四厘为营业税，九厘为卖钱捐，惟洋货概不征收。嗣以洋货免征有损国库收入，未免可惜，故于民国三年七月，以七、四、九厘三种合并为二成统税，不分华洋货物，凡卖钱所得，一律按值百抽二征收，即二成货物销场税也。又粮石亦按百二征收产销二税；尚有斗税，分上中下三等：上粮吉钱三百三十文，中粮二百二十文，下粮一百一十文。于五年间，因圜法渐荒，改征吉大洋，上粮九分，中粮六分，下粮三分。而豆麦两种提出，另立豆麦斗税：元豆大洋一角二分，小麦大洋两角，迄今仍旧，并未变更。

以上税率，均以一石为标准。又长春原属蒙地，故凡收入、货物销场、粮石产销、斗税及牧畜税五种，均由正税内提拨一成（即十分之一），与蒙租处为经费，至今犹沿行之。兹将吉林现行税则列次。

山海税捐表

种　类	斤　数	征收税额
鹿　筋	10	580

---

① 制作白酒的作坊。

续 表

种　类	斤　数	征收税额
鹿　角	10	580
牛　筋	10	580
花　蘑	10	218
榆　蘑	10	435
冻　蘑	100	580
口　蘑	1	87
木　耳	10	290
瓜　子	100	290
葵花子	100	290
玉兰片	1	29
花　椒	1	15
胡　椒	1	15
大　料	1	29
红　枣	1	7
栗　子	100	290
干　姜	1	10
鲜　姜	1	10
洋　粉	1	44
青　笋	1	29
落花生	100	29
山　鸡	100	435
野猪肉	100	435
狍鹿肉	100	435
龙须菜	1	5
蛤吃蚂	10	145

续　表

种　类	斤　数	征收税额
核　桃	100	290
核桃仁	100	580
山楂片	100	600
杂　鱼	10	58
鱼　骨	10	870
蟹　肉	10	145
海　参	10	580
海　茄	10	145
海　菜	100	290
乌鱼蛋	1	29
鱼　翅	1	29
鱼　肚	1	87
江瑶柱	1	58
干鲍鱼	1	102
蟹　黄	1	87
大海米	1	29
小海米	1	9
金针菜	1	12
东洋菜	1	5
海　蜇	1	9
干墨鱼	1	29
干蛤蛎	1	29
冰　蟹	10	58
鲜　蟹	10	58
银　鱼	1	58

说明：以上各税，均由买主缴纳。如系运销，由该运销人缴纳。又，征收税额以大洋为本位，而上列之额数，均由厘为单位计算。

各货按价值征抽者如次：

鹿茸　值百抽二十。

虎骨　值百抽十五。

鹿尾　值百抽十。

各色果品　值百抽五。

貂皮　值百抽二十。

各色皮张　值百抽十。

缸税　值百抽七（窑户缴纳）。

参税　值百抽十（由卖主缴纳）。

药税　值百抽五（由卖主缴纳，如系运销，由运销人缴纳。凡本省土产及外来生熟药品，均照此例纳税。民国十三年十一月，奉令外省药材免税）。

猪鬃、马尾　值百抽十（由卖主缴纳）。

煤税　已领部照者，距铁路百五十里内交通便利地方，每吨抽大洋一角五分。其距离百里以外交通梗塞地方，每吨抽大洋一角。其未经请领部照之煤矿，仍按吉省旧章值百抽十五纳税，均由开采者缴纳。

鸡卵税　凡装箱出口之鸡卵，每价值大洋一元，收税大洋五分，由贩运人缴纳。其零星售卖及在省境以内贩运者，概免征收。

木炭税　值百抽十，由卖主缴纳。木梓税，值百抽十，亦由卖主缴纳。省城木税值百抽十八，由卖主缴纳；另收百分之六山分。

石税　值百抽十，由卖主缴纳。

石灰税　值百抽十，窑主缴纳。

销场税　按商号卖钱数值百抽二。

粮石销场税　十三年十二月将内地、出境两税改为出产、锁场两税，均按值百抽二征收。出产税，归卖主（即农户）缴纳；销场归买主（即粮商）交纳。

二分纯利捐　按钱、店二业，每年所得纯利抽百分之二，于次年春季内缴纳。

当帖捐　繁盛地方，典当帖捐二百元，质当八十元；偏僻地方，典当一百五十元，质当五十元。领帖时一次缴纳，另有章程。

当课　典当：年纳课银八十元，质当：年纳课银二十元九厘。

纯利捐　抽当业每年所得纯利，抽千分之九，于春季缴纳。

长春质当帖捐　以四十元为额分，按五年摊纳。

长春质当课　年纳大洋二十元，分两期缴纳。

契税　典三卖六，另有条例。契纸费每张收大洋一元，详列于后。

验契费　每张契纸收大洋四元，注册费收大洋四角，详列于后。

牲畜税　牛马骡驴按价值百抽五，猪羊按价值百抽二五，由买主缴纳。经一次买卖，即征税一道。

烧商包纳牲畜税　年纳大洋八十元，每季随同筒课缴纳。

木植斗税　均不在包额以内，应照现行税则分别纳税。

屠宰税　每宰猪一口，征大洋三角。羊一只，征收大洋二角。牛一头征收大洋一元。由屠商缴纳。

长春罐头牛猪税　罐头牛每头纳税大洋六角，罐头猪每口纳税大洋二角。均由卖主缴纳。

豆麦斗税　元豆每斗收大洋一分四厘，小麦每斗收大洋二分。由卖主缴纳。

杂粮斗税　油麦、江米，为上则，每斗收大洋九厘；小米、元米、稗子米、包米楂、小豆、吉豆、云豆、线麻子、大麻子、西天谷，为中则，每斗收大洋六厘；大麦、红粮、谷子、包米、稷子、荞麦，为下则，每斗收大洋三厘。如有他项粮食，比照上列则分别收税，由买主缴纳。

附加杂款　凡征收山货、皮张、海菜、土产、屠宰税、煤税、烟酒税、石灰税、木石鱼草税及山分票费、硝卤捐等，均随正加百分之五。

已税货物转运票费　每张大洋一角，票费每张收大洋二分。

验票费　每验票一张收大洋一角。

牙帖[①]税，每张收大洋一元二角。

当帖费　每张收大洋一元二角。

硝卤捐　每斤收吉钱五文，由买主缴纳。

香磨课　每盘年纳大洋四元。

黄烟税　按价值百抽十，由卖主缴纳。

杂烟税　按价值百抽十，由卖主缴纳。

---

① 中国旧时牙商或牙行的营业执照。

白酒税　按烧锅得酒，每百斤征大洋一元四角，由烧商缴纳。

杂酒税　按价值百抽十，由卖主缴纳。

药酒税　每百斤收大洋二元。

烧锅课　一筒造酒，年纳课银四百两；加一筒，加收课银二百两。小醪年纳课银二百两。自民国十一年分起，每银一两，暂行折核大洋一元。

烧商执照费　每张收大洋一百四十五元。

整卖烟酒牌照　年纳大洋四十元，分两期缴纳。

零卖烟酒牌照　甲种年纳大洋十六元，乙种八元，丙种四元，分两期缴纳。

黄烟杂烟　均值百抽十二。

杂酒、药酒　均值百抽十。

白酒　每百斤收大洋六角，验单费每张收大洋一角。

土产物品　只征正税一道，行销本省概不重征。

苏油、豆油　每百斤均征大洋二角九分，由制造者缴纳。

麻油　每百斤征大洋四角三分五厘，由制造者缴纳。

糖萝卜　每百斤征大洋四角五分。

牛羊猪油　每百斤征大洋四角四分五厘，由制造者缴纳。

蓝靛　每百斤征大洋一角四分五厘，由买主缴纳。

茶条叶　每百斤征大洋一角，由买主缴纳。

线麻　每百斤征大洋三角六分三厘，由买主缴纳。

苘麻　每百斤征大洋二角一分八厘，由买主缴纳。

芝麻　每石征大洋四角三分五厘，由买主缴纳。

土面碱　每百斤征大洋一角四分五厘，由买主缴纳。

国家税

税捐局历年征收表

税　目	税　率	收入款数		
		十五年度	十六年度	十七年度
山货税	名目繁多,难于详注	25,126.571	22,502.910	26,826.144
海菜税	同	9,089.290	6,508.605	11,963.684
皮张税	值百抽十,附收五厘杂款	22,340.788	17,254.899	22,115.955

续　表

税　目	税　率	收入款数		
		十五年度	十六年度	十七年度
土产税	名目繁多,难于详注	10,311.536	25,101.785	23,841.442
烟　税	值百抽十,附收五厘杂款	66.449	95.478	53.208
杂烟税	同	447.461	267.364	322.437
黄烟公卖费	值百抽十二	75.941	109.118	60.809
杂烟公卖费	同	511.384	305.558	368.523
白酒税	每百斤收一元四角,外加五厘杂款	18,592.960	21,491.106	23,237.760
蒙酒税	同	3,151.680	3,398.640	3,289.860
白酒费	每百斤收六角	7,180.800	8,771.880	9,484.800
蒙酒费	同	1,286.400	1,387.200	1,342.800
头道沟白酒税	每班收洋五元二角	14,820.800	23,244.000	21,855.600
头道沟白酒费	每班收洋一元八角	4,989.600	8,046.000	8,545.400
杂酒签封税	原值百抽十,外收五厘杂款;改签封后,不收杂款	1,568.845	2,656.345	2,539.509
杂酒签封费	原值百抽十二,改签封后抽十	1,610.247	2,656.345	2,539.509
牌照税	整卖一张二十元,甲种八元,乙种四元,丙种二元,分春秋换领	7,300.000	4,976.000	6,918.000
牌票照费	牌照每张一角,验单二角,余均二分	682.520	541.960	629.320
纸烟内地捐	每五万为一箱,照价值分七等征捐	5,943.863	1,204.714	8,524.277
卷烟特捐	原按售价征收百分之二十	71,676.515	56,497.468	38,712.044
卷烟附加税	十五年又附加百分之十	25,838.201	28,248.734	19,356.022
邮包税	起于民国十五年,今已停止			

附注：所收各款统按吉洋核算。

印花税　于民国七年四月设立办事处，推销印花，历年收入逐渐起色。兹将十六、十七两年度售出票数及收入款数列表于下。

印花销售及入款数目表

年　度	售出印花数	入款数
十六年度	5,000.000 分	50,000.000 元
十七年度	6,000.000 分	60,000.000 元

盐税　于前清光绪三十四年创设专局，名为吉林全省官运总局，驻在吉林省城，宣统三年十月始移长春。民国二年一月，改为吉林榷运局。四年一月，吉黑两省盐务归并办理，复易名为吉黑榷运局。内部分文书、会计、督销、采运各科，更于吉黑两省要地设有分仓并缉私营，以便稽查督销。每盐一石，合官秤六百斤。所收款均以现洋为本位。兹将历年销盐数目及收款数目列表如下。

年　度	销　盐　数	收　款　数
民国十四年度	243,578.2 石	356,772.000 元
民国十五年度	306,057.1 石	362,640.000 元
民国十六年度	254,410.4 石	371,526.750 元

硝磺税　民国八年创设硝磺税，设总局于长春，专收全省硝磺各税。其他各县及大镇则酌设分局。总局有局长一员，分为文牍、会计、庶务、稽查四课，各设主任一员，课员一员，雇员五名，更有看硝员、稽查员等多员。分局有局员一员及稽查等数员。其所收售硝磺，按时价收捐二成，洋鞭按市价收捐百分之四十，广鞭按市价收捐百分之二十，余无税收。兹将历年收捐数目，表列于下。

年　度	收　捐　数　目
十五年度	142,255.113 元
十六年度	117,281.843 元
十七年度	126,911.175 元

地方税

大租　长春县境原系郭尔罗斯前旗地，于清乾隆五十六年间该旗招致流民垦种，所有大租自行设局征收。迨嘉庆四年，经吉林将军秀林查办，始为借地安民之议，凡得熟地二十六万五千六百四十八亩，每亩征粮四升，共折银五百七十八两六钱。嗣后地渐增辟，而租亦有变更，复改银为钱，每垧地征中钱（即以五十为陌）四百二十文。后因设立审判，无有底款，商允于地租内酌加钱二百四十文作为经费，民国二年始停止。民国三年二月，奉吉林国税厅筹备处令，以大租统改征大银元三角，以一角解金库，二角拨归蒙旗。彼时大银元按官帖八吊四百文征收，继因吉钱毛荒，又改为哈洋（即哈埠所发行各种纸币），每垧征收哈洋三角归蒙旗，吉洋（即永衡官银钱号所发行者）两角归县署，解[①]省库。十三年又随粮附收二成特别费，至十六年九月停止，旋以军费浩繁，又复附收，至今仍之。

历年征收大租数目表

年　度	额征数	实征数	滞征积欠数
民国十五年度	49,643.292 元	42,380.708 元	12,524.956 元
民国十六年度	50,192.630 元	40,225.511 元	7,565.201 元
民国十七年度	51,514.118 元	36,470.873 元	10,722.036 元

契税　此税向归税捐局办理，迨民国十二年七月一日，始奉令拨归县署兼办。惟长春原属蒙地，人民彼此买卖，皆兑而不税，当时只收验契费而已。嗣后凡验契者，亦责令另行补税，其征收税率，买契按原价百分之六征收，典契按典价百分之三征收。于国民十六年六月间，更附收临时军费二成。契中价额均以吉洋核算，非吉洋者即照定章或时价折合之。兹将历年契纸推销及契税收款数目列表于下。

契纸推销及契税入款数目表

年　度	买典契纸销数	买契税收入数	典契税收入数
民国十五年度	27,862 张	422,339.333 元	1,033.407 元
民国十六年度	1,339 张	194,763.390 元	1,036.470 元
民国十七年度	5,497 张	205,231.942 元	973.050 元

① 存入。

垧捐 此捐分为警、学、团三项，于清光绪三十四年加捐，至民国三年每垧应纳捐一吊三百文。四年每垧改收三吊。五六年间每垧复加至四吊五百文。七八年间，每垧又增为五吊五百文。九年，每垧十七吊九百文。十年至十四年间，每垧改收吉洋六角三分。十五年至十七年间，每垧又增为吉洋八角，此十数年来变动增加如此。又于十一年时，每垧曾附收购枪费二角，仅一年即止。十二年至十七年之间，每垧又附收附团捐二角（亦曰青粮费），积谷费一角，故现在每垧地共收吉洋一元一角。所有征收，属于地方财务处办理。兹将垧捐收入数目列下。

垧捐收入表[①]

垧 数	学 款	警 款	团 款	共收款
300,000垧	76,300.000元	87,600.000元	76,200.000元	240,000.000元

财务处征收各项杂捐表

类别	征收款数	类别	征收款数
乡资本捐	180,000.000吊	乡车捐	14,000.000元
乡牛马捐	30,000.000吊	乡屠捐	20,000.000吊
城屠捐	500.000元	妓房捐	10,000.000吊
乡营业税	60,000.000吊	城营业税	3,500,000.000吊
乡粮米捐	1,000,000.000吊	城粮米捐	500,000.000吊
城牛马捐	3,000,000.000吊	公产租	12,000.000文
学 费	3,860.000元	学款生息	29,800.000吊
鬃毛胰血	1,800.000元		

税捐局征收属于地方税各项收入表

税 目	税 率	收入款数		
		十五年度	十六年度	十七年度
货物销场税	值百抽二	437,927.285	475,716.570	486,674.114
粮石出产税	同	72,039.861	166,217.598	125,203.539

① 原非表格，今依据杨洪友校注版《长春县志》添加。

续　表

税　目	税　率	收入款数		
		十五年度	十六年度	十七年度
粮石销场税	同	70,803.934	189,733.553	140,477.033
牲畜税	牛马值百抽五,猪羊抽二五	64,672.811	85,082.157	83,119.838
纯利捐	值百抽二	15,576.876	20,274.732	14,353.916
木　税	名繁难详	323.332	53.495	136.343
山分税	按木税抽六	197.033	32.097	81.806
木植费	按木税抽八	262.705	42.797	109.074
摊床捐	分五等,每等二元进加	16,244.000	15,679.000	21,219.000
木炭税	值百抽十	433.790	240.081	316.064
木梓税	同	6.614		
石灰税	同	77.700		45.586
硝卤捐	每百斤抽五吊	22.552	26.890	13.263
俄商营业税	分等征收	101.294	86.675	59.423
钱桌季税	每家季纳十元	610.000	590.000	560.000
布机捐	每架月纳五角	5,143.000	6,171.500	4,678.000
当　课	典当年纳八十元,质当年纳二十元	2,120.000	1,440.000	1,580.000
斗　税	粮分上中下,按九六三收,元豆一角四分,小麦二角	16,614.000	43,155.694	32,463.296
烧锅牲畜包捐	每家年纳八十元	546.666	400.000	400.000
屠宰税	牛每条一元,猪每口三角,羊每口二角	7,024.430	8,780.420	8,803.830
罐头猪税	牛每条六角,猪每口二角	784.440	1,487.370	1,531.210
日商包捐	捐额随时商酌	1,616.500	5,923.334	20,090.200
罚　金	按偷漏,由一倍至二十倍	24,947.081	6,385.781	5,087.981
各种票照费	行票每张一角,摊照二分,余均二分	2,036.980	3,621.540	3,640.720
简　课	一简年四百两,加一简加二百两。每两折合一元	3,133.333	2,100.000	2,600.000

附注：所收各款，统按吉洋核算。

警费盐捐　此捐创于民国十年十月间，设有稽征处征收。至十七年六月一日，奉令归并税局兼征。征法按盐仓售盐数目，每百斤收哈大洋四角。所收款除留经费外，径解财厅备作警费，故名曰警费盐捐云。

附盐捐收入数目表

民国十六年度　7，219.136元

民国十七年度　135，770.344元

长春市公安局征收各项税捐表

类别	征收率	征收款数	
		十六年度	十七年度
铺捐	由一元五角四分至二十二元二角四分	51,660.900元	53,809.100元
床捐	由六角六分至五元五角	10,824.600元	133,509.550元
妓门	分四等,按七、四、三、二元收之	2,571.000元	2,635.000元
妓女	分四等:一等三元,二等二元,三等一元五角,四等一元	9,253.750元	9,878.000元
快车	每辆收哈洋七角	5,731.948元	5,012.457元
脚车	同	7,363.106元	6,114.047元
人力车	每辆收哈洋一角三分	894.970元	722.917元
自用车	每辆收哈洋二元	407.338元	342.578元
汽车	每辆收哈洋二元	21.104元	13.033元
车牌	每块收吉洋五角	1,436.000元	1,420.800元
戏捐	百元抽十元	9,231.049元	7,005.129元
屠猪捐	每口收吉小洋七角	8,515.340元	9,027.527元
牛羊屠宰	归商包办	3,764.800元	3,649.000元
骡马驴捐	同	7,000.000元	7,000.000元
猪毛胰血	同	3,000.000元	3,000.000元
罐牛	每头收吉洋四角	287.400元	237.800元

续　表

类别	征　收　率	征收款数	
		十六年度	十七年度
罐　羊	每只收吉洋八分	13.360 元	5.92 元
附加货税	由营业税公所代收	23,440.462 元	19,954.352 元
附加粮捐	同	8,028.329 元	7,006.491 元
附加房捐	由市政筹备处房捐附收		25,342.704 元
商会津站	城内商铺分摊	27,654.028 元	42,184.021 元
罚　款		77.600 元	
票　照	每张收吉洋一元	587.500 元	932.000 元
养路费	脚、快车每辆吉洋二角，人力车吉小洋二角	2,540.498 元	4,002.570 元

附注表列各款均经折成永洋。

按：赋税一项，本极庞杂，且长春又属蒙地，大租收入仍归蒙旗掌管，其国家、地方之区别，初仅以解省库与地方警学等款及杂捐上分之。及民国十八年，始奉令将国家、地方两税重行厘订，划分界限，与前迥异。故志中所载各税，即系按新定之税目分别胪列者也。

张书翰、马仲援修，赵述云、金毓黻纂，杨洪友校注：《长春县志》，长春：长春出版社，2018 年，第 127—140 页。

《长春县志》卷三《食货志》

圜法　度量衡

旧制，吉林通省钱均以五十为陌，曰中钱。长春通行中钱与省城同，然民不见钱，以故银一两有易市钱四吊或四吊数百者。惟伊通州西以十六文为陌，市钱三吊合中钱一吊，即奉天通行所谓东钱也。

清光绪十年十一月二十四日，将军希元奏：

吉省制钱短少，市间创有抹兑名目，固为权济钱法，以期周转之意，而公款存库亦有抹兑钱帖，殊非慎重之道。当饬户司、分巡道等总核通省应征各款，详复。兹据禀称：吉省荒地租赋，向均征收现钱解库。嗣因现钱不充，准令各佃等以现钱、凭帖搭交。应征杂税、土税、烧锅票课、厘捐等款，经前署将军皂保，于同治四年奏明，准其搭交二成现钱，八成抹兑。迨至同治十年，市廛制钱益形短绌。又经前任将军奕榕奏明，将烧锅票课全行改交抹兑，其厘捐亦以抹兑呈交。惟税物钱文，则仍旧交二成现钱，八成抹兑，历经辨理在案。

夫谓抹兑者，甲铺买物，以一帖兑至乙铺开发，而乙铺仍无现钱，又转开一帖于他处，互相转致，总凭一空纸而买实物，故物价、银价因之增昂。农民粜卖粮米，终日枵腹[①]奔驰，不能换取一钱使用。前任将军铭安痛惩此弊，于去岁三月附奏革除。然彼时省中所征烧锅票课、厘捐、斗税、杂土各税，抹兑钱帖尚有四十余万千之多，均存寄殷实铺户。虽临时拨用无误，究之款数甚巨，殊非经久之计，应如何变通办理，禀请核奏前来。

臣等再四思维，实因吉省向无鼓铸，外来制钱素不充裕，况近年开荒征租，需钱尤多，市廛不能周转，虽经奏明禁革抹兑，而各铺商仍有过账名目，盖以现钱缺乏，时势使然。若不预为筹酌，诚恐各商摊挤荒闭，转有掣肘之虞。今既迫于现钱奇乏，何如改收银款，以便官民。查各省征收钱粮以及杂税，官款完纳，现银居多。今拟将旗民各署每年应征杂税、土税钱九万七千余吊，即照省市银价俱各折作银数，作为永远定额，日后银价涨落，不再增减，由经征各员以现银解库。应征荒地租赋，每年约共收钱四十余万吊，又皆清钱、凭帖搭收，亦因现钱缺乏，征收极难。今拟将每垧内征大租钱六百文者，改为大租银一钱八分，小租钱六十文者，改为小租银一分八厘，俱由经征之员以现银解库，年清年款，归入银款项下抵充俸饷。至吉林府、长春厅烧锅，现在一年应纳票课钱十二万九千余吊，原系按家摊纳，其斗税钱三十万吊有奇，原系按各商一年所卖之货，按数抽收，零星凑集，银价涨落无定，难令各商易银交纳。

查吉省应发孤独养赡、孀妇周年、半俸半饷、休致官员解退，马甲俸饷，一应兵车脚价等项，向系放给钱款，一年不下二十万拟吊，将烧锅票课、厘捐、斗税三项仍照旧章征收，以为发放各钱款之用。俟三五年后钱法疏通，饬令以现钱呈交，抑或酌改银款征收，随时查看情形，奏明办理。并查，岁征杂

① 空腹。

税、土税钱款，向以八成抹兑搭交。盖吉省市商银价，因制钱缺乏，久有现钱、抹兑之分，所有报部官价，向来仅报现钱，不报抹兑，其现钱买银，较抹兑行价，每两减三二百文。今将税课改收银款，自应照依现时市抹兑银价折银，作为永远定额，嗣后按年照额解库，方无赔累。案关课款更章，亟应据实陈明，如蒙俞允，请旨饬部复议，俟奉准部复后，再将改征杂税、土税各款查照征收之数，照依彼时银价，分别折算，改折银款，作为定额，不再增减，另行详细报部查覆。

再，吉省制钱久缺，市面益形萧条。筹商再四，惟有仿照制钱式样，铸造银钱，以济现钱之缺，以代凭帖之用。先由俸练各饷项下提银五千两，饬交机器局，制造足色纹银一钱、三钱、五钱、七钱、一两等重银钱，一面铸刻监制年号，一面铸刻轻重银数、“吉林厂平”清汉字样。盖吉林地方俗呼“船厂”，“厂平”二字实从俗也。每遇应放俸练各饷，即以此项银钱搭配发给各兵，俾在街面行使，并剀切晓谕商民人等，按照银钱所铸数目，随市易换，该铺商自不能任意轻重，较之零星银两，既不十分琐碎，又免折耗压平之势。如此变通办理，于商户自无窒碍，于小民、小贩似有补益。果能远近通行，再［由奴才等］查看地面情形，广为铸发。设或行使稍滞，自当别筹疏通之法。

清光绪十三年十二月，将军长顺附奏：

再查抹兑名目，既已禁革，而烧锅票课、厘捐等项，自未便再以抹兑收放，致滋纠葛。惟甫经整顿，现钱仍属无多，此二项课款每年数至三十余万千之多，若概令其交纳清钱，实系强其所难，若不预筹变通，临时何以收纳。查吉林、长春厅烧商，每年应纳票课钱文，向以三月十六日为期，陆续呈交。通省七厘货捐抹兑钱文，则按二八两月汇总交库。臣拟将此二项钱款，仍令该商照章呈交，一俟呈交到官，即按当日报部银价，陆续易银收库，收齐汇总，专案报部。倘有应发钱之处，再行随时提银，照行易钱发放。臣等系为严禁抹兑，慎重课款，因时制宜起见，所拟是否有当，理合附片陈明。

清光绪十五年九月初七日，将军长顺附奏：

再，吉林前因制钱短少，于光绪十二年奏设宝吉局鼓铸，另抽四厘货捐赔补。迨奴才长顺抵任后，添炉座，增工料，节縻费，约计一年，四炉共铸钱八九万吊，而所抽四厘货捐，尚堪敷衍。自本年四月禁止抹兑，迄今市面赖此新铸钱文，颇能周转，惟各属亦觉短少现钱。臣拟筹借公款银两，即令派往上海采购军械铜斤委员，就便购换制钱十数万吊，一并解回吉林，俾得分润各属，稍苏民困。盖上海商贾辐辏，行使大小银钱，即少此十数万制钱，不致支绌，而吉林骤获此巨款，实足以救敝起衰。

固知各省钱均严禁出境，第根本重地，钱法最宜疏通，臣筹款换钱，亦属因时制宜，不得已之举，合无仰恳天恩，饬下两江总督转行上海海关道勿事留难，臣一面设法筹款添铸，方可源源接济（以上均据折档）。

按：吉林旧有宝吉局，专事鼓铸铜钱，正面用汉文“光绪通宝”，幕用清文“宝吉”。每吊钱用铜二斤四两四钱，用白铅一斤十二两六钱。除火耗二成，每净重三斤四两。

块银　清代赋税、厘捐及官吏俸给，向以银两为法定本位，与制钱、楮币相辅而行。大者为元宝，约重五十两有奇，次则谓之锭银，重三五两不等。每两折算制钱两吊有奇，市面大宗交易，赖以周转灵活。迨及清季，银根缺乏，旋因经济变动，本位消除，不复流通市面矣。

制钱　亦曰铜钱。长邑在光绪中叶以前，铜钱盛行市面。每枚作为二文，五十枚为一百，五百枚为一吊，以康熙钱、乾隆钱铸造最佳，流通最多，每一枚均以重一钱为率。光绪十三年，吉林将军希元奏准，仿照康熙年间最小制钱，每枚八分重，试行铸造。此后私铸纷起，钱法日紊，鹅眼、榆荚充斥市面，商民交困矣。

抹兑[1]　前清光绪五六年，因银钱缺乏，周转不灵，遂由凭票改为抹兑。乡民粜卖粮物，由商号辗转过账，仅持一纸空贴，不能换取分文。金融停滞，物价昂贵，钱法隳坏，实以此时为最也。

商帖　自扶兑禁革之后，改出商帖，以资周转。初尚限于烧当富商，只在本境流通，甚称利便。继而坊肆杂业，辗转效尤，信用顿减，倒闭踵接，影响市面，累及细民。迨官贴发行，遂弃绝焉。

官帖　前清光绪二十四年，吉林永衡官帖局印行官帖，以铜钱吊为本位，分为一吊、二吊、三吊、五吊、十吊、五十吊、一百吊七种。凡缴纳赋税一律通用，官民称便。至民国初年，发行漫无限制，卒因准备薄弱，逐渐毛荒。方

① 抹兑：甲商出具欠款白条收据给乙商，乙商再转给其他商号，时间久之后，白条就成为了一种货币。

行使之初，银小洋一元，值官帖两吊二百文，浸增至十余吊，数十吊，今则银大洋一元值官帖一百八九十吊。发行额约三十亿至三十五亿，为省唯一之基本货币，都鄙通用，信赖颇深，在金融界中具有绝大潜势焉。

银元　与官帖同时流行市面，分为小洋、大洋两种、皆以角为单位，每十角为一元，每小洋十二角核大洋一元。以湖北铸二角、四角为最多，吉林铸之一角、二角、五角者次之。今只大洋一种通行市面，小洋则绝迹矣。

铜元　系为辅币一种。流通之初，小者每枚当制钱十文，大者每枚当制钱二十文。今则价格靡常，渐次减少，仅与零吊官帖相辅而行矣。

国币　系由中国、交通两银行发行，分为一元、五元数种。于民国元年入境，兑现信用昭著。迨民国五年，中、交两行基金尽被政府提取，洋价逐渐跌落，旋即停止兑现，不复流通市面矣。

哈币　民国七年，东三省银行驻哈尔滨发行哈大洋券，流通境内。初按银洋使用，汇兑无阻，吉黑商号多用作本位，有一角、二角、五角、一元、五元、拾元、伍拾元数种，信用卓著。近因停止付现，汇水逐渐腾涨，每元折核银洋七角左右，市面顿起恐慌，虽经当局维持，仍难挽回颓势也。

吉洋　旧有小洋券，与吉林造币厂铸造之现小洋同一价格，有一角、二角、五角、一元、拾元、伍拾元数种。嗣因钱法毛荒，逐渐低落，每元定价十吊，与官帖无异矣。民国七年，吉林永衡官银钱号发行吉大洋券，亦曰永洋，凡通省缴纳赋税及机关官吏薪俸，均规定以吉洋为本位。近年哈币跌落，直与之相埒矣。

奉洋　奉天东三省官银号发行小洋票，每元十角，大洋票，每元十二角，亦称一二大洋。民国七年流通境内，与哈洋价格相埒，并可作汇上海规银。自军兴以来，库储空虚，准备薄弱，而发行之额数过多，价格因之降落，每元仅值官帖六七吊，影响金融非浅鲜也。

江帖　黑龙江广信公司发行，即江省之官帖也。惟价格不及吉省官帖，须按对折行使，信用亦觉薄弱。自近年流通入境，但为数甚寥寥耳。

羌帖　系属俄币，亦称卢布。分为一元、三元、五元、拾元、伍拾元、壹百元数种，采金本位。自俄人建筑东清铁路，即流行人境，势力雄厚，信用卓著，且超越我国银洋以上，民争相蓄储。日俄战后，信用稍减。迨欧战事起，俄币滥发，准备毫无，每张千元万元，新帖旧帖，种类繁多，终至拒绝行使，不能兑换分文。东省商民损失颇巨，今则无所取偿，徒受亏累而已。

金票　系日本朝鲜银行发行，采金本位。有一元、五元、十元、五十元、壹百元数种。本埠设有分行，与满铁会社相辅而行。当民国五六年，每元仅值国币五六角，今则价格飞涨，有时超越银洋之上。发行额达一亿一千九十三万六千五百元，本埠流行五十万元左右。其由正金银行发行者曰钞票，采银本位。本埠设有分行，与金票同时入境，价格与我国银洋相埒。中日大宗物产交易，恒以钞票为标准焉。

按：横滨正金银行在我国发行银券，分一元、五元、拾元、百元、千元等种。创立于明治三十四年九月，发行兑券于天津、牛庄等处。其基碍以日本旧银币（重量七钱一分六毛，品位银九铜一），该银行所发纸币可随时兑取确实银币。本埠流通额达百二十万元。

长春钱币流通，统计现大洋一百二十万元，大洋票六十余万元，钞票四十五万元，金票一百八十五万元，奉票五十余万元，吉大洋三十五万元，吉小洋二百余万元，永衡官帖五千五百万吊，现银二万五千两。

度量衡

前农工商部博考古今中外之制，议定以营造尺为度之标准，漕斛为量之标准，库平为衡之标准，于民国四年公布权度法令，禁革不规律之斗秤尺办法。但各地因仍旧贯，迄未推行，公私交易深感困难。本埠中日杂处，权度尤紊，整齐划一，盍早图之。

度　一里十八引，一引十丈，一丈十尺，一尺十寸，一寸十分。

量　一石二斛，一斛五斗，一斗十升，一升十合，一合十勺，一勺十撮。

衡　一斤十六两，一两十钱，一钱十分，一分十厘，一厘十毫。

大尺　裁量一般狭幅布（如大尺布类）使用之。

裁尺　裁量一般广幅布（如花旗布类）使用之。

苏尺

木尺　丈量木材、器具、家屋、土地等均用之。

日本曲尺　日本侧通用之。

地积法，于度量衡制度公布时，同时制定，仅京畿一部实行。今吉林省内各地方，丈量地积，以五尺木杆算量之。

一弓　五平方尺。

一亩二百八十八弓。

一顷　十亩。

按：地方旧惯，以二百四十弓为小亩一亩，三百六十弓为大亩一亩，故分大小亩以别之。

张书翰、马仲援修，赵述云、金毓黻纂，杨洪友校注：《长春县志》，长春：长春出版社，2018 年，第 151—158 页。

《民国农安县志》卷六《税捐》

民国

国家税捐

农安自烟酒杂税，由省派员征收。其山海洋药各税亦先后设有专局。代远年湮，无案可稽。民国肇兴，国税统一。兹可得而志者，厥有二端。

一、银款之规定：

农安征税向以计值抽银为定率。款有定而价无定。经收人员往往高下其价，浮收中饱，而人民亦无从过问，其势然也。

（癸丑）民国二年一月二十七号，饬银款税项以平均价为标准。（度支司使饶饬）以每月十一月起至十五日止五日，按省城市平银价折成均价为下月银款收税标准。一切地租、山海税、牙杂当课，俱按吉平照均价完纳。田房契税应收之库平。本省章程按吉年加四如税银百两加增四两，税银十两加增四钱。即合库平。补平一项以加四为定额，仍按均价合计。每月均价吉平银一两合钱八吊文，应加钱三百二十文。即系库平收数。（以上见布告）

一、税则之修改：

吉林税则多创始于军政时代山海土税。税则有从价从量之分。从价各物每吊征银五厘、一分、一分二厘、一分五厘、二分不等。因商民买卖土货以钱为本位。彼时银价平稳，每两仅值三吊左右。按吊抽银立法亦为平允。光复以来，钱贱洋贵，照则抽银未免病民。自银元盛行，尤与从前专使钱币不同。从量各物征银税率，因无实银可征。自民国五年六月起，每吉银一两折收大洋一元四角五分。是抽银办法已无形取消至杂粮斗税。

郑士纯修，朱衣点纂：《民国农安县志》，凤凰出版社选编：《中国地方志集成·吉林府县志辑②》，南京：凤凰出版社，2006 年，第 209 页。

《民国珲春县乡土志》卷七《财赋》

地方税

珲春财赋之原向极寥落中经天灾时变，民生益穷，地方税之收入年见减少，以致入不抵出时，赖国库补助。兹将近三年内收支数目列表如左[①]：

<table>
<tr><th colspan="2">年度</th><th>大同元年</th><th>大同二年</th><th>康德元年</th><td rowspan="7">珲春县地方税捐率表康德元年度</td><th colspan="2">捐目</th></tr>
<tr><td colspan="2">收入数</td><td>一百一十二，三八九.七六</td><td>八二，九四〇.二三</td><td>一〇三,一六七.〇〇</td><td colspan="2">单位及等别</td></tr>
<tr><td colspan="2" rowspan="2">支出数</td><td rowspan="2">八三，五四一.三一</td><td rowspan="2">八二，四四〇.六三</td><td rowspan="2">一二四,八四三.三九</td><td rowspan="2">捐率</td><td>吉大洋数</td></tr>
<tr><td>折国币数</td></tr>
<tr><td rowspan="2">比较</td><td>盈</td><td>二八，八三八.七五</td><td>四九九,六〇</td><td></td><td colspan="2" rowspan="3">备考</td></tr>
<tr><td>亏</td><td></td><td></td><td>二一，六七六.三九</td></tr>
<tr><td colspan="2">备考</td><td>按上列数目系国币</td><td>仝</td><td>仝</td></tr>
</table>

林珪修，徐宗伟纂：《民国珲春县乡土志》，凤凰出版社选编：《中国地方志集成·吉林府县志辑③》，南京：凤凰出版社，2006年，第387页。

《民国辉南风土调查录》第五章《财赋》

第一节　国家税

田赋。本县田亩原属海龙，前清光绪四年，经海龙总管衙门丈放，每亩收价银五钱五分，四年升科，每亩地收正赋库平银二分钱、耗羡库平银一分，作为旗民两署办公费。壕工制钱三文，修国壕用归海龙总管衙门征收。宣统元年八月，设辉南厅，治由海龙移拨，辉南八社原覆升科地三十万零七千一百五十八亩一分，除放城基，估地二千二百六十二亩八分，净地三十万零四千八百九十五亩三分。

---

① 根据《民国珲春县乡土志》卷七表格按现代文行文习惯进行修改。

王瑞之编：《民国辉南风土调查录》，凤凰出版社选编：《中国地方志集成·吉林府县志辑④》，南京：凤凰出版社，2006 年，第 28—29 页。

《民国安图县志》卷三《政治志》

财政

自商鞅变井田之法，而天下财赋不均。自中外大同以来，国家之财用日绌，当此之时求其上不捐国，下不病民，国库充实，民得乐业，不亦难乎？矧我安图以区区荒僻之地，既乏山海鱼盐之利，又无蚕桑畜牧之源，所以供给家国者，仅此瘠薄之田畴与工商之微业。况当新政会出，百废待舆兴水车薪，其何能济然，则如之何，其可曰：兴林业、谋利权、开矿务、劝农亩，使四境之民各安其业，财用犹有不足者乎。

税捐局

附于县署院内，该局局长以县知事兼任，局内置主任一人，雇员二。兹将民国十六年度征收数目开列于左。

计开

出产税年收大洋一万八千八百七十五元一角九分九厘。

销场税年收大洋三万五千四百三十二元零六分七厘。

牲畜税年收大洋五万零八百六十六元一角三分二厘。

豆税年收大洋五千六百五十七元三角五分。

马空群、陈国钧等修，孔广泉、臧文源纂：《民国安图县志》，凤凰出版社选编：《中国地方志集成·吉林府县志辑④》，南京：凤凰出版社，2006 年，第 233 页。

《民国临江县志》卷四《政治志》

财务小引

分国家税、地方税两种，各有机关分掌之，特为分志于左：

国家税机关

税捐局

临江税捐总局于民国十七年成立，在中富街西头路北租用楼房数间。内部组织分总务、经征、稽查三科，局长一、科长三、巡查雇员各若干，经费由省库支领。事变后临辑两县设一专局，名曰辑临税捐总局，地址在外岔沟，临江改为分局，该局迁于县署前，正阳街路东，设主任一、交牍会计各一、稽查雇员若干名，凡境内镇乡各地均设分卡，每岁收入以国币计算。事变前，二十七八万元；事变后元年度收入八万余元，二年度约收十二三万元。康德元年十一月，仍改为临江税捐局，主任陈慎昌升充局长，组织与事变前同。兹将历任局长姓名列后①：

临江县税捐总局历任局长姓名表

职别	第一任局长	第二任局长	第三任局长	第四任局长	第五任局长
姓名	夏广珍	李广才	朱守信	于学谦	陈慎昌
次章	希廷	不言	执言	少乾	静轩
就任职年限 去任职年限	民国十七年八月就职 民国十八年八月去职	民国十八年九月就职 民国十九年九月去职	民国十九年十月就职 民国二十年三月去职	民国二十年三月就职 大同元年春去职	康德元年十一月就职
备考					

盐务掣验缉私局

盐务缉私局，临江原设分卡，归辑安管辖。民国十年始改为专局，地址在本城与华街路北内，设局长一、文牍一、会计一、雇员，卡长及盐巡若干名。凡境内各乡镇均已设卡，缉私归盐务监督署直辖，常年收入约十二万余元。兹将历任局长姓名列左②。

临江县缉私局历任局长姓名表

职别	第一任局长	第二任局长	第三任局长	第四任局长	第五任局长	第六任局长
姓名	郭维岐	董敏舒	庞雪楼	梁俊佩	吴荣康	袁庆润
次章		希仲		子玉	晋候	仲滋
就任职年限 去任职年限	民国九年成立就职	十一年春三月就职 十五年春二月去职	十五年春就职 十八年春去职	十八年春就职 大同元年春去职	大同元年夏就职 大同二年五月去职	大同二年五月就职

① 根据《民国临江县志》卷四表格内容按照现代文的习惯进行修改。

② 根据《民国临江县志》卷四表格内容按照现代文的习惯进行修改。

林区驻在所

该所民国十九年十二月成立，直隶于奉天省。实业厅原为保护林业而设。凡树本直径不满尺者，严禁采伐。木把砍木须领执照，采木编簰须遵章纳税，违者处以重罚。凡林区地点、木厂处所、木簰张数调查明细，逐项报省。内部组织：所长一、文牍一、会计一、稽查数名。八道江距县窎远，分驻所在焉，主任一。办公处所租用民房，常年收入七千余元。兹将历任所长表列于后。

邱在官、罗宝书纂，张之言、刘维清修：《民国临江县志》，凤凰出版社选编：《中国地方志集成·吉林府县志辑⑤》，南京：凤凰出版社，2006 年，第 182 页。

《抚松县志》卷三《政治》

财赋

抚松在清初为游猎之地，国家徭役之征永置弗顾。洎[①]乎清季宣统二年放荒设治，始课租庸。惟以地咸沙碱，民户极稀，故国家岁收为数甚微，地方公款更入不抵出，以致庶政待举，每多仰屋之叹也。

税捐局　抚境税务向由县署代收。民国六年始设立税务专局，局长赵东生，辽阳人；征收一切税务，内设局长、会记、书记、稽查各一人。民国八年，专局裁撤，税务仍归县署代收，局长以县知事兼任之，其余职员与专局同。民国十二年又改组，税捐局内设总稽查一人、巡查三人、雇员四人，局长仍以县知事兼任之，相沿至今，无何变易。

税捐分卡　民国六年，由税务总局设分卡；十八年冬，改为分局。于邑西南九十里之松树镇，即今公安二区管境内，设主任、雇员、巡查各一人。十八年冬，在邑南四十五里大营添设分局，内设主任、雇员、巡查各一人。

国家税（根据民国十七年度县署财政统计）

租税　本县田亩自清宣统二年放荒之后，垦熟之地每年升科，始著籍册。统按沙碱计算，每垧征现大洋三角三分。民国十七年度，计收解库租赋现大洋一千六百五十元（按法价作奉大洋）。

契税　本县契税遵民国七年二月财政厅令，田房契税照卖六典四征收。民

① 直到。

国八年七月，令卖六典四为永久定额。例如，卖契百元，征税六元；典契百元，征税四元。民国十七年度，计收解库契税奉大洋一万八千六百三十六元。

契纸费　民国七年财政厅令：契纸费每张收奉大洋五毛，以二角五分解库，以一角为县署公费，以一角为发行所经费，以五分为印刷工本。民国十五年八月令：契纸费每张改收奉大洋六角，以二角五分解库，以三角五分解厅为印刷工本。嗣又奉令每张改收现大洋六角。本县民国十四年度，计解库契纸费现大洋一千零五十七元三角二分五厘（按法价作奉大洋）。

户管工本　民国七年财政厅令：户管工本每张收奉大洋一元四角五分，以八成解库，二成解厅为印刷工本。嗣奉厅令：户管工本每张改收现大洋二元，仍以八成解库，二成解厅为印刷工本。本县民国十七年度，计收解库户管工本现大洋七千九百八十五元四角二分五厘。

印花税　按，印花税系于民国元年公布施行，惟向以本县迭经匪乱，未能畅销。近来，地面日靖，商务日振，销路渐广。民国十七年度，计收印花税现洋二千四百二十四元。

县政府经费（根据民国十七年度计算）

廉俸　县长月支现大洋三百元。科长二人，第一科长月支现大洋八十元，第二科长月支现大洋七十元。科员二人，月各支现大洋六十元。年计共支现大洋六千八百四十元。

薪金　雇员七人。一等二人，月各支现大洋十七元。二等五人，月各支现大洋十五元。年计共支现大洋一千三百零八元。

工资　卫目一人，月支现大洋十五元。卫兵三人，月各支现大洋十二元。

办公费　年计共支现大洋三千五百三十二元。

财政局

抚松地方收捐处自民国元年成立，公举收捐委员单兆年经理一切。二年秋，奉令将收捐处归并县署兼办，取消委员。六年，奉文仍立地方收捐处，公举收捐委员单兆年办理。九年，奉文将收捐处裁撤，又归县署兼办。十年，奉文又设立收捐处，复奉文改为地方公款经理处，选举公款主任程邦泰。十二年，改选车仁盛为公款主任，经理公款一切事宜。至十八年，公款经理处改组为财政局，设局长一员；局内分两课，每课设课长一员，课员一员。

财政局职员表

职名	姓名	次章	籍贯	出身
局长	郭恩溥	覃轩	河北乐亭县	民国七年，抚松县商会成立，被选为特别会董。十年，县商会第二次选举，被选为会长。十二年，第三次改选，当选连任。第五次改选，被选为会长。计先后，充县商会会长六年。
课长	安为桐	闰生	山东日照县	民国元年，充抚松地方收捐处司事。八年，充山东惠民县钱币交换所副经理。九年，充山东日照县地方财政管理处助理员。十一年，充抚松西岗参会文牍员。十八年，充抚松县电话局局长。
课长	孙钟镇	静安	山东栖霞县	宣统二年，充通化县署会计科雇员。民国四年，充抚松县警察所书记。七年，充地方收捐处雇员。十一年，改充征收兼会计员。
课员	翟殿祥	瑞符	山东寿光县	民国十六年，充抚松县公款处雇员。十八年一月，升充助理征收员。
课员	杨继昌	莲史	辽宁盖平县	民国十二年，充抚松地方公款处雇员。十四年，兼助理收支员。

地方税（根据民国十七年度地方计算）

亩捐　本县亩捐自宣统二年放荒之后，即规定：所有熟地不分等则，每垧征收现小洋六角七分，为公安教育经费，向系县署代收。民国十一年，改由公款处征收。本年，奉令改公款处为财政局。本县应征熟地共五千垧，计征现小洋三千三百五十元。

爬犁捐　本县道路崎岖，林木繁茂，故车辆绝少而车捐尚未施行；惟冬令征收爬犁捐，年约奉大洋三千五百元。

屠宰捐　全年度共收奉大洋一万四千三百元。

婚书捐　全年销售婚书，共收奉大洋一千四百四十元。

妓捐　全年共收奉大洋约二千余元。

地方款支出（根据民国十七年地方计算）

公安俸给　年支奉大洋二万四千七百零八元。

公安队俸　年支奉大洋四万七千一百七十二元。

公安办公费　年支奉大洋五千三百十元。

公安临时费　年支奉大洋二万一千八百元。

公安队办公费　年支奉大洋四千五百三十元。

公安队临时费　年支奉大洋三万四千八百五十元。

教育局经费　年支奉大洋一万三千一百二十元。

高级小学校经费　年支奉大洋三万六千二百五十元。

初级小学校经费　年支奉大洋三万二千四百元。

女子初级小学校经费　年支奉大洋一万二千一百四十元。

教育临时费　年支奉大洋五千五百元。

公款处经费　年支奉大洋三万零四百七十五元。

张元俊监修、车焕文总编：《民国抚松县志》，凤凰出版社选编：《中国地方志集成·吉林府县志辑⑤》，南京：凤凰出版社，2006 年，第 410—412 页。

《光绪辑安县乡土志·实业》

《周礼》载：师掌任地之法，凡地利之不尽者，征其赋。闾师掌任民之力，凡民事之不勤者，黜其礼。夫征其赋者，非利之也，驱之以务本耳；黜其礼者，非靳之也，愧之使自励耳，当其时九职，任民而生财者。众四民务业而游惰者，鲜夫岂有不士不农不工不商者。负生成之德，梗朝廷之化哉。辑安边荒初辟为农者多，商次之，士又次之，工盖寡矣。士四百九十五人，农二万五千八百人，工五百人，商二千五百人。

吴光国修，于会清纂编：《光绪辑安县乡土志》，凤凰出版社选编：《中国地方志集成·吉林府县志辑⑦》，南京：凤凰出版社，2006 年，第 291 页。

《光绪辑安县乡土志·税厘》

古者榷政有六

前清厘定税则，沿旧法而变通之，首关市，次盐法，次榷酤、榷茶、坑冶，而终之以杂征。凡征商之中无不寓恤商之意。辑安乃僻远之域，向无关市集镇之设，旧有斗秤捐、烧锅税、田房税、土药捐。设治而后正值改章，或寓禁于征，或因重变轻，诚有裨于国计民生矣。

斗秤捐

斗捐项下：元豆、包米、红粮、小豆、小米，以上过斗杂粮出口，每石收东钱二百五十文。

秤捐项下：元蘑、线麻、苘麻、茎草、蓝靛、五味、粉条，每百斤各估价东钱六十六吊；木耳，每百斤估价一百三十二吊；细辛、木通、大力子，每百斤估价五十九吊；蜂蜜，每百斤估价一百六十七吊；榆树皮，每百斤估价三十吊；贝母，每百斤估价五百六十吊；山茶条，每百斤估价二十四吊五百文；麻绳头，每百斤估价九吊五百文；山茧，每笼（作一百五十斤）估价二百三十一吊；苏油、豆油，每百斤估价六十七吊；元蜡，每百斤估价三百二十八吊；棉花，每百斤估价一百一十四吊；山丝，每百斤估价八百吊；猪毛，每百斤估价四十吊；木炭，每百斤估价八吊；白面，每百斤估价四十六吊。以上过秤货物出口，按照估价每百吊抽收东钱二吊。

黄烟，现奉新章每斤收税钱一百文；豆饼，现奉新章每斤收捐钱一百四十文。

秧参章程：

（六一）每斤作价四十吊，收捐钱九百文。

（五二）每斤作价三十吊，收捐钱六百文。

（五三）每斤作价二十吊，收捐钱四百文。

（五四）每斤作价十吊，收捐钱二百文。

（须尾小货）每斤作价五吊，收捐钱一百文。

以上斗捐每年约收银一千二百两，秤捐约收银三四百两，惟丰稔之岁捐税尚可增多，荒歉之年征收即不能如额，至进口各货现奉新章改属官办矣。

田房税

田房契税每百两税九分，每税银一两，以东钱拾四吊贰百文作价，每钱壹吊四百文作银壹钱。光绪二十九年，经征田房税银，八百二十两零八钱九分一厘五毫。光绪三十年，经征田房税正耗银一千二百二十五两一钱二分五厘。光绪三十一年，经征田房税正耗银一千三百五十七两三钱七分二厘五毫。

烧锅税

边外烧商向有章程，每班一日烧税钱三吊，秤捐钱三吊，斗捐钱八百文，共钱六吊八百文，以东钱九吊易银一两。光绪二十九年，经征烧税、斗秤捐银共一千四百八十三两零二分。光绪三十年，经征烧税、斗秤捐银共二千三百七十五两四钱。光绪三十一年，经征烧税、斗秤捐银共二千五百六十八两。光绪三十二年，奉酒斤加价章程，统归斗秤局办理。

土药[1]捐

光绪二十九年，烟地六千六百二十五亩五分，每亩征银二钱，共征银一千三百二十五两一钱。光绪三十年，土药地七千六百二十六亩七分，每亩征银二钱，共征银一千五百二十五两三钱四分。光绪三十一年，土药地七千八百四十四亩七分二厘，共征银一千五百六十八两九钱四分四厘。光绪三十二年，土药地五千四百三十四亩，每亩征银二钱，共征银一千零八十六两八钱。

印花捐

光绪三十一年开征，每亩四钱，共征银三千一百三十七两八钱八分八厘。光绪三十二年，印花五千四百三十五张，每张征四钱，共征银二千一百七十三两六钱。

吴光国修，于会清纂编：《光绪辑安县乡土志》，凤凰出版社选编：《中国地方志集成·吉林府县志辑⑦》，南京：凤凰出版社，2006 年，第 262—267 页。

《光绪奉化县志》卷十《兵赋》

税则

光绪四年知县钱开震详请上宪，照准：于本城及小城子榆树台三镇设局试办落地烟（俗作菸）酒牲畜杂税。昌图旧章每价银一两，征税银三分，经征经解统归府额造报。又于是年准府札开办境内遇路客店及料窨料斗税课，按该店等大小定以上、中、下三等，上等每一官斗岁，征东钱四十千，中等三十千，下等二十千，发官斗无定数，随视客店多寡，所征税钱专为添补铺司经费之用。

钱开震编：《光绪奉化县志》，凤凰出版选编：《中国地方志集成·吉林府县志辑⑨》，南京：凤凰出版社，2006 年，第 166 页。

《大中华吉林省地理志》第五十一章《岁入（吉林财政报告书）》

吉林岁入之数，据预算之额，不如据实收之额，因豫算所收，未必能如数也。今财政厅收入销场等税，属地方税范围。大租、荒价属国家税范围，尚未

---

① 中国旧时土制的鸦片。

逐一剖分。惟关税、盐税、印花税大宗，岁入三十万以上，由国家简员征收者，迳解中央，不入本省之国库。交通收入，如铁路、电政、邮政之盈余，亦直解交通部，均为大宗。至于各县地方附加粮捐，及本地各项特捐为学校、警察、自治乡、团之用者，均属于县地方范围，不在省岁入之列。边荒日辟，岁入日增，人民之负担亦日重矣。

民国九年一月起至十二月底止实收数目表

销场税　二三一〇三七一三九〇元。

山海税　二七四三九八七九一元。

木石鱼草税　八五七四六八八〇元。

木炭税　二〇四九七〇四二元。

参税　一五九〇二一〇八元。

药税　一三五一五八四四元。

煤税　二六八〇二一六元。

焦渣税　四八二五〇元。

皮税　八四四三四三四元。

皮果税　二〇八八五六元。

鸡蛋税　四六四四九九元。

油税　三六四一一六元。

缸捐　一六九一四二六五元。

硝卤捐　二七八八七三九元。

红利捐　四二四七〇六三八元。

肉柜捐　五九五四三三元。

船捐　三〇六三七一元。

车捐　八六五二五二五元。

妓馆戏捐　一五一六四四二二元。

牲畜捐　四三二六四六二一四元。

前年未收讫　一三二四四九三四五一元。

大租　一三一〇八二七八五四元。

荒价　一一一〇二三一元。

官款生息　一五七七〇八六九元。

房地街租　四一二一〇元。

各项罚款　二九三七六三七〇元。

返纳金　一五七七〇八六七元。

验契税　三五九六七六一元。

营业牌照　八八九一八七七〇元。

兑换盈余　六五二六一四八〇元。

五厘杂税　六五二六四八〇元。

教养费　二〇〇〇〇元。

协款　三七九八三〇七七五元。

皇产山分　六七六九九八元。

契税　五七四七〇三八八八元。

烟税　二六八一三八〇九二元。

酒税　四四八二六七八八五元。

牙税　一四一八〇六〇〇六元。

烧锅课　三七九一二四九二元。

斗税　一七三二六八四九六元。

豆麦斗税　五九三一〇四三三六元。

木税　四〇九九七〇五一六元。

山分税　一一八四六二二八七元。

木植票费　一四一三九四〇六一元。

当课　一五一八七七八二元。

屠宰税　四四五四五七三八元。

矿税　四二八六六九元。

契纸税　二九九七五四三元。

铁税　二四九九元。

香课　二六一〇〇元。

合计　九二八四六〇八六〇八元。

林传甲：《大中华吉林省地理志》，李澍田：《长白丛书》（五集），长春：吉林文史出版社，1993年，第331—333页。

《大中华吉林省地理志》第五十二章《岁出（吉林财政报告书）》

吉林岁出之数，预算之额，不如实支之额，因实支或溢出预算。或停支减支也。自清季新政繁兴，无一不视为重要，于是有未筹款而先办者，以致清理财政而财政愈棼，各行政机关无不借口支出不敷，请求追加预算。未闻有力行节俭，严汰浮销①，以恤民力者。陆军支出，超过全年支出之大半，内务、财政次之，教育、实业，均以款绌未能发展，司法未独立，支出亦少，外交及交通多由中央主政，亦支无多。兑换亏耗，报失甚多，则货币杂糅之弊，或因之为利不易遽革也。

民国九年一月起至十二月底止实支数目表

外交费　一一二五九六二八〇元。

内务费　一五二四三八五九〇九元。

财政费　六五四四一七四二七元。

陆军费　七三八二九九八一七六元。

司法费　四三二四三九三六九元。

教育费　五一八五三四三二〇元。

实业费　一〇二二二六〇〇〇元。

交通费　一三五〇〇〇〇〇元。

预备费　三〇三八〇〇〇元。

前年度未付讫　九八八八一八〇五八元。

兑换亏耗　八一〇一四三二一四元。

杂项支付　一二二三五四六九六元。

合计　一二六六五四四四四四九元。

统计民国九年实收九百三十八万六千零二十八元六角零四厘。

实支　一千二百六十六万五千四百四十四元四角四分九厘。

不敷　三百二十七万九千四百一十五元二角四分五厘。

九年度国家岁入预算　八四六八九三三元。

九年度国家支出预算　一〇五四三六〇〇元。

---

① 指经营者没有明确的销售计划和指标。

林传甲：《大中华吉林省地理志》，李澍田：《长白丛书》（五集），长春：吉林文史出版社，1993年，第333—334页。

《大中华吉林省地理志》第五十三章《税捐局（吉林财政报告书）》

吉林税捐征收局，列一等者，惟省城、长春、滨江及滨江木石四局。列二等者，有双城、扶余、榆树、宾县、阿城五局。列三等者，有磐石、双阳、舒兰、五常、延吉、宁安、伊通、农安、依兰九局。列四等者，有桦甸、长岭、德惠、濛江、省城木税、下九台、缸窑、蛟河、乌拉、同宾、珲春、东宁、敦化、额穆、和龙、汪清、密山、同江、呢玛口、方正、绥远、穆棱、富锦、桦川、饶河、勃利二十六局。所属分局分长期、短期二类。各属分局，或不限于一县、一道，与行政区域微异。经济地理，是以异于政治地理也。

各属分局

省城（车站长期。德胜门外短期。）滨江（田家烧锅、正阳河、万家窝堡、道里、顾乡屯、马家沟，以上长期。垆草沟、广来城，以上短期。）长春（头道沟、吉长车站、十里堡、东卡伦、小合隆、白龙驹、小双城堡，皆长期。朱家城子、烧锅甸、三道冈、爆竹窝堡、四间房、范家店，以上短期。）滨江木石（一面坡、横道河子、五站、二层甸子、海林、四家子、乌尔河、夹板河、新甸、伊汗通、德墨利、南天门、三姓、苏苏屯、拉哈苏苏、绥远、老少沟、蔡家沟，皆长期。）双城（拉林、韩家甸、泥泡子、帽儿山、北站、珠山、五家子，皆长期。）扶余（长春岭、五家站、石头城、榆树、陶赖昭，长期。□沟，短期。）榆树（五颗树、新立屯、弓棚子、闵家屯、大岭、四合城，长期。牛头山、秀水甸、卡路河，短期。）滨县（蜚克图、夹板站、高丽帽，皆长期。九千五、八里川、分水岭、聚源昶、新甸、乌尔河，皆短期。）阿城（斐克图、太平桥、东站、二层甸子、大嘎哈，皆长期。）磐石（黑石镇、松咀、烟筒山、朝阳山、呼兰集厂，长期。亮子河、栾家网、抱马川、郑家桥、稳水汀、黏鱼汀、德胜沟、兴隆川，短期。）双阳（岔路河、奢岭口、一拉溪、刘家店、双河镇、大绥河、长期。长岭子、张家店，短期。）舒兰（抢坡子、小城子、霍伦川、芹菜河、十桥子、法特哈门，长期。天成店、西云山、永和屯、曾船口、谢家窝堡，短期。）五常（县城、太平山、兰彩桥、冲河、二道河、炕沿山、向阳山、五常堡、六道冈，长期。七道冈、八里店、对儿店，短期。）延吉（铜佛寺、头道沟、龙井村，长期。瓮声砬子、艾蒿子，短期。）宁安（海林站、东京城、牡丹江，皆长期。）伊通（营城子、赫尔苏、靠山屯、下二台、大孤山，长期。伊巴丹站、叶赫、五台子、小孤山、赫尔苏、二十家子、景家台、大南屯、半拉山、火石岭子，短期。）农安（靠山屯、伏龙泉、高家店，长期。塔呼、四合盛、查干叶莫、葛金塔、巴吉垒，短期。）依兰（土龙山、南北关，长期。）桦甸（漂河口、常山屯，长期。横道河、八道沟，短期。）长岭（新安镇、北正镇，长期。）德惠（县城、双山子、大青咀、郭家屯、刘家磨房、马家店、娇家窝堡、驿马河船口、老烧锅，长期。岔路口、饶家门前、宣家店、黄花船口、后湾子、薛家屯、饮马坑，短期。）濛江（那尔轰、西泊子、三岔、四岔、东江沿，皆短期。）省城木税（东大滩，长期。阿什哈达，短期。）桦皮厂（放牛沟、木石河、苇子沟、下九台、五间楼、小河台，长期。驿马河、头台、河南屯、营城子，短期。）缸窑（鸣驹桥、花石咀子、富家口、溪浪河，短期。）蛟河（双岔河、尤家屯，长期。）乌拉（白旗屯、其塔木、旧站，长期。下两家子，短期。）同宾（一面坡、东夹信、乌古密、柳树河、苇沙河、长岭、太平岭、老爷岭、十站，短期。）珲春（东沟、土门子、黑顶子、二道河、甩湾子，长期。）东宁（大城子、绥芬河、小绥芬河，长期。）敦化（黄泥河、黄土腰，短期。）额穆（官地，长期。大山咀，短期。）和龙（怀庆街、三道沟，长期。）汪清（凉水泉，长期。）密山（宝清、龙王庙、夹信子，长期。）同江（街津口、图斯科，长期。挠力沟、许尔固，短期。）呢玛口（独木河，短期。）方正（南天门、大罗勒密、西丰沟，长期。德墨利[①]、瓜兰川、伊汗通、腰岭子、柳树河，短期。）绥远（乌苏里、秦得力、石厂，皆长期。）穆棱（下城街、穆棱站、八面通，皆长期。）富锦（安邦屯，长期。江沿、戛尔当，短期。）桦川（佳木斯，长期。江沿，短期。）饶河（团山子、小根菜咀子，长期。西风咀、燕窝，短期。）勃利（无分局。）

林传甲：《大中华吉林省地理志》，李澍田：《长白丛书》（五集），长春：吉林文史出版社，1993 年，第 334—336 页。

《大中华吉林省地理志》第九十四章《货币》

开荒以前地方殷富，所用现银元宝约五十两一块，辅以制钱，现货交易。

---

① 在哈尔滨附近。

自俄人内侵，始行羌帖。日本战胜，始用老头票。本省初行永衡官帖，尚未与现货相离，积久低落，至今每现大洋国币一圆，换钱帖至一百余吊，每吊只当铜圆二枚。小洋票一角，亦跌至钱帖一吊，市价多自二吊、二角起码，官银号积亏已五万万吊。历年垫支军政费，多至大洋三千万圆，发行官帖，已患其多。各大埠以外，小县私帖充斥，且小帖甚少，零用不便，商家私帖，势难禁遏也。本省所用现大洋票，转以哈尔滨为主，永衡纸大洋复落焉。

吉林各银行

中国银行　省城粮米行、哈埠正阳街、长春西三道街，延吉亦有分行，信用最著。

永衡官银钱号　省城西大街，有省银行之性质。

吉林银行　在新开门外。

交通银行　省城河南街、哈埠正阳街、长春西三道街。

商业银行　新开门外。

殖边银行　省城河南街、长春北大街、哈埠二道街。

平和银行　在新开门外。

东三省银行　省城河南街。哈埠、长春以外，如下九台、范家屯，亦设分行。

永衡纸大洋之比较

现大洋　一百吊。现洋流入俄境、蒙境，即被窖藏，是以不复。铜圆则流入京、津。

纸大洋　七十吊二百，略当十分之七而强。

永衡官帖之用

买粮　各大埠利用大票，购大宗之粮食。

土货　各县土产，皆以官帖定位。

流通　全省流行，不需汇兑，近日则嫌不易多带。

私帖大宗已禁者

哈埠道里商会　因不归县署管辖，咨行滨江道尹查禁。

长春满蒙银行　已设分行十二处，行使私帖一千五百万，由财政厅封禁。

松江林业公司　驻蛟河滥发私币，有千吊、五百吊大张，由额穆县饬警收回。

外国银行在滨江长春者

汇丰，（不出纸币）道胜，（羌帖无行情今禁止入口）正金，（朝鲜银行金票四千万元之巨，不用正金老头票，其价格较高）。

林传甲：《大中华吉林省地理志》，李澍田：《长白丛书》（五集），长春：吉林文史出版社，1993年，第392—393页。

二、交通

《长春县志》卷三《食货志》

电业

长春商埠电灯厂，创办于前清宣统三年，由颜道世清任内拨发开办费，支出吉平银十七万六千五百三十一两零三分二厘，委高守仁为总办，高文垣为坐办，购置机器及锅炉各二部，发电量共二百五十启罗。

民国七年十一月，坐办高文垣以原有两部百二十五启罗瓦特发电机不敷应用，乃向美国奇异厂订购三百启罗瓦特发电机及英国拨柏葛锅炉公司制造二百五十马力锅炉各一具，共价美金八万一千三百六十九元六角六分。八年十一月，高坐办与奉天抡一建筑厂订立合同，在旧厂建板楼一所，工料总价大洋二千一百四十九元八角八分。又于九年三月，建筑伊通河岸新厂，工料总价大洋五万五千三百六十五元六角。十一年四月，经厂长王立三将西部旧电机拆卸移装于新厂，十二年一月八日始发电。是年二月三日，又经厂长袁庆濂始将新电机开始移装于新厂，三月六日发电，复禀呈孙道尹督策变更组织，整顿营业，由是厂务一新，日臻起色。十三年二月，厂长高国柱添购二百五十马力锅炉一具，计价美金三万余元。十五年六月，厂长金毓黻以电力供不应求，复向美国订购五百启罗瓦特发电机并新式锅炉各一部，业于十七年八月装竣发光。今当局运以精心，持以果力，营业骎骎[①]，逐年进步。现全市计有电灯两万盏，每盏平均光度在二十五度以上，每月收哈大洋两万元有奇，将来发展自可期待，此十九年间沿革之崖略也。

本厂组织以吉长道尹为督办，置厂长一人，总理厂务；文牍、庶务、会计、

① 形容马跑得很快的样子。

工程四课，设主任、课员、司事若干人，其文牍、庶务、会计三课在东三马路路北僦居民房办公。发电厂在伊通河西岸，工程课附设于内，另聘工程师一人专任技术，计有厂工六十余人。本厂全部资产，核值现大洋五十八万余元。

最近三年收支盈余概况

项目 年份	收入数	支出数	盈余数
十四年	185,454.450	128,642.648	56,811.802
十五年	207,211.227	148,152.964	59,058.563
十六年	259,749.139	175,556.510	84,192.629

头道沟铁路用地日本电气株式会社支店，创自民国纪元前三年。初由大连运至发电机一部，组织满铁长春电灯营业所，阅时两年筹办就绪。地址于南满、中东、吉长三路之分歧点，兼以工商企业日渐繁荣，电灯、电力之需要随之激增。自十六年五月，电动机马力大加扩张，供给电灯三万八千盏，供给电力二千二百马力。十七年，新建筑事务所落成，规模视前益宏。内部组织，支店长兼技师一人，从事员十三人，佣员：日本人四十八人，中国人四十五人；住所：头道沟中央通。

瓦斯

瓦斯为供给燃火、暖房、烹饪及一切工业上之需要品也。民国十三年，南满洲瓦斯株式会社长春支店，在头道沟铁路用地内埋设主要铁管。十四年夏间，经瓦斯专家接通各住屋内之管，并装置计量各器，同年十一月全部工竣，开始营业。所用石炭，胥由抚顺供给，一日均计，制造数约达三万七八千立方呎。十六年三月末，计有瓦斯用户一千八百二十余家，十五年卖出千四百三十二万七千五百立方呎之多。现在制造力日达十五万立方呎，将来瓦斯用途日广，不难普遍全市矣。

张书翰、马仲援修，赵述云、金毓黻纂，杨洪友校注：《长春县志》，长春：长春出版社，2018年，第149—150页。

《打牲乌拉地方乡土志》

关邮

金珠站，在城东南十五里。苏兰站，在城东北五十里。

津梁

城南八里哨口，旧设官摆渡一处。向系总、协两署，按年各派官一员，在彼值年经理。城南二十五里旧屯，设有摆渡一处。城西南八里聂斯玛屯，设有摆渡一处。城西北十五里打鱼楼，设有摆渡一处。东北三十五里四家子屯、四十里塔库屯、四十五里布尔哈通屯、五十里溪浪口子屯、七十里哈什玛屯、此五屯俱在城东北，各设摆渡一处。以上九处，均系佐近村屯，自行捐造。

城西二十二里洛家屯，旧有大桥一座。西北十五里打鱼楼屯，大桥二座。北二十里汪旗屯，大桥一座。三十里十家屯，大桥一座。六十里张家庄子，大桥一座。九十里七台木屯，大桥二座。东北三十五里四家子屯，大桥一座。四十五里嘎牙河屯，大桥一座。八十五里明家桥子屯，大桥一座。九十五里闵家大桥屯，大桥一座。八十五里东孤家子屯，大桥一座。共大桥十三座。

船舰

乌拉原设捕珠所用大船七只，向在吉林水师营备，又用觙舭三百九十九只，内有同城协署四十只。恭奉谕旨：捕打之际，始行请项砍造，以便使用。旧有船库一所。

金恩晖、梁志忠编：《打牲乌拉地方乡土志》，长白山文库系列丛书：《打牲乌拉志典全书·打牲乌拉地方乡土志》，长春：吉林文史出版社，2022 年，第 128 页。

《民国农安县志》卷二《交通》

上古无所谓交通也。自轩辕氏命共鼓作舟楫，邑夷作车，而交通以起。陆上交通惟用牛马骆驼，水上交通则借水力风力。初仅及江河□溷以至于海而已，故梯航重译史氏重之。今则水陆皆用蒸汽力、电汽力。近复为飞机、飞艇为空中之交通。寰球之大，万里户庭。使先民闻之，必将且惊且疑，谓为一种幻想矣。吾人何幸而生此物质文明时代乎。农安距长哈铁路九十里，松江航运未兴，百业日见萧条。近有人提倡修张家湾轻便铁路，易滞塞为活泼实为当务之急。然而疑信者半焉。能否成为事实犹一未来问题。兹谨列四至八到桥梁津渡而以邮政、电报、电话附焉。亦《吉林通志》例也。志交通。

金

道里

第三十二程自富鲁贝勒（旧作蒲里孛萡）寨四十里至黄龙府[①]，辽太祖射龙于此。第三十三程自黄龙府六十里至托色（旧作托撒）贝勒寨。第三十四程自托色贝勒寨九十里至曼济勒噶（旧作漫七离）贝勒寨，道旁有契丹旧益州、宾州空城。第三十五程自曼济勒噶一百里至呼勒希（旧作和里闲）寨曼济勒噶，行六十里即古乌舍寨，寨枕混同江湄。（许亢宗《奉使行程路》）

信州北至威州四十里。威州至小寺铺五十里。小寺铺至胜州铺五十里。胜州至济州四十里。济州至济州东铺二十里。济州东铺至北易州五十里。北易州至宾州渡混同江七十里。宾州至报打孛堇铺七十里。报打孛堇铺至来流河四十里（按《金史详校》作三十里）。来流河至阿萨铺四十里。阿萨铺至会宁第二铺三十五里。会宁第二铺至会宁头铺四十五里。会宁头铺至上京三十里（张隶金图释）。

按此金上京会宁府确在拉林（来流即拉林转音）。河北阿勒楚喀之白城无疑。吉林旧闻录以农安为金之上京，未晰也。或更以奉天之开原。当之则谬以千里矣。

郑士纯修，朱衣点纂：《民国农安县志》，凤凰出版社选编：《中国地方志集成·吉林府县志辑②》，南京：凤凰出版社，2006年，第43页。

《民国珲春县乡土志》卷二《建置》

海云观在珲春镇安乡五道沟，正殿三间，原于光绪二十九年以板建成，正殿为关帝，东为龙王、火神，西为山神、五道、土地，民国初年改建砖瓦正殿三间，后殿五间，草房供老君、吕祖、观世音菩萨等神主。

关津

珲春税关，系宣统元年建设，始名为珲春总关，迨至民国十三年复改总关为分关，以延吉道道尹充延、珲两关监督，分关设帮办税务司洋员一员及录事、文案、卡员、巡差等职，管辖所属分卡，于事变后改为珲春分关。

桥梁

城西门外横道流水（库克纳河水），大泥沟有木桥一座，长二丈，宽一丈

① 在今农安。

七尺，民国十年建筑，旋于十八年八月间拆毁，另建石桥一座，名曰镇定桥，宽长等于原有之木桥。

城北门外库克纳河，原建板桥被水冲毁，于民国十八年八月间另建石桥一座。长二丈，宽一丈八尺，名曰德胜桥。

城西老中营地方横道流水，大泥沟有木桥一座，长一丈四尺，宽五丈，民国十年建。

密江西黄泥沟横道流水大沟有石桥一座，长宽各一丈五尺，民国九年八月建，民国十一年八月又建二座。

大盘岭北坡有石桥一座，民国十四年四月建。

康德元年，经国道局于县城东门外红溪河支流用洋灰建筑桥梁一座，名曰珲春小桥，长四十五米，宽六米六，高一米五，桥板厚为五分之一米。又于县城东南红溪河正流（即东渡口）用洋灰建筑桥梁一座，名曰珲春大桥，长一一五米，宽六米六，高一米五，宽一米五分之一。

按上述桥梁之外，尚有国道局新建桥梁数座，因建筑尚未完竣故从略。

林珪修，徐宗伟纂：《民国珲春县乡土志》，凤凰出版社选编：《中国地方志集成·吉林府县志辑③》，南京：凤凰出版社，2006 年，第 291—292 页。

《光绪奉化县志》卷四《建置》

津梁

太平桥在三棵树屯，木架长二十余丈，其下昭苏太河桥制宏阔为一邑之冠，亦为赴吉省南北通衢。初置草桥，咸丰元年照磨张长泰率绅商等醵金创建，嗣同治四年，民人孟广恩等重修，十一年复修，光绪九年知县钱开震奖谕绅士郑福全、张汝弼、孟广林、于涢洲及商民温太和等醵金重修，扩水架为十，长三十七丈，宽一丈八尺，费二千金有奇。

济平桥（无名，如泉水，故命以名之）在太平桥之北新立屯，长八丈四尺，宽一丈六尺，光绪十年绅商等随太平桥创修。

辽河渡船一只。民人王永昶捐置。

钱开震编：《光绪奉化县志》，凤凰出版选编：《中国地方志集成·吉林府县志辑⑨》，南京：凤凰出版社，2006 年，第 87—88 页。

《民国辉南风土调查录》第十四章《交通》

第一节　道路

辉境道路，由县城东至蛟河三十里，东南至四方顶子九十里，均通吉林濛江县；西至高集岗三十里，西北至团林子三十五里，均通海龙县朝阳镇；南至孤顶子四十五里，西南至杉松岗楼上三十里，均通柳河县样子哨；北至辉发城三十里，东北至托佛别七十里，均通吉林磐石县朝阳山。所有道路无一平坦，东南则山陵错杂，忽起忽伏，西北则泥泞滑汰①，轮蹄陷没，仅至冬季雪冻地坚，始能通顺。本年遵奉上令，实行平治道路，督饬警察，责令村民分段培修。县城里及四关庙叠起土路，两旁挖成水沟用木料支撑，上覆长板。四乡镇市通衢均就原有涂径测其平颇，使路高于地。山路狭窄均铲荆斩棘，将路身略事展宽，山涧沟渠一律用木建筑桥梁。远近行旅，乃无蜀道之叹矣。

按：道路交通关乎地方命脉。辉南僻处边隅，地多山岭，无航路可通，而陆路又极阻塞。以致地方生产均无由发达，人民生计日形艰窘。查奉属海、柳、辉、西安、东西丰各县地皆新关，物产富饶而久未发达。吉属若延吉、珲春各县，沃野千里，招垦无人。韩民越垦交涉时起，何莫非受交通不便之累。谓宜奉吉合力，组织铁路公司建筑奉吉联络铁路。其资金，或招民股或募路债，招股办法恐缓不济急。最好即发行铁路公债，盖铁道事业有一定之收入，而东边各县物产丰富，获利尤厚，应募此债，不特岁息可得，即原本亦可期旦夕偿还。想一经提倡，国人必踊跃应募。纵人民公债思想薄弱，不能慨然出资，尚可仿奉省前募省债之法，摊认股份，本省事业，激于桑梓之义，当无不乐从者。其路线西由沈阳起点，与京奉路衔接。东经西丰、东丰、海龙、磐石、桦甸各县，直达延吉，控制图们江北，与吉长铁路贯通一气。平时于移民殖产治匪等事，既多便利。设有征调，彼此援应，声气易通，其于备边所关尤巨。方今三省一家，同力合作。按之时局布置，应无大难。倘以兹事体大，恐难计日办到。取其次者，则宜修筑奉海铁路，途程较短，需款较少，且可就地取材。（龙岗有枕木，杉松岗有钢铁，西南有烟煤）办理自尚容易，此则今日东边交通上，最急务中之急务也。

---

① 泥泞滑溜。

王瑞之编：《民国辉南风土调查录》，凤凰出版社选编：《中国地方志集成·吉林府县志辑④》，南京：凤凰出版社，2006年，第72—73页。

《民国安图县志》卷一《疆域志》

道路

安境山林丛沓、荆榛满目、舟车不通，商家贩运货物皆用驮驼，以致商业未能发达。后经张公维周提倡路政，将旧有之安抚官道重事修治，又修新开道，以通延吉红旗河道，东通朝鲜两江口道，以通桦甸、朝阳镇等处大小沙河、古洞河等道，以通和龙、敦化。惟然道路虽通而行旅仍少，只以沿途一带俱系森林，伏戎于莽，劫掠时闻，且夏秋之交，霪雨连绵，沟墉泥淖，行路之难莫甚于此。兹将本县所通之地，详列如左：

两江口道。西北通吉林桦甸县四百二十里，至朝阳镇六百里，至吉林省城七百里。

安抚官道。县治与抚松以露水河分界，属于管界者一百六十里，于民国十年张公维周督饬全境民力于密林中开辟一线以通往来，宽约十二三丈，名曰安抚官道，由本县至抚松县城计二百八十里。

新开道。北通吉省之延吉县，自本县至延吉长三百里。

红旗河道。东至图们江二百四十里，至朝鲜界二百六十里，至吉省和龙县四百二十里。

安敦道。此道由安图县起，至吉属敦化县止。故名曰安敦道线，计该道长二百六十里，宽三丈，道之两旁挖掘濠沟，宽三尺，深三尺，以便流通。

修道缘由

安图县境人烟寥落，商业不振，溯其由来，实因道途梗塞故也。公民刘钰堂、董增祥、钱挂埙、穆兴云等为交通便利起见，将修道之利益迭呈县署，恳请转咨吉属之敦化、桦甸两县署协助兴修，以利交通。遂于民国十七年十月二十二日由县通令各保一律兴工，按户抽丁，每民户一家拨夫一名，所有修道器皿及食粮等均系民夫自备。百十家长分段督修，此时虽未告竣，待至明春定能蒇事。嗣后客旅往来略无阻碍，何患营业不发达，地面不开通哉。

马空群、陈国钧等修，孔广泉、臧文源纂：《民国安图县志》，凤凰出版社选编：《中国地方志集成·吉林府县志辑④》，南京：凤凰出版社，2006年，第

144—145 页。

《民国安图县志》卷一《疆域志》

桥梁

娘娘库桥。在城西门外，民国十二年八月修。

太平桥。在县西距城里余，民国十二年八月建修。

马空群，陈国钧等修；孔广泉，臧文源纂：《民国安图县志》，凤凰出版社选编：《中国地方志集成·吉林府县志辑④》，南京：凤凰出版社，2006 年，第 146 页。

《民国安图县志》卷三《政治志》

电话

本邑电话局为地方筹设之机关，地址在兴隆路北，于民国十二年十月成立，创始者为公民关德超，开办费由县境农户担任奉大洋二千五百元。入手伊始，以此款购买总机一架，计二十号，并各种应用材料，租用民房四间，分办公、电话、工程，厨房四室，今仍其旧。局内设局长一员，文牍、会计、司机生各一名，电话生二，工头一，夫役一。设立之初，仅在城内安设十一号，每号月租收小洋八元。第一幅员广袤，匪警频仍，遂请准上宪。于民国十三十四两年，又添设四乡各警甲机关，以期消息灵通，有警即报，电话设立，人皆称便。嗣因钱法毛荒，米珠薪桂，每日收所之租费不敷局内人员之开支。民国十五年二月一号，每话匣一具修改租费，奉大洋十元，其后钱法愈毛，亏累益巨。自十六年四月一日起，每匣月租改收奉大洋三十元。起初尚支持，嗣后仍觉赔累。于十七年二月起，每月每匣改收奉大洋一百元。现在县属已增至二十六处之多。至长途电话仅可与抚松县直接通话。其所收之话费八成解道，二成留局以作用办公之用。至地方所收匣费完全拨归地方公款存储，以作局内人员薪金之费。此安图话之大概情形也。

马空群、陈国钧等修，孔广泉、臧文源纂：《民国安图县志》，凤凰出版社选编：《中国地方志集成·吉林府县志辑④》，南京：凤凰出版社，2006 年，第 249 页。

《光绪通化县乡土志·地理》

在省东南五百二十五里，在兴京东南二百五十里，东至红石砬子一百三十里临江县界，西至富尔江一百六十里兴京界，南至苇沙河冈二十里辑安县界，北至龙冈九十里柳河县界，东南至珠鲁木克善峰一百五十里辑安县界，西南至南康删岭一百一十里怀仁县界，东北至龙冈濛江掌三百里吉林省界，西北至沙色汤一百七十里兴京界。全境多山，龙冈横偉北鄙，元宝顶倚子山，臭松顶喀巴岭、康刑岭皆其分支。水以通加江为大，哈尔民河、额尔民河①、加尔图库河、加浑河次之。古迹形胜，随在皆有通属，共二十四保。

佚名编：《光绪通化县乡土志》，凤凰出版社选编：《中国地方志集成·吉林府县志辑⑤》，南京：凤凰出版社，2006 年，第 19 页。

《光绪通化县乡土志·道路》

自本城赴兴京与赴省同路，城里设有马拨一处，西行三里渡大石棚河，迤南行一里渡大荒沟河，又一里逾隰台冈渡堤台沟河入迪教保界，又一里逾南堤台冈，西南行六里渡边家店河，又五里逾老把头坟岭，折西一里渡老把头河，又西行三里渡张瞎子沟河，又三里渡船营北沟河，又西三里渡小荒沟河，又西行四里为蛤蚂河子，设马拔一处，又西行三里渡蛤蚂河，又西行二里渡小叽拾草沟河入承教保界，又行五里为快当帽子，设有马拨一处，渡剥落芽河，北行五里为三合堡，迤西行五里渡蝲蛄河入蒙教保界，北行三里又渡蝲蛄河，迤西行二里渡湾沟河，西行四里渡金斗河，为金斗火洛，西行六里渡蝲蛄河，又半里渡蝲蛄河入率教保界，西行十里为硅缝，西行七里渡蝲蛄河，迤北行八里为高丽城子，又行十里为英额布，设有马橃一处，西行五里渡英额布河，迤北行十里逾康刑岭，俗名冈山岭，入从教保界，西行二十二里渡小蜂蜜沟河。

佚名编：《光绪通化县乡土志》，凤凰出版社选编：《中国地方志集成·吉林府县志辑⑤》，南京：凤凰出版社，2006 年，第 69 页。

《民国临江县志》卷二《道路志》

道路志绪言

路政之与交通关系至为切要。尝入文明国境，道路坦平，其直如矢，杨柳扶疏，夹道成荫。知负交通之责者，其致意于路政深矣。临江道路失修，交通

① 额尔古纳河

阻梗，县道则崎岖欹侧，往来维艰。虽每年修理，屡被水冲，而乡里更无论矣。文化之闭塞、物价之高昂，未必非由于是此。《周礼》一书所以于道路，三致意也。康德元年九月，县乡各道大事修筑，为期三月，民工二十一万。参事官刘荣纪始终其事，计能通汽车之干路有五。兹特一一分著于编，俾关心交通者手斯编而阅之，知我县路政虽非坦荡，亦稍具规模，倘能保护之、续修之，数年之后，必大有可观者焉。志道路。

邱在官、罗宝书纂，张之言、刘维清修：《民国临江县志》，凤凰出版社选编：《中国地方志集成·吉林府县志辑⑤》，南京：凤凰出版社，2006年，第130页。

《民国临江县志》卷五《交通志》

交通志绪言

处海禁大开之世，交通事业实为当务之急。试观交通便利，国家架桥梁于沟渠，疏航路于江河，开山凿孔、敷设轨道，电话电报遍于全境。故旅客往来、货物转运、消息传递朝发夕至，国人实利赖之。临江僻在边陲，山岭重叠，河流最多，设治又晚，交通事业实非易事。但以安图、濛江、抚松均已临江为门户，对于水陆交通诸大端，逐岁增修。除铁路外，虽未完备，以均具规模，因志交通。

邱在官、罗宝书纂，张之言、刘维清修：《民国临江县志》，凤凰出版社选编：《中国地方志集成·吉林府县志辑⑤》，南京：凤凰出版社，2006年，第209页。

《抚松县志》卷一《地理》

交通

道路

县境自东北之露水河至西南之松树镇，长约二百五十里，为临、抚、安往来之要道。惟向以山岭崎岖，丛林满野，交通极感不便。嗣经知事张公杰三督饬各区分段修理，开宽岭道，修建河桥，今则冬季可行爬犁，夏可通行驮子，行旅较为便利。松树镇与海青镇之间沿汤河而行，河水一有暴涨即不能通行；且跨汤河两岸达于濛江县境，胡匪出没无常，行旅极感不便。复由海青镇南经西南岔，开一可通临江之新道，以利交通。

兹将由县城距各处里数分述于次：

西南至松树镇九十里。

西南至老岭一百一十里，与临江分界。

南至西南岔八十里。

南至海青镇四十五里。

东南至西岗防所八十里。

南至雕窝砬子防所三十里。

东至东岗防所九十里。

东北至露水河子防所一百六十里，与安图县分界。

东北至北岗防所五十里。

东北至贝水滩防所二百二十里。

北至万两河防所三十里。

北至黄泥河子防所六十里。

西北至抽水洞防所四十里。

西北至榆树河子防所七十里。

西北至两江口一百五十里，与桦甸县分界。

东南至漫江防所一百五十里。

船渡

抚松大水以头、二道松花江及松香河、汤河为最大，各交通要路均设有小船以渡行人，俗名艣艖，择要列之于次。

西江沿渡船　在县城西里许，旧名牤牛哨，可通濛江。

北松香河沿渡船　在城北二里许。

南甸子江沿渡船　城南八里。

汤河口渡船　城南三十八里。

窑营渡船　城东北十五里。

贝水滩渡船　城东北二百二十里。

砬子河渡船　城北一百三十里。

薛船口渡船　城北九十里，可通桦甸。

两江口渡船　城北一百里。

桥梁

古松桥　在县城东关。

砺山桥　县城东门。

通江桥　县城东门里。

获鹿桥　县城小南门。

安澜桥　县城大南门。

襟江桥　县城西门。

带河桥　县城北门。

内带河桥　北门里。

外带河桥　北门外。

汤河桥　由县城南三十八里之汤河口起，经海青镇、松树镇至老岭计七十里，共有木桥二十一道。

露水河桥　城东北一百六十里。

万里河桥　在城北三十里。

马鹿沟桥　在城南八里。

石头河子桥　在城南一百三十里。

漫江营桥　在城南一百五十里。

邮路

由县城西至濛江县，计一百二十里。

由县城南至松树镇九十里，再过老岭，可达临江。

由县城东北行，可达安图县，计三百里。

电线

抚临线　由县城南行经海青镇、松树镇，达临江，此线可通电话，并设有电报专线。

抚安线　由县城东北行经北岗、露水河，可达安图县城，仅通电话。

北岗电话　附抚安线。

露水河电话　附抚安线。

海青镇电话　附抚临线。

松树镇电话　附抚临线。

万里河电话　由县北行三十里。

黄泥河子电话　再由万里河北行四十里。

抽水洞电话　由县西北行四十里。

东岗电话　由县东行一百里。

西岗电话　由县南行一百里。

抚濛电话　由县城渡江，西经濛江境、榆树川头、二道花园，可达濛江。

张元俊监修、车焕文总编：《民国抚松县志》，凤凰出版社选编：《中国地方志集成·吉林府县志辑⑤》，南京：凤凰出版社，2006 年，第 354—355 页。

《光绪辑安县乡土志·道路》

《周礼》："合方氏掌达天下之道路，野卢氏掌达国道路至于四畿。侯人各掌其方之道治，与其禁命。"先王之加意于道路者，盖道如砥石觇周家之方。盛道茀难行知陈国之将亡，道路美恶将于此观政治焉。辑安山高路僻，蚕丛崎岖，至有车不得方轨，马不得井驰之处，古称母丘俭[①]破高王位宫追至岘，悬车束马，今不异于古所云也。

吴光国修，于会清纂编：《光绪辑安县乡土志》，凤凰出版社选编：《中国地方志集成·吉林府县志辑⑦》，南京：凤凰出版社，2006 年，第 311 页。

《民国梨树县志》丙编政治卷五《交通》

交通

交通者，文明之基础也。在昔，闭关自守，不相往来，墨守成规，人安朴拙，实无进化之可言。洎欧风东渐，科学昌明，而轮船铁路化电声光各事始寖假输入于中国，近则自都市传至城乡，由水陆及于空界，改进綦速，变迁无疆。所谓交通愈发达，人类愈文明者，信不诬也。梨树自光绪二十五年铁路开通，邮传创设，人民耳目为之一新。嗣此凭借电流千里传音，利用光学全城不夜。余如汽毂飞腾，飘忽致远，直是缩地有法，工商思想又为之一变，僻塞穷乡转为文明之域，谓非交通便利之所赐乎？

包文俊修、李溶纂，曲廉本续修，范大全续纂：《民国梨树县志》，凤凰出版社选编：《中国地方志集成·吉林府县志辑⑨》，南京：凤凰出版社，2006

① 毌丘俭。

年，第 426 页。

《民国梨树县志》甲编地理卷二《山川》

道路

本县道路在昔，不讲修治，泥淖不堪，崎岖难行。民国十二年，开办区村制，始以路政为要务。划分省县乡道，各区于农隙时督饬修理。数年以来，交通称便，继续建设利民之行，其庶几乎？

县城至辽宁省道。计三百八十里，自县城西南行三里至火神庙，又二里至吴家店，又二里至前新立屯，又三里至新发堡，又四里至太平岭，又六里至条子河，又四里至杨小店，又三里至富有庄，又六里至老四平街，再西南入昌图县界，自县城至此长三十三里。

县城至昌图县道。计百四十里（同上），再西南行百零七里至昌图县城。

县城至辽源县道。计百五十里，自县城西北行十四里至马家窝堡，又六里至小郑屯，又四里至柳树营，又十五里至栾家桥，又十二里至十二马架子，又十二里至贺家荒，又十一里至西太平山，又十四里至西大城子，又十二里至三江口，逾辽河入辽源县界，自县城至此长一百里，再西北行五十里至辽源县城。

县城至双山县道。计百三十里，自县城北行十里至白山咀，又十里至裴家油房，又五里至董家大桥，又八里至兴隆沟，又七里至榆树台，折向西北八里至双庙子，又十三里至二龙山，又十五里至鄂家营子，又八里至四马架，又七里至韩堿锅，又七里至孙船口，逾辽河入双山界，自县城至此长九十八里，再西北行二十二里至双山县城。

县城至怀德县道。计百六十里，自县城东北行九里至偏脸城，又二十二里至邓家店，又十里至车家洼子，又四里至龙母庙，又十八里至赵家店，又七里至薛家冈子，又十五里至路家岗子，又五里至小城子，又二十五里逾二道河子至怀德县界，自县城至此长百一十五里，再东北行四十五里至怀德县城。

县城至伊通县道。计百四十五里，自县城东行十五里至大泉眼，又十里至花城子，又八里至饮马泉，又七里至郭家店，又十二里逾四台子边壕至伊通县界，自县城至此长五十二里，再东南行九十三里至伊通县城。

县城至四平街道。计长二十八里，自县城南门东南行五里至张家床子，又七里至钱家桥，又三里至莫杂铺，又六里至太平沟横过南满铁路，折向正南，经小红咀七里至四平街。此路于民国九年经尹知事呈准以保甲余款一万三千元购买民地辟修，并捐款建筑沿道木桥，商民称便。

新河口至县城再赴八面城乡道。计境内百一十五里，昔年火车未通，为吉林赴北平驿路，由新河口入境，西南行经万发街、太平山、偏脸城至县城，长八十三里，由县城西行经八里堡、娘娘庙、李家店、前加巴至胡家店长三十二里，西入昌图县界，至八面城。

二道河子至小城子、榆树台再赴八面城乡道。计境内百五十里，昔为黑龙江赴北平驿路，由二道河子入境，西行经土龙村至小城子，二十五里，又西行经大城子、泉眼岭至榆树台，七十里，折向西南行经关家屯、七家子、太平桥至啦吗甸，三十五里，再至小汤家窝堡，十里，西南入昌图界至八面城。

榆树台至郭家店乡道。计长六十里，自榆树台东南行经大榆树、太平山、青石岭、饮马泉，至郭家店，沿路村民历年修补。

以上仅择其大者列之，至各区村间皆有道路联络，以其繁赜，不便具述。

南满铁路由二区前波林子入境，东北行十里为四平街车站，又十五里为杨木林子小站，又二十里为十家堡小站，又二十五里为郭家店车站，又八里为小八家子小站，又十二里。为蔡家小站，又十二里至后房身岗子，逾辽河入怀德界，计在本境长百零二里。

四洮铁路。自二区四平街起点西北行十三里为泉沟小站，西北行三里入昌图界，至八区勾家窝堡前入本境，西北行十六里为三江口车站，逾辽河入辽源界。计在本境两段共长三十二里。

四榆汽车路。由四平街市起点旁县道至县城二十八里，再北至榆树台四十里，修有专路桥梁，完备行驶，汽车旅客来往颇称便利。

沟渠

本境各区冈陵、起伏之地带，每际夏秋，雨集行潦，往往奔流就下，淹毁田苗，冲刷成沟，而辽河泛滥亦复如是。所在受害地主因而多有沟通坝堵之举，又不免曲防邻壑，损众成私，甚或滋讼端酿命案，识者憾焉。兹将潦水惯经地带暨壕坝之概略分别表列于后，俾仁人善士借资考证，庶有兼顾，并筹通力合作之一日乎。

包文俊修，李溶纂；曲廉本续修，范大全续纂：《民国梨树县志》，凤凰出版社选编：《中国地方志集成·吉林府县志辑⑨》，南京：凤凰出版社，2006

年，第337—338页。

《珲春县志》卷十五《交通》

珲邑本负山面海，绾毂交通之重地也。自清咸丰十年中俄北京缔约，海疆尽弃，珲邑乃为边隅僻邑，交通形势完全移换矣。仅存一线之咽喉，则惟图们江口，中国犹得自由通航（国际公例，一江跨两国属地，居江口者，不能阻上游国之船舶通行）。顾江流浅隘，日本于雄基开埠（在江口西岸），尚嫌交通上多阻，故有龙岘运河之计划。此工告成之日，江流分泻，江口必益浅隘，珲邑之材木、商品势将假道运输，借彼运河以达海岸，是时交通形势当更可虑矣。然则为桑榆之计，意惟珲春、延吉间铁道得观厥成，犹足与彼海港争衡乎。若他年中俄界务会议召集有期，赖尊俎得人，毛口崴港[①]岸一朝恢复，则邑人士尤所跂望者耳。

路政

珲春地属边陲，从古道路崎岖，行旅极感困难。清光绪十年，珲春副都统帮办吉林边务事宜依克唐阿顾念及此，以驻防延边靖边军队伍，除防守及剿捕事务外，所有通省、通宁古塔、通东宁（三岔口）道路，按年分段修治，始见坦途。迨光绪二十六年中俄之役（即庚子之乱）防军撤退，各道路年久又复失修，坍塌崩陷，商旅往来，殊苦不便。民国八年六月二十九日，经县知事熊孟鳌召集地方绅商开会议决，呈请（省长道尹）公署文曰：窃维道为内政要端，远稽古训，经环涂野。涂野之制，书著宏规。近征邻邦国道、县道、里道之分，是资借镜，诚以道路不修，交通梗塞，无以便商民而臻治理。珲邑远处边檄，壤接日俄，凡于腹地之联络，与国境之往来，路政原为急务。兼以朝鲜境内随在皆修坦途，相形未免见绌。查县境通行大道有三：一由县通延吉之道，为赴省远道所必经。一由县通俄境岩杵河之道。一由县通朝鲜温贵之道，亦入口出口之孔要。顾历来未加修治，复被雨水侵毁，山路则偏陂险峻，低路则泥淖甚深，徒步已极难行，车马倍形困颉，尤不便置为缓图。知事职责所在，迭次召集地方绅商会议，提倡兴修。惟通延吉路线至汪清交界为止，计长七十余里。通俄境岩杵河路线修至长岭子卡伦，计长三十余里。通朝鲜温贵路线修至

① 海参崴

回龙峰江岸为止，计长九十余里。工程浩大需费孔多。经酌拟兴修方法，于路幅之宽度，水沟之凿掘，桥梁之建设，均一律加以规定。所有应需工人，即由各路就近民夫摊丁，只为供给火食，应用畚锸器物由民丁自带，缺者再行添购。其木石各项材料，分别募捐购备，以便众擎易举。惟经费关系重要，应先就地筹拨。拟由各路酌收车驮捐，即从本年七月五日起照收。仍一面向境内商民分途募集，以期足敷开支。并组设路工处，附于县农会院内。设总董、董事、助理各员，均遴委地方士绅及各乡乡长、佐等承充分任工程及收捐事宜。复仍设监察员，委各区警察分所长、巡官及保卫团总、甲长等承允分任监视督促，以专责成而便指挥。爰拟订修路简章十七条、收捐简章十一条，均系因地制宜，各界皆踊跃乐从。业已分委总董、董事、助理监察各员，令即分路兴工。现在通延一路已经着手办理。但各路工程极大，遽难克期竟功。如本年未克完竣，下年仍继续进行，务期终底于成。所有拟修县境道路及酌收车驮捐缘由，理合检同简章及委派员名单各一份，备文呈请钧宪鉴核令遵行。

于民国八年七月十七日，奉延吉道尹公署第一千零零号指令内开：呈暨简章、清单均悉。该知事热心路政，提倡兴修，披阅之余，至为佩慰。所拟简章，大致亦尚妥切可行，候饬延、汪两县一体照办。但事关征收捐款，务期不苛不扰，款皆实用。应即督饬认真办理，力祛弊端，是为至要。简章、清单均存此令。民国八年七月十八日，奉省长公署第四千七百零八号指令内开：呈及附件均悉。查兴修道路，关系内政，至为重要。所拟各项简章既成，均系因地制宜，各界皆踊跃乐从，应准照办。惟工程宏远，务宜慎勉终于始，勿致功废半途。征收捐项，并应选派妥人经理其事，免生流弊，是为至要。附件均存。此令。

（甲）由县城通延吉一路修治道路桥梁如左：

（一）民国十年于城西横道流水、大泥沟修建木桥一座，长二丈，宽一丈七尺。

（二）民国十年，于城西老中营地方横道流水、大泥沟修建木桥一座，长一丈四尺，宽一丈五尺。

（三）民国十年、十一年、十二年，将北大盘岭南流水山根、横道河沟挖开两岸陡坎，及南北各开道三十五丈。查上岭第一蟠道，原宽七、八尺，复开宽一丈五尺，挖下一、二、三、五尺不等，长十三丈，复由第一蟠道向上开修，土工石工，宽二丈，深一、二、五尺，共方十丈。至第二蟠道夹沟陡道原七、八尺宽，由两面开修，宽二丈及一丈八、九尺不等，共长六十丈。又第三蟠道石沟夹道，开宽一丈五、六尺，深一、二、三、四尺，长六丈。石门南陂，石道、土道参半，开挖长三十丈。岭顶夹沟石道，原有六、七尺宽，由夹沟两面用钻开凿。路身之窄者宽之，曲者直之，险者平之，高者削之。计开宽一丈六尺至二丈者，计长二十丈。路径之凿深者，一、二、三、四尺不等。由石门岭顶往北坡开凿，计石道夹沟八、九尺，先行凿凸凹及路身之两面，已开宽二丈一、二尺，凿下一、二、三尺许，计长三十丈。由石门往北下坡，土石道参半，开两丈宽，长一里许。民国十二年五月，因道路被水冲破，复行垫修一次。

（四）民国九年八月修垫盘岭北两大泥沟。于蜜江河以东，横道流水泥沟刨去两岸河坎，运石砌成甬路，宽两丈，高二、三尺，上用沙土垫平，长十丈。河沟上流之水自石缝流出。蜜江河两岸陡坎石道，刨去陡坎长、宽各二丈。

（五）民国九年八月间，由蜜江屯西至小黄泥沟西岸之泥道。自道路两旁挖壕，宽深各三尺，道身宽两丈二尺，长一里许。于黄泥沟道流水大沟，用石条建筑石桥一座，长宽各一丈二尺，高五尺。流水洞墙用石条砌成，河底用石条及大小石铺平，石灰灌浆，极为坚固。并筑桥之东西两面夹道之沟壕，用石灰及石砌成，长五丈。民国十一年八月间，又修筑大黄泥沟石桥两座。其修治法大致与小黄泥沟之桥相同。

（乙）由县城通往朝鲜温贵（雄基）一路修治如左：

（一）民国八年八月间，将南大盘岭，由岭北至岭南，将夹沟之道开宽二丈，深三四尺，险者夷之，高者削之，窄者宽之。计长五里，至大肚川河岸为止。又岭北纯义乡之道被水冲成深沟里许，复由该乡派民夫修补。十三年四月间，南大盘岭上下崎岖之处，复为修治。岭之北坡有沟渠，均用石条筑成桥梁。

（丙）由县城通俄境岩杵河大道修治如下：

（一）于民国八年八月间，自红溪河（珲春河）南开修大道，路身宽二丈二尺，两旁之壕宽、深各三尺，计长二十里。因中俄交通断绝，乃为停止。

（丁）由县城以东通俄境蒙古街大道修治如左：

民国十二年，由县城西勇智乡西界起，往东修垫洼处五所，至八棵树止，共计五里。实际修垫赵姓门前洼渠一所。

珲春县知事于民国十年六月六日，据县属勇智乡居民关双奎、郜升、赵德荫、关奎祥等，以城东大路直达俄界蒙古街界线，为往来输运及本乡农民拉柴必经之路。庚子之役，俄军占领珲城，经俄官略事修垫一次，至今已历二十余年，所有桥梁均已朽烂，不能通行。从前平坦之处，亦皆成洼渠。每届夏秋阴雨连绵之时，所有沟渠均成泽国，车马经过，顷陷险危，甚为困难。拟以拉运货物、粮米、烧柴、木料每马收官帖二吊，以该乡收款专修该乡道路等情援案呈请珲春县公署转呈（吉林省长　延吉道尹）公署鉴核备案。于十一年七月十一日，奉吉林财政厅第五千六百九十一号指令：呈悉。该县所拟过路车捐，按马牛一匹征收吉钱二吊，尚属核实。惟此项修路用款应由该知事督饬修工人员切实撙节。应以全年附征捐额吉钱十二万为度。一年期满，即呈明停收。仰即遵办。清单存。此令。并于是年七月二十一日，奉吉林省长公署第一千八百零四号训令。各等因。该乡征收路捐年余，未著成效。于十二年十一月二十五日，经县公署撤消该路指卡。计自民国十一年九月九日征起，至十二年十一月二十五日截止，共收款钱五万九千七百四十二吊。除该乡公民赵德廉等修路开支外，净亏钱五千九百二十六吊。令该乡乡长筹补矣。

（戊）由县城通朝鲜庆源大道修治如左：

民国十三年，由县城南门外及西门外起至图们江岸，计路身净宽三丈，两面开挖明沟，口面宽三尺五寸，下底净宽二尺五寸，路身中部高五寸以上，两旁低五寸以下。凡横道沟洼均为建桥，并传集兴仁乡民夫补缮道路，拉运砂石，补垫路身厚五寸许，共为二十五里。

珲春县知事朱约之邀集地方政绅商筹款，于商埠街库克讷河建造桥一座，高九尺，长四丈，宽二丈。又于十三年，以珲春县城迤西至图们江岸，为通日属朝鲜庆源郡之往来国际要道，以其泥沙岗坎坷难行，且为中外观瞻所系，有急待兴修之必要。暂借日治理经费十二万吊，以所收路捐归还，呈奉吉林省长署第四千一百六十六号指令照办。并派何廉惠监修，收支经费路工处负责办理。兹将历年修治道路桥梁与未修治道路绘具详图如左。

珲春路工处自民国八年六月，于南大盘岭、长岭子、蜜江、西崴子各设收捐委员。至十三年十二月止，征收捐款及支出数目，与所存器皿分晰列左：

（一）收入之部

民国八年度收钱五万七千八百一十九吊六百八十文。

民国九年度收钱十万零四千九百五十九吊五百九十文。

民国十年度收钱十万零一千四百一十六吊三百文。

民国十一年度收钱十万零三千七百七十六吊六百五十文。

民国十二年度收钱十五万六千八百八十九吊七百文。

民国十三年度收钱十六万零七百六十九吊。

以上统共收钱六十八万五千六百三十吊零九百二十文。

（二）支出之部

民国八年度共支钱十万零六千一百七十七吊九百五十文。

民国九年度共支钱二万八千一百四十九吊二百文。

民国十年度共支钱十一万四千一百四十一吊三百文。

民国十一年度共支钱十九万八千三百六十五吊九百五十文。

民国十二年度共支钱三万六千八百三十八吊五百文。

民国十三年度共支钱三十八万零零二十二吊八百六十一文。

以上共支出钱八十六万三千六百九十五吊七百六十一文。

除支净亏钱十七万八千零六十四吊八百四十一文。

（三）器皿之部

广锹一百三十把　尖镐四十七把　大扁镐二十四把　地车子六个　大钻十把　小钻八把　小锤十把　铁创一根　锄头一把　风匣一架　炉条一付　镰刀二把　大斧三把　小斧一把　菜刀一把　吊锅一口　大锅二口　小锯二把　钳子二把　大棚两架

附录　修治道路简章及修治道路收捐简章

（甲）修治道路简章

第一条　本县特设路工处，承办通行修治境内通行各路。关于路工一切事宜，均依本简章之规定。

第二条　本县境内应修通行各路如下：

一、由县城通行延吉之路，修至与汪清[①]交界之黑滴塔为止。

二、由县城通俄境岩杵河之路，修至长岭子卡伦为止。

三、由县城通朝鲜温贵之路，修至回龙峰图们江渡口为止。

第三条　各路均照原有路线修治。其工程规定如下：

一、各路宽度以工尺三丈六尺为限。概用碎石沙土铺平。

二、两旁修成小沟，以宽三尺，深四尺为限。沟沿间种植杨柳。

三、山岭石路磴级，概行凿平。但石壁过高者，得酌减其宽度。

四、各路小河沟，概修建桥梁，木石酌宜定之。宽度至少一丈二尺为限。

第四条　修路工人由沿路就近民户摊丁。又木工、石工，民户无能胜任者，得另行雇用。

第五条　修路应需畚锸各项器具均由民丁自带。如有不能制备者，得由路工处购用。

第六条　修路应需木石各项材料，得向境内商民募捐。如无人捐助时，概由路工处购备。

第七条　修路应需搬运材料车辆，由沿路就近民户摊派，不给车价。车夫伙食、喂养费由路工处支给。

第八条　各路就近民户，如摊派人丁、车辆，故意抗违者，得由警察或保卫团丁严催。

第九条　修路应需经费，就各路通过车马征收捐款（收捐章程另定之）。凡境内商民，并得分途劝募。

第十条　路工处设职员及其职务如下：

一、总董一人，由县署避委地方士绅充之。综理各路工程及稽核收支税项一切事务。

二、董事由县署遴委地方士绅及各乡乡长、乡佐充之。分司各路，召集工人分配工作，及收支款项购买材料、器具、经理、伙食一切事务。

三、助理员由总董及各路董事择地方士绅，呈由县署委充，协助总董、董事办理一切事务。

四、监察员由县署委各区警察分所长、巡官及保卫团总甲长等兼充。分司

---

① 位于延吉地区。

监视各路工程，并督催工人一切事务。

第十一条　路工各职员均纯尽义务，不支薪津。但关于办公纸张、笔墨等费，得按实开支。

第十二条　各路应支伙食、工料、器具等费，先由董事切实估计，造具预算书，报经总董汇核，转呈县署核准，始得支领。拟按日造具已支计算书，报经总董转呈县署查核。

第十三条　各路董事请领经费，应备具领呈署名盖章，报经总董，转呈县署核准，于所收捐款内拨发。

第十四条　各路工程完竣后，由总董分路将收支数目开单张帖，宣示公众。仍由总董分路汇总，造具收支计算书，呈由县署核销，并转报备案。

第十五条　各路工程由县署随时派员查勘，工程完竣后，凡是出力人员，得呈请从优给奖。

第十六条　境内商民，如有捐助款项或木石材料者，得按其捐资数目，分别呈请给奖。

第十七条　本简章自呈准之日实行。如有未尽事宜，得随时改订，呈报核定。

（乙）修治道路收捐简单

第一条　本县为修治境内通行各路征收通过车马捐，专充路工用款，概不移作他用。

第二条　征收车马捐率规定如左：

一、大车、小车、四轮车、朝鲜车，凡装运货物、粮石通过者，均按马牛头数收捐。每马牛头，每次收官帖三吊。空车不收。

二、驮脚骡马载运货物者，每头每次收官帖二吊。空马、乘马不收。

第三条　各路收捐处设立地点如左：

一、由县城通延吉一路设于蜜江。

二、由县城通俄境岩杵河一路设于二道河子。

三、由县城通朝鲜温贵一路，分设于南盘岭及西崴子。

第四条　各路收捐由该路董事派助理员兼收，或委托警察区所及保卫团防所代收。

第五条　征收捐款由县署刊发三联捐票，编定号数，盖用县印。一联存根，一联缴验，一联发给纳捐人收执。并由收捐员于捐票内加盖名章，以专责成。

第六条　经收捐款由收捐员按日记簿，月终于门首开单张贴，宣示公众。

第七条　经收捐款由收捐员按月造具清册，连通捐款及缴验联送由董事，报经总董事转呈县署查核。

第八条　各路所收捐款，概由县署发交财务处，专款存储拨用。

第九条　各路应支经费，由董事另行呈准具领，不得在所收捐款内扣留。

第十条　本捐自呈准之日实行征收，俟路工完竣之日即予停止。

珲春县路工处职员表

职别	姓名	任职年月	住所	附记
总董	何廉惠	民国八年六月	县城	督修县属西北通延吉、西通庆源郡西南通雄基、南通俄属岩杵河沿途道路桥梁等。十三年三月辞职。
总董	杨鸿勋	民国十三年三月	县城	监修商埠街库克讷河木桥一座
董事	郜玉庆	民国八年六月	德惠乡	监修德惠乡蜜江大道三里
董事	王元亨	民国十三年三月	德惠乡	监修蜜江、小黄泥沟、大黄泥沟之石桥二座
董事	葛清惠	民国八年八月	崇礼乡	监修南通长岭子大道二十里
董事	田玉麟	民国八年七月	敬信乡	监修南大盘岭大道五里
董事	尉占奎	民国八年七月	敬信乡	同前
董事	孟广泰	民国十三年五月	兴仁乡	十三年襄助兴修由县城通庆源大道，十五年又召集民夫运石修垫路身二十里。
董事	赵定祥	民国十三年五月	兴仁乡	同前
董事	郎洪广	民国十三年五月	兴仁乡	十三年、十五年会同总董前召集民工修治由县城通庆源大道二十五里。

道里

珲邑介于两省之间，最要之交通道里分为城治与乡屯镇交通道路，及与邻县邻国交通道里，分录如左：

县城通乡屯镇道里

乡别	屯镇	距县城数里	对县城方向	由县城至该屯镇经过之屯镇	由县城至该屯镇经过之山岭	由县城至该屯镇经过之川泽	附记
首善乡	俄鲁特营子	2	正西				按：该屯今称二道营子
	靠山屯	5	西北	俄鲁特营子			
	后地	15	正北				
	北岗子	2	正北	后地			
	龙王庙	4	正北	后地、北岗子			
兴仁乡	东三家子	6	正西				
	西三家子	8	正西	东三家子			
	下洼子	14	正西	东三家子、西三家子			
	西岗子	12	正西	东三家子、西三家子			
	四方坨子	15	正西	东三家子、西三家子、西岗子			
	高丽坟	16	正西	东三家子、西三家子、下洼子			
	东岗子	18	正西	同前			
	东沙坨子	20	正西	东三家子、西三家子、下洼子、东岗子			
	西沙坨子	25	正西	东三家子、西三家子、下洼子、东岗子、沙坨子			
	西崴子	30	正西	同前			
	大岗子	8	正西	东三家子			

续　表

乡别	屯镇	距县城数里	对县城方向	由县城至该屯镇经过之屯镇	由县城至该屯镇经过之山岭	由县城至该屯镇经过之川泽	附记
兴仁乡	高丽城	20	正西	东三家子、西三家子、东岗子北			按：高力城即斐优城。
	三道碑	10	西北	俄鲁特营子			
	半拉城子	15	西北	俄鲁特营子、大岗子			
	高丽城后	18	西北	俄鲁特营子、大岗子、半拉城子			
	水湾子东屯	18	西北	俄鲁特营子、三道碑			
	水湾子中屯	25	西北	俄鲁特营子、三道碑、水湾子东屯			
	水湾子西屯	30	西北	俄鲁特营子、三道碑、水湾子东屯及中屯			
	黄山坡	45	西北	俄鲁特营子、三道碑、水湾子东屯、中屯及西屯			
	西布江	22	西北	俄鲁特营子、大岗子、半拉城子、高力城后			
	二道沟	12	西北	俄鲁特营子	庙岭		
	英安河屯	15	西北	俄鲁特营子、二道沟	庙岭、二道沟岭		
	关门咀子	20	西北	俄鲁特营子、二道沟、英安河屯	庙岭、二道沟岭		
纯义乡	夹信子	5	正南		大河、二道河子、三道河子		
	张富屯	6	正南			同前	

续　表

乡别	屯镇	距县城数里	对县城方向	由县城至该屯镇经过之屯镇	由县城至该屯镇经过之山岭	由县城至该屯镇经过之川泽	附记
纯义乡	图鲁屯	7	正南	夹信子		同前	
	大壕屯	8	正南	张富屯		同前	按：大壕屯，韩人今名长城屯。
	二道河子屯	18	正南	图鲁屯		同前	
	张六沟屯	19	正南	图鲁屯、二道河子屯		大河、二道河子、三道河子、罕德河子	
	大盘岭沟口	30	正南	外郎屯、西炮台屯、罕德河子屯		同前	
	外郎屯	7	西南	夹信子		大河、二道河子、三道河子	
	雅鲁屯	8	西南	夹信子、外郎屯		同前	
	西炮台屯	10	西南	夹信子、外郎屯		同前	
	罕德河子屯	12	西南	夹信子、外郎屯、西炮台屯		大河、二道河子三道河子、罕德河子	
	南秦孟	18	西南	夹信子、外郎屯		大河、二道河子、三道河子	
	甸心屯	20	西南	夹信子、南秦孟		同前	
	板石沟屯	20	西南	夹信子、外郎屯、西炮台屯、罕德河子屯		同前	

续 表

乡别	屯镇	距县城数里	对县城方向	由县城至该屯镇经过之屯镇	由县城至该屯镇经过之山岭	由县城至该屯镇经过之川泽	附记
纯义乡	西南山屯	25	西南	夹信子、外郎屯、雅鲁屯、罕德河子屯		大河、二道河子、三道河子	
	红沙滩	30	西南	夹信子、南秦孟屯、甸心屯		同前	
	火龙沟口屯	30	西南	夹信子、外郎屯、南秦孟屯		同前	
	西南崴子	35	西南	夹信子、南秦孟屯、甸心屯；火龙沟口屯		大河、二道河子、三道河子	
	大河口屯	40	西南	夹信子、外郎屯、南秦孟、火龙沟口屯、西南崴子		大河、二道河子、三道河子	
崇礼乡	碾子山	15	正南	张富屯、大壕		同前	按：碾子山屯，韩人今名电线村。
	东炮台屯	10	东南			同前	
	五家子	5	东南			同前	
	八棵树	8	东南			同前	
	团山子	12	东南			同前	
	小城子	18	东南	八棵树、团山子		同前	
	依兰哈达	20	东南	八棵树、团山子、小城子		同前	
	西阿拉	13	东南	八棵树、团山子		同前	
	南阿拉	18	东南	西马圈子、八棵树、团山子、西阿拉		同前	

续 表

乡别	屯镇	距县城数里	对县城方向	由县城至该屯镇经过之屯镇	由县城至该屯镇经过之山岭	由县城至该屯镇经过之川泽	附记
崇礼乡	红土埃子	19	东南	东西马圈子、下洼子		同前	
	东阿拉	20	东南	东西马圈子、下洼子、红土埃子		同前	
	石灰窑南沟	30	东南	东西马圈子、下洼子、红土埃子、东阿拉			按：该屯原名炭□
	烟筒砬子	50	东南	东西马圈子、下洼子、红土埃子、东阿拉、石灰窑南沟		向前	
	西马圈子	12	正东			同前	按：东马圈子今称麻川子
	东马圈子	14	正东			同前	
	下洼子	15	正东	马圈子西屯、马圈子中屯、马圈子东屯		同前	
	博河	20	正东	马圈子西屯、马圈子中屯、马圈子东屯、下洼子		同前	
	杨木林子	22	正东	马圈子西屯、马圈子中屯、马圈子东屯、下洼子、博河	大河、二道河子、三道河子、博河		
	泡子沿	25	正东	马圈子西屯、马圈子中屯、马圈子东屯、下洼子、博河、杨木林子	同前		

续　表

乡别	屯镇	距县城数里	对县城方向	由县城至该屯镇经过之屯镇	由县城至该屯镇经过之山岭	由县城至该屯镇经过之川泽	附记
崇礼乡	大红旗河	40	正东	马圈子西屯、马圈子中屯、马圈子东屯、下洼子、博河、杨木林子、泡子沿	同前		
	小红旗河	45	正东	马圈子西屯、马圈子中屯、马圈子东屯、下洼子、博河、杨木林子、泡子沿、大红旗河	同前		
	大湾沟	35	正东	马圈子西屯、马圈子中屯、马圈子东屯、下洼子、博河、杨木林子、泡子沿	同前		
勇智乡	八棵树	5	正东				
	四间房	8	正东	八棵树			
	八达屯	15	正东	八棵树、四间房		骆驼河子	
	黑大屯	18	正东	八棵树、四间房、八达屯		同前	
	驼驼河子屯	13	正东	八棵树、四间房		同前	
	桦树屯	15	正东	八棵树、四间房、驼驼河子屯		同前	
	牌楼屯	18	正东	八棵树、四间房、骆驼河子屯、桦树屯		同前	
	东布江	20	正东	八棵树、四间房、骆驼河子屯、桦树屯、牌楼屯		同前	

续 表

乡别	屯镇	距县城数里	对县城方向	由县城至该屯镇经过之屯镇	由县城至该屯镇经过之山岭	由县城至该屯镇经过之川泽	附记
勇智乡	哈达门	25	正东	八棵树、四间房、骆驼河子屯、桦树屯		骆驼河子头道沟河	
	小荒沟屯	30	正东	八棵树、四间房、骆驼河子屯、哈达门①		同前	
	沙金沟屯	38	正东	八棵树、四间房、骆驼河子屯、哈达门、小荒沟		同前	
	乾沟子屯	40	正东	八棵树，四间房、骆驼河子屯、哈达门、小荒沟、沙金沟屯		同前	
	二道沟屯	48	正东	八棵树、四间房、骆驼河子屯、哈达门、小荒沟、沙金沟、干沟子		同前	
	老龙口	55	正东	八棵树、四间房、骆驼河子屯、哈达门、小荒沟、沙金沟、干沟子、骆驼河子、头道沟河、二道沟河			
	三道沟	60	正东	八棵树、四间房、骆驼河子屯、哈达门、小荒沟、沙金沟、干沟子、老龙口		同前	

① 位于内蒙古自治区呼和浩特市武川县境。

续 表

乡别	屯镇	距县城数里	对县城方向	由县城至该屯镇经过之屯镇	由县城至该屯镇经过之山岭	由县城至该屯镇经过之川泽	附记
勇智乡	吴六沟	12	东北				
	车大人沟	10	东北				
	骆驼河子沟里屯	35	东北	八棵树、四间房、骆驼河子屯		骆驼河子	
	头道沟口屯	22	东北	八棵树、四间房、骆驼河子屯、头道沟口屯		同前	
	头道沟屯	55	东北	八棵树、四间房、骆驼河子屯		同前	
	猴石沟	60	东北	八棵树、四间房、骆驼河子屯、头道沟口屯、头道沟里		同前	
	七座窑	55	东北				
	半拉窝集	45	东北				
	板石沟	50	东北				
敬信乡	大肚川	60	正南	外郎屯、西炮台屯、罕德河子屯、大盘岭沟口屯	大盘岭	同前	
	朝阳沟屯	75	正南	外郎屯、西炮台屯、罕德河子屯、大盘岭沟口屯、大肚川	大盘岭、朝阳沟岭	大河、二道河子、三道河子、罕德河子、大肚川河	
	黑甸子	85	正南	外郎屯、西炮台屯、罕德河子屯、大盘岭沟口屯、大肚川、朝阳沟屯	大盘岭、朝阳沟岭、黑甸子岭	同前	

续 表

乡别	屯镇	距县城数里	对县城方向	由县城至该屯镇经过之屯镇	由县城至该屯镇经过之山岭	由县城至该屯镇经过之川泽	附记
敬信乡	回龙峰	90	正南	夹信子、外郎屯、西炮台屯、罕德河子屯、大盘岭沟口屯、大肚川、朝阳沟屯、黑甸子	同前	同前	
	玻璃灯	95	正南	夹信子、外郎屯、西炮台屯、罕德河子屯、大盘岭沟口屯、大肚川、朝阳沟屯、黑甸子、回龙峰	同前	同前	
	十八道集	85	正南	夹信子、外郎屯、西炮台屯、罕德河子屯、大盘岭沟口屯、大肚川、朝阳沟屯	同前	同前	
	头道泡子	80	正南	夹信子、外郎屯、西炮台屯、罕德河子屯、大盘岭沟口屯、大肚川、朝阳沟屯	大盘岭、朝阳沟岭、头道泡子岭	同前	
	靠山屯	85	正南	夹信子、外郎屯、西炮台屯、罕德河子屯、大盘岭沟口屯、大肚川、朝阳沟屯、头道泡子	同前	同前	
	黑顶子街	90	东南	夹信子、外郎屯、西炮台屯、罕德河子屯、大盘岭沟口屯、大肚川、朝阳沟屯、头道泡子、靠山屯	同前	同前	

续　表

乡别	屯镇	距县城数里	对县城方向	由县城至该屯镇经过之屯镇	由县城至该屯镇经过之山岭	由县城至该屯镇经过之川泽	附记
敬信乡	五家子	80	东南		同前	同前	
	二道泡子	85	东南	夹信子、外郎屯、西炮台屯、罕德河子屯、大盘岭沟口屯、大肚川、朝阳沟屯、头道泡子屯	同前	同前	
	三道泡子	95	东南	夹信子、外郎屯、西炮台屯、罕德河子屯、大盘岭沟口屯、大肚川朝阳沟屯、头道泡子、二道泡子	同前	同前	
	四道泡子	98	东南	夹信子、外郎屯、西炮台屯、罕德河子屯、大盘岭沟口屯、大肚川、朝阳沟屯、头道泡子、二道泡子、三道泡子	同前	同前	
	五道泡子	100	东南	夹信子、外郎屯、西炮台屯、罕德河子屯、大盘岭沟口屯、大肚川、朝阳沟屯、头道泡子、二道泡子、三道泡子	同前	同前	
	六道泡子	100	东南	夹信子、外郎屯、西炮台屯、罕德河子屯、大盘岭沟口屯、大肚川、朝阳沟屯、头道泡子、二道泡子、三道泡子、四道泡子、五道泡子	同前	同前	

续　表

乡别	屯镇	距县城数里	对县城方向	由县城至该屯镇经过之屯镇	由县城至该屯镇经过之山岭	由县城至该屯镇经过之川泽	附记
敬信乡	七道泡子	105	东南	夹信子、外郎屯、西炮台屯、罕德河子屯、大盘岭沟口屯、大肚川、朝阳沟屯、头道泡子、二道泡子、三道泡子、太平川	同前	同前	
	八道泡子	108	东南	夹信子、外郎屯、西炮台屯、罕德河子屯、大盘岭沟口屯、大肚川、朝阳沟屯、头道泡子、二道泡子、三道泡子、太平川	同前	同前	
	九道泡子	115	东南	同前	同前	同前	
	五棵树	85	东南	夹信子、外郎屯、西炮台屯、罕德河子屯、盘岭沟口屯、大肚川、朝阳沟屯、头道泡子	同前	同前	
	太平川	95	东南	夹信子、外郎屯、罕德河子、大屯盘岭沟口屯、大肚川、朝阳沟屯、头道泡子、五棵树、沙坨子	同前	同前	按：该屯韩人称名闲杂八登
	沙坨子	90	东南	夹信子、外郎屯、罕德河子屯、大盘岭沟口屯、大肚川朝阳沟子、头道泡子、五棵树	同前	同前	按：沙坨子屯今改名兴隆镇

续 表

乡别	屯镇	距县城数里	对县城方向	由县城至该屯镇经过之屯镇	由县城至该屯镇经过之山岭	由县城至该屯镇经过之川泽	附记
敬信乡	四间房	97	东南	夹信子、外郎屯、罕德河子屯、大盘岭沟口屯、大肚川、朝阳沟屯、头道泡子、五棵树、沙坨子	同前	同前	
	圈河	100	东南	夹信子、外郎屯、罕德河子屯、大盘岭沟口屯、大肚川、朝阳沟屯、头道泡子、五棵树、沙坨子、四间房	同前	大河、二道河子、三道河子、罕德河子、大肚川河	圈河
	田家镇	115	东南				
	沙木墩底	115	东南	夹信子、外郎屯、罕德河子屯、盘岭沟口屯、大肚川、朝阳沟屯、头道泡子、五棵树、沙坨子、四间房、圈河	同前	同前	
	故江	125	东南	夹信子、外郎屯、罕德河子屯、大盘岭沟口屯、大肚川、朝阳沟屯、头道泡子、五棵树、沙坨子、四间房、圈河、沙木墩底	同前	同前	
	洋官坪	130	东南	夹信子、外郎屯、罕德河子屯、大盘岭沟口屯、大肚川、朝阳沟、头道泡子、五棵树、沙坨子、四间房、圈河、沙木墩底、故江	同前	同前	

续　表

乡别	屯镇	距县城数里	对县城方向	由县城至该屯镇经过之屯镇	由县城至该屯镇经过之山岭	由县城至该屯镇经过之川泽	附记
敬信乡	沙草峰	150	东南	夹信子、外郎屯、西炮台屯、罕德河子屯、大盘岭沟口屯、大肚川、朝阳沟、头道泡子、五棵树、沙坨子、四间房、圈河、沙木墩底、故江、洋官坪	同前	同前	
	黑穆吉	160	东南	夹信子、外郎屯、西炮台屯、罕德河子屯、大盘岭、沟口屯、大肚川、朝阳沟、头道泡子、五棵树、沙坨子、四间房、圈河、沙木墩底、故江、洋官坪、沙草峰	同前	同前	按：该屯韩人名方川项。
德惠乡	土字界碑	165	东南	夹信子、外郎屯、西炮台屯、罕德河子屯、大盘岭沟口屯、大肚川、朝阳沟、头道泡子、五棵树、沙坨子、四间房、圈河、沙木墩底、故江、洋官坪、沙草峰、黑穆吉	同前	同前	
	老饽饽沟	40	正北	俄鲁特营子、英安河屯、关门咀子、青沟子	庙岭青、木沟子岭	英安河、青沟子河	
	小饽饽沟	45	正北	俄鲁特营子、英安河屯、关门咀子、青沟子、老饽饽沟	同前	同前	

续　表

乡别	屯镇	距县城数里	对县城方向	由县城至该屯镇经过之屯镇	由县城至该屯镇经过之山岭	由县城至该屯镇经过之川泽	附记
德惠乡	青溪洞	50	正北	俄鲁特营子、英安河屯、关门咀子、青沟子、老饽饽沟、小饽饽沟	庙岭、青沟子岭、饽饽沟岭	同前	
	蜜江屯	60	西北	俄鲁特营子、水湾子	大盘岭	蜜江河	
	西岗子	65	西北	俄鲁特营子、水湾子、蜜江屯	同前	同前	
	羊草甸子	70	西北	俄鲁特营子、水湾子、蜜江屯、西岗子	同前	同前	
	山咀子	65	西北	同前	同前	同前	
	下洼子	70	西北	俄鲁特营子、水湾子、蜜江屯、山咀子	同前	同前	
	罗圈沟口	75	西北	俄鲁特营子、水湾子、蜜江屯、山咀子、下洼子	同前	同前	
	东岗子	60	西北	俄鲁特营子、英安河屯、关门咀子、老饽饽沟、小饽饽沟、青溪洞	庙岭、青沟子岭、青溪洞岭	英安河、蜜江河	
	马架子	67	西北	俄鲁特营子、英安河屯、关门咀子、老饽饽沟、小饽饽沟、青溪洞、东岗子、拐磨子沟、菜营子	同前	同前	

续 表

乡别	屯镇	距县城数里	对县城方向	由县城至该屯镇经过之屯镇	由县城至该屯镇经过之山岭	由县城至该屯镇经过之川泽	附记
德惠乡	拐磨沟口	65	正北	俄鲁特营子、英安河屯、关门咀子、老饽饽沟、小饽饽沟、青溪洞、东岗子	同前	同前	
	青水洞	60	正北	俄鲁特营子、英安河屯、关门咀子、青沟子屯	同前	英安河	
	大荒沟	70	正北	俄鲁特营子、英安河屯、关门咀子、青沟子屯、青水洞	同前	英安河、大荒沟河	
	东杨村	80	东北	俄鲁特营子、英安河屯、关门咀子、青沟子屯、青水洞、大荒沟屯	同前	同前	
	槟榔沟	78	东北	同前	同前	同前	
	砍船沟	60	东北	八棵树、四间房、骆驼河子屯、骆驼河子沟里	同前	同前	
	杨木桥子		东北				
春化乡	瓦岗寨	70	正东	东西马圈子、下洼子、杨木林子、泡子沿、大小红旗河		大河、二道河子、博河、红旗河	
	葫芦别拉	75	正东	东西马圈子、下洼子、杨木林子、泡子沿、大小红旗河、瓦岗寨		同前	

续　表

乡别	屯镇	距县城数里	对县城方向	由县城至该屯镇经过之屯镇	由县城至该屯镇经过之山岭	由县城至该屯镇经过之川泽	附记
春化乡	南别里	100	正东	东西马圈子、下洼子、杨木林子、泡子沿、大小红旗河、瓦岗寨、葫芦别拉		同前	
	柳树河子	75	正东	八棵树、四间房、骆驼河子、哈达门、小荒沟、二道沟、三道沟		骆驼河子、头二三道沟河	
	下马滴塔	80	正东	八棵树、四间房、骆驼河子、哈达门、小荒沟、二三道沟、柳树河子		骆驼河子、头二三道沟、柳树河子	
	桃源洞		正东	八棵树、四间房、骆驼河子屯、哈达门、小荒沟、二三道沟、下马滴塔		同前	
	马滴塔	90	正东	八棵树、四间房、骆驼河子、哈达门、小荒沟、二三道沟、柳树河子、下马滴塔、桃源洞		同前	
	塔子沟	110	正东	八棵树、四间房、骆驼河子屯、哈达门、小荒沟、二三道沟、柳树河子、桃源洞、马滴塔		同前	

续　表

乡别	屯镇	距县城数里	对县城方向	由县城至该屯镇经过之屯镇	由县城至该屯镇经过之山岭	由县城至该屯镇经过之川泽	附记
春化乡	四道沟	120	东北	八棵树、四间房、骆驼河子屯、哈达门、小荒沟、二三道沟、柳树河子、马滴塔、塔子沟	四道沟岭	同前	
	夹信子	130	东北	同前	同前	骆驼河子、头二三道沟河、柳树河子、大河	
	闹枝沟	120	东北	同前	同前	同前	
	转心湖	130	东北	同前	同前	同前	
	西北沟	130	东北	八棵树、四间房、骆驼河子屯、哈达门、二三四道沟	四道沟岭	同前	
	镇安岭	130	东北	同前	同前	骆驼河子、头二三四道沟河	
	小梨树沟	135	东北	八棵树、四间房、骆驼河子屯、哈达门、二三四道沟、镇安岭	同前	同前	
	草坪	135	东北	同前	同前	骆驼河子、头二三四道沟河、大河	
	五道沟	150	东北	八棵树、四间房、骆驼河子屯、哈达门、小荒沟、二三四道沟、镇安岭、小梨树沟	同前	骆驼河子、头二三四道沟河	

续　表

乡别	屯镇	距县城数里	对县城方向	由县城至该屯镇经过之屯镇	由县城至该屯镇经过之山岭	由县城至该屯镇经过之川泽	附记
春化乡	苇塘沟	160	东北	八棵树、四间房、骆驼河子、哈达门、小荒沟、二三四道沟	同前	同前	
	大六道沟	165	东北	八棵树、四间房、骆驼河子屯、哈达门、小荒沟、二三四道沟、苇塘沟	同前	同前	
	小六道沟	170	东北	八棵树、四间房、骆驼河子屯、哈达门、小荒沟、二三四道沟、苇塘沟、大六道沟	同前	同前	
	大梨树沟	160	东北	八棵树、四间房、骆驼河子屯、哈达门、小荒沟、二三四道沟、苇塘沟、大小六道沟	同前	同前	
	大平川	170	东北	同前	同前	骆驼河子、头二三四道沟河、大河	
	黑瞎子背	170	东北	同前	同前	同前	
	葫芦头沟	170	东北	同前	同前	骆驼河、头二三四道沟河	
	西土门子	180	东北	八棵树、四间房、骆驼河子屯、哈达门、小荒沟、二三四五道沟、苇塘沟、大小六道沟、葫芦头沟	同前	同前	

续 表

乡别	屯镇	距县城数里	对县城方向	由县城至该屯镇经过之屯镇	由县城至该屯镇经过之山岭	由县城至该屯镇经过之川泽	附记
春化乡	桦树咀子	230	东北	八棵树、四间房、骆驼河子屯，哈达门、二三四五道沟、大小六道沟、西土门子、城墙砬子	同前	同前	
	东王坝脖子	240	东北	八棵树、四间房、骆驼河子屯、哈达门、小荒沟、二三四五道沟、西土门子、城墙砬子、桦树咀子	同前	同前	
	蓝家趟子	300	东北	八棵树、四间房、骆驼河子屯、哈达门、二三四五道沟、大小六道沟、西土门子、墙矿子、东王坝脖子	同前	同前	
	东兴镇	185	东北	八棵树、四间房、骆驼河子屯、哈达门、小荒沟、二三四五道沟、苇塘沟、大小六道沟、葫芦头沟、西土门子	同前	同前	
	下草帽顶子	240	东北	同前	同前	同前	
	上草帽顶子	230	东北	同前	同前	同前	

通邻县道里

珲春西南邻和龙县，正西邻延吉县，西北邻汪清县，东北邻东宁县。兹分述通各县道里于左：

通和龙县道里。由珲春西行，入朝鲜境庆源郡、钟城郡至上三峰为一百三十八里。渡图们江，即为和龙县属开山屯。西北行，经怀庆街、石门子、八道河子计四十五里，再南行十八里，至和龙县。统计二百零一里。

通延吉县道里。珲春距延吉县道里歧而为三，分述于左：

（一）由陆路通延吉县道里。由珲春县城西北行一百五十里至汪清县署之嘎呀河镇，南为延吉河，河南为延吉县属之智仁乡。由嘎呀河镇西北行十五里，越小盘岭，此岭为延吉交界，东坡多陡坎，车马通行困难。沿延吉河（原在小盘岭西）北行而西折，南向，复西行，过依兰沟，为三十五里。向延吉冈西南行二十五里，为清茶馆（即岭巅有清泉，行人至此必先掬饮休息，然后下岭，故云清茶馆）。下岭南行十五里，即至延吉县城。统计为二百四十里。

（二）由水道通延吉县道里。于冬季时，由珲春县城西北行三十里，至水湾子屯入图们江。曲折西北行，至嘎呀河，入延吉河。绕小盘岭南麓北行。西南折，绕磨盘山东南麓，至延吉之东小营子登陆，即至延吉县城。计约三百四十里。

（三）由鲜境通延吉道里。由珲春县城西行二十五里至图们江，渡江为城川渡口。又西行十五里至庆源郡，西行越关才岭至北苍坪，为五十里。再西行三十里，为钟城。南行十八里，为上三峰。渡图们江，为开山屯，属和龙县。北行越怀庆街站，再西北行，过石门子站、八道子站，复北行经榛柴沟至东盛涌站。越山即至延吉县城。统计为三百三十里。

通汪清县道里。由珲春县城西北行四十里，越北大盘岭至蜜江为六十里。再行十里，至黑滴塔，即珲春与汪清分界处也。（有石壁临江颇称险隘，前署吉林府正堂李公过此，见路崎岖，行走艰难，出资修治，以便行旅。于路旁石上横题名垂千古四大字。旁刻光绪九年桂月望日督工尚忠庆勒石，石工王守发等字。）又西行二十里至凉水泉子歧为二路。再正北行四十里曰德通（穆克德和站）。复北行越北高丽岭西北折，经大坎子，越长岭子，至哈顺站为八十里（即大肚子川，亦即大汪清）。再折而西北行。三十里过庙岭，渡嘎呀河，至白草沟，即汪清县城。统为二百四十里。一由凉水泉子西北行，越窟窿山，至高丽岭为三十里。由此西行至嘎呀河东岸，北折至腰崴子（集场子）亦为三十里。由此北行越庙岭，经闹枝子沟，至汪清县城为七十里。统为二百四十里。

通东宁县道里。由县城东行，经八棵树、四间房、骆驼河子屯、哈达门、小荒沟、二道沟、老龙口、三道沟、柳树河子、马滴塔、塔子沟、四道沟、镇安岭、五道沟、六道沟、西土门子、桦树咀子、蓝家趟子，为二百七十余里。由蓝家趟子东北越老岭（通肯山），经三岔河、亮子川、马蛇沟等处至东宁县城，为一百七十余里。统计为四百四十余里。

按：此鸟道，山岭重叠，溪谷错杂，平原极少，路径险仄，车马难行。通肯山脉横贯东西，森林苍茂，旅舍绝无。行者（旅人时常露宿，名曰打野营）至此，咸有戒心焉。

通省城道里

珲春西北行六十里至蜜江，西行三十里至凉水泉子，西北行越窟窿山、大高丽岭，渡嘎呀河六十里，即嘎呀河镇。西北行，越小盘岭，绕延吉河北行而西南向，越依兰沟岭及延吉冈（延吉北岭）九十里至延吉县城。西行二十五里至朝阳川，二十里至铜佛寺，二十五里至老头沟镇。北行上老头沟岭，西北折三十里至榆树川。北行上五峰顶子东麓，西行至五峰顶子（亦名五个顶子）十五里。西北折，三十里至石门山，北行五里至瓮声砬子，十里至王八脖子，五里至磙牛砬子，五里至练兵台，十五里至凤凰山（旧名蜂蜜砬子）。十里至碱场，十五里至哈尔巴岭。西北行十五里至凉水泉子，五里至板桥子，十里至孤山子，五里至石头河，十里至黄土腰子，十里至大桥，三十五里至敦化县城（县城在牡丹江西岸）。东北行五十里至通沟镇（通沟岗子）。西北行六十里至额穆县城（在县城东南三岔地方渡牡丹江），五十里至洙沦多河，六十里至色出窝集（即李家店处，由此上张广才岭），三十里至退抟站（即昂邦多洪站，又名窝锅部）、七十里至拉法（即额伊虎站），九十里至额赫穆[①]站，四十里至江蜜峰（旧作交密峰，由额穆县城至交密峰道里数与吉林志所载里数同）。西行六十里至省城（在龙潭山北麓过江）。共为一千零五十里。若至冬季，则由敦化县北行四十里至臭李子沟，折而西行，十里至碱场，三十里至黄泥河子（此处最寒，冬冷，行人时有冻毙者），二十里至平房店（入黄花松甸子）。西北行三十里至卫护岭，四十里至小马架子，

---

① 吉林省延边朝鲜族自治州敦化市下辖镇

四十里至庆岭（该处土人云：岭见岭八十里，即卫护岭至庆岭为八十里也），三十里至四海店（出黄花松甸子），二十里至五林屯，二十五里至大屯（拉法砬子）前三十里至海青沟内之山东店，十五里至海青岭顶，三十里至后地场子（杨木沟上），二十五里至杨木沟口（杨木沟下）入松花江北行二十里至三家子，五十里至大风门，二十里至阿什哈，三十五里至省城。共计亦为一千零五十里。以上为赫什和道。又珲春至省城，原由站道往来，即由珲春至宁古塔，再由宁古塔至吉林。所谓官道，亦即站道也。先由珲春县城西北行六十里曰密占站，七十里曰穆克德和站（由凉水泉子折而西行），八十里曰哈顺站（中经大坎子站），六十里曰湖珠岭站，六十里曰萨奇库站，六十里曰老松岭站，六十里曰玛勒湖里站，六十里曰新官地屯站，三十里曰宁古塔站。由珲春至此为五百四十里。西南行四十里曰蓝旗沟站，四十里曰沙兰站，六十里曰必尔汉必拉站，（二十里至德林站，四十里至必尔汉必拉，六十里曰拉法站，六十里曰额穆赫索罗站额穆县城。由宁安至此为二百六平里）。六十里曰意气松站，八十里曰退抟站（柳边纪略载：由额木索至泳沦多河为五十里，沫沦多河至色出窝集即张广才岭东李家店处为六十里，由色出窝集至退抟站为三十里），七十里曰拉法站，九十里曰额赫穆站，四十里曰江密峰，六十里曰省城。由额木索至此为四百里，共为一千零五十里云。

通邻国道里

珲春西南界朝鲜，东南界俄罗斯。兹将距离道里分述于左：

通朝鲜道里。通朝鲜道里于左：

（一）通庆源郡道里。由县城至庆源郡之道有三：

1. 由县城西行，经东西三家子、下洼子、高丽坟、东岗子、东西沙坨子至图们江岸为三十里，渡江为城川渡口。西行十五里至庆源郡。共四十五里。

2. 由县城西行，经东西三家子、大岗子、四方坨子至高丽城为十八里。西行二里，渡图们江，再西行十三里至庆源郡。共计三十三里。

3. 由县城西行，经东西三家子、大岗子、半拉城子，至高丽城后为十五里。渡图们江（江岔），行五里至片通。再渡图们江，西行二十五里至庆源郡为四十五里。

（二）通雄基港道里。由县城渡珲春河南行，经纯义乡之外郎屯、西炮台屯、罕德河子屯，越南大盘岭，经敬信乡大肚川为六十里，东南行至朝阳沟为十五里。南行过黑甸子，至回龙峰为十五里，至图们江岸为五里，渡江即为下汝坪（亦名欧乌利，属朝鲜境）。西南行六十里至雄基港（温贵）。为一百五十五里。

（三）通庆兴郡道里。由县城渡珲春河南行，至敬信乡之头道泡子，东南行经沙坨子，至四间房渡图们江，即为庆兴郡。共计百零五里。

（四）通训戎镇（原名金化县）道里。由县城西北行二十五里，至兴仁乡之水湾子中屯，渡图们江再西行五里许，即为训戎镇。共计三十里。

通俄罗斯道里。通俄罗斯道里于左：

（一）通岩杵河道里。由县城渡珲春大河、六道河子及三道河子南行，经纯义乡之图鲁屯、大壕、卡伦至长岭子为三十五里，即中俄分界岭也。由此东南行十里，曰横道河子俄卡。又东行四十五里，即至岩杵河街。然由县城东南行，经东阿拉、石炭窑南沟、佛多石岭（神仙顶子东麓）南行，又由县城西南渡河经纯义乡至黑顶子街，越五家子，过俄界，东行均能至岩杵河街，惟绕道耳。

（二）通蒙古街道里。由县城东行，经马滴塔、四道沟、镇安岭、五道河、西土门子越分水岭等处至蒙古街为三百一十余里。

（三）通海参崴道里。由县城至岩杵河，东南行至毛口崴，乘汽船行八小时，即抵海参崴，约四百余里。若由县城东行，经马滴塔、四五道沟、西土门子越分水岭至蒙古街，东行二十余里至秦孟河，乘帆船逾海峡，复东行，抵海参崴西岸登陆。约三百八十余里。

驿站及文报

（一）驿站

珲春至宁古塔，原设卡伦六处，递传公文。珲春六十里曰蜜占，七十里曰穆克德和，八十里曰哈顺，四十里曰噶哈哩，八十里曰萨奇库，一百二十里曰玛勒呼哩，九十里曰宁古塔。行旅往来，自裹糇粮，假宿卡伦。间有辎重车辆随地露宿者，名曰打野盘（外记）。

按：驿站相去不一，或百里、或百余里，或七八十里。三九月间亦必走马，竟日乃得到。行稍迟，或冬月日短，发不早，鲜有不露宿者原注：土人谓之打野营。露宿必傍山依林近水草。年少而贱者，持斧伐木燎火自卫，或聚石为灶，出铜锅作粥，人将持一木碗啜之。雨雪至无从避，披衣坐而已（柳边纪略）。

光绪七年裁卡伦改设驿站如下：

哈顺站。设在瑚珠岭南六十里，北三里至汪清河口。额设笔帖式一员、领催委官一员、站丁二十名，马二十匹、牛二十只。南三十八里为大坎子站。

大坎子站。北三十里长岭子地方。额设站丁十五名，马十五匹、牛十五只（按：原设壮丁、马牛十。光绪十四年增壮丁、马牛均五）南四十五里为穆克德和站（按：一作德通站）。

穆克德和站。西北逾高丽岭，至阿什哈岭三十五里。额设笔帖式一员、领催委官一员、站丁二十名，马二十匹、牛二十只。南六十里为蜜占站。

蜜占站。设站丁十五名，马十五匹、牛十五只。南六十里为珲春站。

珲春站。设笔帖式一员、领催委官一员、站丁二十五名，马二十匹、牛二十只。

（二）文报

珲春驿站，于光绪三十三年裁撤，设立文报分局，专司递传公事文件。于县城及蜜江等处设文报分局。设局长一人、局员一人、报差二人。宣统三年裁撤，所有公署文件均归邮局传处矣。

邮务

珲春往来公文，均由驿站传递，商民信件则由便人转投。清光绪三十四年四月，原经地方绅民何祥成之请求，设立三等邮局于县城。内置局长一人，拣信生一人、信差二人，办理局务，收递信件。其邮递区域，通达国内者原有珲春至延吉邮路，每日发信一次。邮差徒步传递。通达国外者，为珲春至俄属东海滨省之岩杵河地方，设有邮车，每星期六发信一次。厥后，日鲜①侨民营商者日见增多，宣统二年日本于领事馆内附设日本邮局，送达日本朝鲜以及中国各地，汇兑、包裹、代金等项，设施完备，邮资极廉。我国商民邮件亦多送日邮局转递，极为发达。民国二年，经县议事会议长何廉惠呈请省行政长官，函达东三省邮务管理局，于四年，珲邑邮局添设汇兑处、包裹处，于邮务权利稍事挽回。民国十二年二月间，我国收回邮权，撤退日邮，改设二等邮局。置局长一人（邮务员）、邮务生二人、拣信生二人、信差四人。设有收发处、汇兑处，包裹处、挂号处、文案处。东与俄之岩杵河邮局交换递传各国邮件。由马差每三日发信一次。西与日属朝鲜庆源邮局交换递传中国内地邮件（以其境内

---

① 日本和朝鲜

交通便利，较由延吉转达迅速），按日派车往返递送。至延珲邮路，则仍以步差传递信件，并于县境乡区先后设立信箱。兹为列表于左：

设置年月	设置地点	对县城方面	距县城里数	代办处所	发信日期	附记
民国七年七月	德惠乡蜜江	西北	60 里	东顺和	每日发信一次	原由德惠乡第一小学校代办，十一年改为东顺和代办
民国十三年四月	春化乡东兴镇	东北	185 里	福升东	每七日发信一次	
民国十四年三月	敬信乡沙坨子	东南	90 里	东兴德	每三日发信一次	
民国十四年三月	敬信乡十八道基	正南	85 里	李日新	同前	
民国十四年三月	敬信乡回龙峰	正南	90 里	和兴栈	同前	
民国十四年三月	敬信乡黑顶子街	东南	90 里	恒盛永	同前	

珲春邮务局局长表

姓名	次章	籍贯	资格	任职年月	附记
王文彬	希贤	直隶沧州	邮务员	光绪三十四年	
陈祥		直隶	邮务生		
张国权	少卿	湖北	邮务生		
赵锡纯	巨卿	直隶乐亭	邮务员		九年二月调转奉天邮局
伊裕昌	绍昆	京兆	邮务生	民国九年二月	十二年一月接收客邮时留局任用
王芝香	济川	福建闽县	邮务员	民国十二年一月	于本年六月调海拉尔一等局局长
荣华斋	华斋	京兆	邮务员	民国十二年六月	

电报

珲春电报，于光绪十一年十一月北洋大臣李鸿章会同吉林将军希元奏言：吉林珲春地方逼近俄疆，距省较远，驿递分报，动辄经旬，设遇边情紧急，即恐贻误事机。现在津、沪电线，已由营口设至奉天，如再由奉天迄东设至吉林省城，直达珲春，非特边务文报无虞梗塞，即南北消息亦较便捷，等情，诏可。于是在珲春设局，犹之分局（不名分局，以有司事无委员，盖限经费故也）。十九年，总理衙门议准，吉林与俄接线，以通洋报[①]。七月，珲春之线遂与俄国那和期司克地方相接，通达国外消息。又珲春迄北，经蜜江、穆克德和、大坎子、哈顺、瑚珠岭，萨奇库、老松岭、玛勒瑚理、新官地等各地，凡六百余里，以达宁古塔。西北经凉水泉子、大高丽岭、嘎呀河、小盘岭、依兰沟、延吉北岭，凡二百四十里至延吉，均设电线，通达国内消息。兹者，珲邑电报局原为二等局，设局长、文牍、会计、书记、领班、电报生、收发、巡线员、工头、工丁、巡丁等职。嗣以收款减少不敷局员开支，将各科员役实行裁减，以局长一人兼任各项职务，报务生一人，司事一人，巡线工丁三人。于民国十二年添设长途电话，通延吉、汪清、小三岔口（属延吉县）三处。又驻珲日本领事，于领事馆内设有日本电报电话（于民国九年十月设立），通达日本及朝鲜各地消息（日本官吏自由）。兹将我国电报及电话收费价目列左：

（甲）电报收费价目

（一）凡本省往来华文电报，每字收洋六分。

（二）凡隔省往来华电报，不论远近，每字收洋一角二分。

（三）华文密码及洋文电报，加半收费。

（四）一等官报，不论明密，减半收费。

（五）新闻电报，不论本省、隔省，华文每字收洋三分，洋文每字收洋六分。

附注　译费五厘。

（乙）长途电话收费价目

（一）由珲春至延吉，五分钟收费一元，通告费一角。

（二）由珲春至汪清，五分钟收费一元，通告费一角。

（三）由珲春至小三岔口，五分钟收费一元四角，通告费一角。

---

① 外国电报。

珲春电报局局长表

姓名	次章	籍贯	资格	任职年月	附记
梅颐	筱峰	江苏	监生		
毛国光	少卿	江苏	交通学校毕业	民国二年	
胡瑞栋	元伯	江苏吴县		民国四年六月	
李福官		江苏		民国七年	
赵夷衡		浙江		民国七年	
徐寿彭	商贤	江苏上海	交通高等学校毕业	民国八年十一月	
杨希震	寿天			民国十六年	

电话

珲邑电话分为三：一曰延珲长途电话，二曰珲春军用电话，三曰珲春市政电话。兹分述于下：

（一）延珲长途电话

延珲长途电话，于民国十年秋，经延吉镇守使吉兴道尹陶彬，以珲春地方关系紧要，电请吉林（督军、省长）准借延珲电报杆线安设，俾灵通消息而利事机。并经珲春县知事王焕彤及驻珲陆军团长杨金声购买话机三具，添设电线杆，安设于团部、县署及珲春电报局内，随时由电局挂线通话，并不收费，颇称便利。于民国十二年八月一日，珲春电局奉电政监电饬，延珲第二线改为卖长途电话每次收电话费大洋一元，通告费一角，与商民一律缴纳，并将原购通话匣机送还云。

（二）珲春军用电话

珲春地处边陲，幅员辽阔，东南与俄境毗连，北则接近东宁、汪清两县，西南通俄罗斯及韩。县境军警团队防区距离窎远，一旦有事，消息难通。经驻珲春东三省陆军第二十九团团长杨金声、朱榕，署理珲春县知事王焕彤、朱约之等先后请准，以军费由县城东至春化乡中俄分界之分水岭，长二百七十三里，安设电话机八具。南至纯义乡中俄分界之长岭子，长三十里，设置电话机二具。又南至敬信乡阳关坪，长一百三十里，安设电话机四具。西至兴仁乡西沙坨子，长二十五里，安设电话机一具。又西北经英安河至德惠乡之蜜江，长六十里，借用电杆挂线，安设电话三具，由地方学团滞纳处分费开支。统于民国十四年五月修竣。至县城四门电话，于民国十三年十一月安设。共需费官帖钱六万六千五百零七吊，由县城各商号住户劝募之也。

附录　防俄乡团临时军用电话

珲春县农会会长兼乡团办事处总董何廉惠呈称：查本年奉令防俄，于崇礼、纯义、勇智、兴仁四乡设有临时乡团，于清乡及报告边界防俄紧急事件，步行奔走，恐不无缓不济急，贻误事机。滋经会同各乡乡长及各乡乡团职员一再筹议，崇礼、纯义两乡界接俄疆，兴仁乡西邻日界，勇智乡北接山林，一切事件之报告，似应设电话以声灵通之数。现值防俄紧急之时，报告军事，关系重要。拟为筹集经费，安设四乡电话。就原有之电杆挂线，其无电杆之地，则建设新杆。希请转商管理四乡电杆官署，如允许时，即为积极筹设等情。呈奉县政府指令：借杆挂线，已与陆军团部接洽认可，仰即速为安设，以利事机，等因。即经购集电杆、电线、话机等项材料，委派农会副会长郎恩玉查勘路线，饬派乡团教练魁升监修，督率团丁技手于十八年十一月开工建设。由县城向西北起，至兴仁乡十五里八连城屯。又由县城向西南起，至纯义乡十五里罕德河子屯。又由县城向东南起，至崇礼乡十五里马川子屯。又由县城向东北起，至勇智乡十五里桦树底下屯。共于四乡安设电机四具，于县城农会及乡团办事处各安电机一具。所需电话材料建设费日洋八百七十一元四角四分，开具清单及票据，呈报县政府查核备案。二十年一月，县政府训令县农会文开：查该会十八年建设四乡电话费另行筹设，所有原建电话机、杆线，仰即呈交本府，转交各自治区应用。

（三）珲春市政电话

珲春县城内外，为中外人营业区域。商业上之交通机关，关系重要。民国十三年十二月间，经绅商何廉惠、孙东生、陆铭桥、何祥成、刘玉、杨铭坤、奎廉、关石玉、王纯仁、徐宗伟等联名呈请，拟招股现洋一万元，于县城内外敷设市政电话。已经吉林省长公署批令：查照电气事业取缔条列第三、第四、第五、第六各条，及私设电话规则第三条规定，备具各项图书等件呈县，报由实业厅核转察夺。此令，等因。所有安设电话事业，已经孔宪琳筹设完竣。定名为珲春利通电话公司。

朱约之、崔龙藩监修，何廉惠、梅文昭、魏声和总撰：《珲春县志》，安龙祯等整理：《珲春史志》，长春：吉林文史出版社，1990年，第470—522页。

《大中华吉林省地理志》第十四篇《人民》

交通用器具

车　有三种大车用以运货，轿车可载旅客，推车多使用于高粱地。

船　民船昔用船厂所制，水师营多福建人，以收驾轻就熟之效。

檷　中国式者长七八尺，宽二尺半，辕杆长一丈五六，驾马一匹，可载七八百斤。

驮子　驮兽多用骡，亦可用驴马，平均每百斤日须一元五角，故惟山地始用之。

扒犁　行冰上，利用狗，使犬部落所用。

林传甲：《大中华吉林省地理志》，李澍田主编：《长白丛书》（五集），长春：吉林文史出版社，1993 年，第 352 页。

《大中华吉林省地理志》第百零六章《邮政》

吉林邮政，当日俄交战以前，重要城市，皆设俄邮，战后次第收回，而铁路沿线，尚未尽撤。自俄国分裂，东路收回，滨江道尹兼哈尔滨交涉员董道尹，奉交通部令布告：从民国十年始，中东路沿线与万国邮政连络，无设立俄国邮局之必要，该局应即全行撤回。此吾国获助于万国邮务会议之成绩，通过于国际联盟。吉林原有台站，驰递公文；民国以来，早经裁撤，改设邮政。凡各县城必有邮局，至僻者亦有代办所，省城之总局则在河南街云。

吉林人民对于邮政之状况

邮票　各县现大洋缺乏，且不通行，用官帖折合现大洋，实有余利，时常抬价。邮员利于收官帖，不利收国币，不肯找零。

时间　外县邮局营业时间，开门比商家迟，休息比商家早，商人甚感不便。

手续　邮局兑款，及取包裹，手续颇繁，乡人久待，再三乞呼，以为洋派。

送信　住址虽迁，必访明转送，不致遗漏。

吉林邮政局之分等

一等　吉林、长春、哈尔滨。

二等　延吉、依兰、各大县多立二等局

二等　六道沟、一面坡、石头城子、张家湾、官街，皆冲要巨镇。

三等　德惠、双阳、桦川、檬江，各中县不当冲要，则设三等局。下九台、陶赖昭、佳木斯，凡要镇地方发达，亦设三等局。

代办所　乌拉街、天宝山、新甸，凡街市、矿场、码头必设之，余为乡柜。

吉林通行之邮

北路　由乌拉、榆树、阿城、滨县，至江省木兰。

东北　乌吉密、同宾、方正，至通河。

南路　由官街至濛江。

西南　由双阳、伊通、赫尔苏，入奉天境。

东路　由额穆、敦化至延吉。分珲春、汪清、和龙三支。汪清北通宁安、海林。

西路　由陶赖昭分路至扶余。张家湾分路至农安。石头城子至长春岭。

林传甲：《大中华吉林省地理志》，李澍田主编：《长白丛书》（五集），长春：吉林文史出版社，1993 年，第 407—408 页。

《大中华吉林省地理志》第百零七章《电报及电话》

吉林电报，自清光绪十一年十一月，北洋大臣李鸿章会同将军希元奏设吉林电线，以通边防消息，于是设电报局于省城。而珲春、宁古塔、伯都讷，亦各有所设，犹之分局而不名分局，以有司事无委员，盖限于经费也。民国以来，直隶于交通部，各设局长，而总于电政监督。至于中东铁路沿线，而有俄人电局，今已收回，惟中日协定军事之后，日人在延吉设电线，如珲春至庆源，六道沟至局子街，六道沟至头道沟各线，当协定取销后，久未取销，尚烦交涉。长途电话，省城、长春、农安、长岭已设之。

干线

名曰北京东三省线，由京奉沿线来至长春。

由长春东经伊通至吉林省城。北经榆树、双城至滨江。北经呼兰、龙江至瑷珲。

支线

共分三线，今增一线。

由吉林东通宁安、珲春、延吉，此路由省至宁，由宁至珲，分路至延，与吉会路迥异。

由滨江东通依兰、同江，沿江设局尚多。今沿铁路线已收回。

由榆树西通扶余及黑龙江之大赉、肇州。

电报局

原章多用旧名，今仍之。

阿什河、宽城子、方正、富克锦、伯都讷、珲春、三姓、伊通、佳木斯、郭尔罗斯、拉哈苏苏、宁古塔、农安、额木索、磐石、宾州、哈尔滨、双城、小城子、新甸、德墨利、延吉、榆树、桦川、长岭、双阳、伏龙泉、万里河洞、一面坡、横道河子、海林、穆棱县、绥芬河、掖河、下九台、汪清。

电报章程各局未分干路支路，亦未分等第，就原文录之。其应注意各地如下：

新甸　宾县近江对岸木兰县，由此转电。

德墨利　方正对岸通河县，转电。

佳木斯　桦川对岸汤原县，由此转电。

吉省电话局

省城电话局，号数不多，通话颇捷，官署机关用者多，商户惟大商有之，绅户甚少。长春则须中日两机并设。滨江则华俄两机并设，商家乃便也。

吉省电灯局

省城电灯光度十倍于北京、南昌，但常添灯头，不加电力，应防患于未然。长春灯，中日亦分两局。滨江则昔在俄，今收回。延吉亦自办。

林传甲：《大中华吉林省地理志》，李澍田：《长白丛书》（五集），长春：吉林文史出版社，1993 年，第 409—410 页。

三、人口

《长春县志》卷三《食货志·户口》

清嘉庆五年，议准查出郭尔罗斯地方流寓内地民人二千三百三十户，均系节年租地垦种，难以驱逐，应划清地界。自本旗游牧之东穆什河，西至巴延吉鲁克山二百三十里。自吉林伊通边门，北至吉佳窝铺一百八十里，定为规制，不准再有民人增居。每年令吉林将军造具户口花名细册，送部备查。仍设立通判、巡检各一员弹压，专理词讼（《会典事例》二百三十四）。

嘉庆五年设厅，至十六年编定民户一万一千七百八十一，丁口六万一千七百五十五。

道光二年编定民户，除迁出户一千一百八十七，丁口一万零五百三十四，加新增户一百八十二，丁口六百五十七，实在户一万零七百七十六，丁口五万一千八百七十八。十六年新增民户四千四百九十四，编定一万五千二百七十，新增丁口一万二千二百九十，编定六万四千一百六十八。

光绪七年至九年，新增民户八千七百零五，编定二万三千九百七十五，新增丁口二万七千九百五十二，编定九万二千一百三十五（《吉林通志》二十八）。

长春设治之初，丁口不满七千，百余年来，生息休养，几增至六十万。以嘉庆十六年编定六万一千七百五十五丁口之数比例，以求民户激增之速，乃至六十倍矣。劳本蕃衍，于斯为盛。兹将近年调查城乡男女户口及外侨寄居各数目，分晰列举，备考览焉。

城一区：正户二千五百零二，副户二千九百三十六，男丁一万七千四百六十六，女口九千一百零九。

城二区：正户一千七百五十七，副户二千三百三十八，男丁一万零四十七，女口七千三百九十九。

城三区：正户一千二百四十八，副户二千三百九十九，男丁八千二百零七，女口五千七百零二。

城四区：正户一千零一十五，副户一千一百四十一，男丁九千四百八十，女口三千七百三十二。

城五区：正户一千零十五，副户二千一百零二，男丁一万零二百一十七，女口六千三百八十八。

按：城内五区：正副户统计一万七千五百四十五，男女丁口统计八万七千七百四十七。

城区及商埠地：日本侨民七十八户，二百九十四人。

宽城子站：俄国侨民三百二十二户，七百六十三人，日本侨民十一户十八人。

按：民国十一年三月末，调查头道沟铁路用地内，中国人户口一万四千五百二十一，日本人户口八千零零七，外国人户口二百五十。统计头道沟中外人户口二万二千七百七十八。

乡一区：正户五千三百一十，副户八千一百一十，男丁五万七千一百零七，女口四万七千八百八十九，合计十万零四千九百九十六。

乡二区：正户五千九百九十二，副户七千三百三十二，男丁五万七千七百八十九，女口五万二千零八十八，合计十万零九千八百七十七。

乡三区：正户四千三百九十七，副户六千七百四十一，男丁四万二千七百一十五，女口三万八千六百六十九，合计八万一千三百八十四。

乡四区：正户三千六百五十九，副户五千三百八十，男丁四万三千三百九十三，女口三万六千四百零三，合计七万九千七百九十六。

乡五区：正户五千六百九十一，副户六千七百八十五，男丁四万九千三百零三，女口四万四千六百七十四，合计九万三千九百七十八。

按：长春县乡五区正副户五万九千三百九十七，男丁二十五万零三百零八，女口二十一万九千七百二十三，统计四十七万零零三十一。

张书翰，马仲援修；赵述云，金毓黻纂；杨洪友校注：《长春县志》，长春：长春出版社，2018年，第104—106页。

《打牲乌拉地方乡土志》

户口

乌拉所属地面，除在省旗人丁，并拨归协署户口以及社甲民牌数目不计外，仅按总管衙门采珠、捕鱼八旗册内，现今生齿男、妇、子、女四万余人。

金恩晖、梁志忠编：《打牲乌拉地方乡土志》，长白山文库系列丛书：《打牲乌拉志典全书·打牲乌拉地方乡土志》，长春：吉林文史出版社，2022年，第128页。

《民国安图县志》卷四《人事志》

民族

安图古属边荒，向无居人。自设治后，人烟始聚，全境之民只有三族。先由内地拨来者皆旗籍，继由直鲁迁居者皆民籍，而回民亦有流寓者。今则草莱已辟，田野亦治，内省之人民亦纷至沓来，将日见不鲜焉。兹将全县各族之多寡比较于左：

汉族占民族十分之九。

满族占民族百分之一。

回族占民族千分之一。

韩侨占民族十分之二。

户口

古圣王之治天下，编户口于版籍，登民数于天府，所以重民数而保邦本也。安图开辟未久，居民寥落，详查全县汉人最多，旗籍次之，韩侨又次之，惟回民最少，四境之内仅七家焉。兹将全县户口数目分别列表于左①：

安图县全境户口表（民国十七年份调查）				
区别	户口	男丁	女丁	备考
第一区	二四一六	七五三六	四三八三	
第二区	一八三四	六〇六五	三四七五	
第三区	四四六	七四八	四四三	
合计	四六九六	一四三四九	八三〇一	
统计全境男女共二万二千六百五十丁口				

回民户口表（民国十七年份调查表）			
户数	男丁	女口	备考
七〇	十二〇	八	

马空群、陈国钧等修，孔广泉、臧文源纂：《民国安图县志》，凤凰出版社选编：《中国地方志集成·吉林府县志辑④》，南京：凤凰出版社，2006 年，第 264—265 页。

《光绪通化县乡土志·人类》

境内除旗人、汉人而外，有回人九十五户，居城者七十八户，居乡者十七户，开设饭肆，贩卖牲畜，多以宰牛为业，不好买而好偷，居民深愿禁宰。又有朝鲜人二百三十九户，四乡散处均务农，好钓好酒。本境之风俗，勿论旗汉，性多质朴，今始渐知读书。

（清）佚名编：《光绪通化县乡土志》，凤凰出版社选编：《中国地方志集成·吉林府县志辑⑤》，南京：凤凰出版社，2006 年，第 9 页。

《民国临江县志》卷四《政治志》

户口小引

建国设治民为邦本，故版籍所载，乃掌邦治者惟一之要义也。隔江僻处，东偏土著最稀设治，而后山左流寓之氓来垦殖，比年丁口增至十二万矣，劳来蕃殖于斯为盛！兹将全境本国暨外侨之户口，统计表列于左②：

---

① 根据《民国安图县志》卷四表格内容按照现代文的习惯进行修改。

② 根据《民国临江县志》卷四表格内容按照现代文的习惯进行修改。

类别		事别 \ 区别	一区	二区	三区	四区	五区	六区	七区	八区	总记	备考
本国户口		户数	三五一二	三一二〇	二六七九	七四六	三〇〇八	二三四一	一八〇二	二〇九六	一九三〇四	声明查一区在县城内系商号四百九十八户,男三千三百八十二丁,女四百六十九口;民户三千零十四户,男九千零八十五丁,女六千四百零三口。共计三千五百十二户,男一万二千四百六十七丁,女六千八百七十二口。其他外区系农户多、商户少。
		男	一二四六七	一一三二五	九一八三	二四〇三	八四八七	一〇〇五二	七〇五〇	七七〇八	六八六七五	
		女	六八七二	五九九七	五五四二	一七九九	六〇八七	八九〇八	四四六二	四一二四	四三七九一	
		计	一九三三九	一七三二二	一四七二五	四二〇二	一四五七四	一八九六〇	一一五一二	一一八三二	一一二四六六	
外侨户口	日本	户数	三七								三七	
		男	五九								五九	
		女	二二								二二	
		计	八一								八一	
	朝鲜	户数	六四	六五	二二八	五一	三	一四	八		四三三	
		男	一五〇	二〇五	六二四	一六二	二〇	四七	三三		一二四一	
		女	九七	五四	四三〇	一〇九	四	二七	九		七三〇	
		计	二四七	二五九	一〇五四	二七一	二四	七四	四二		一九七一	
	美国	户数	一								一	
		男	一								一	
		女										
		计	一								一	
	丹国	户数	一								一	
		男	一								一	
		女										
		计	一								一	

邱在官、罗宝书纂，张之言、刘维清修：《民国临江县志》，凤凰出版社选编：《中国地方志集成·吉林府县志辑⑤》，南京：凤凰出版社，2006年，第181页。

《光绪辑安县乡土志·人类》

辑安界邻朝鲜，旗汉户口而外韩民为多，惟内地民族旗混于汉，汉少于旗，至外来隶籍者，尤以山东人为多，方俗各异，好嫁女，多不择婿，惟重聘是与最为风俗之敝。然行不赍粮而鸡黍之谊，自笃朴厚之风有足多者。

韩民私渡越垦，落户居住由来已久。开边以来，或携资本佃种纳租，或只身与人佣工赖力作以糊口，尚无私行占垦偷种者，现有户一千六百八十五口五千五百六十，散居各保，无聚居村落。其风俗朴勤，不事积蓄，性嗜犬，尤耽曲蘖。

吴光国修，于会清纂编：《光绪辑安县乡土志》，凤凰出版社选编：《中国地方志集成·吉林府县志辑①》，南京：凤凰出版社，2006年，第284页。

《光绪奉化县志》卷三《地理》

户口

光绪四年初设县治，编查保甲，合境九社，共计一万六千八百五十八户，大小男丁妇女一十六万零六百一十四名口，至十年分，现在编查，共计一万六千九百一十二户，大小男丁妇女一十六万一千九百六十三名口，新增户五十有四，丁一千三百四十九。

案：奉邑村屯四百七十有奇，而民数仅此，大抵散处，畸零三五家辄成村落，以故马贼随处弋食如入无人之境，其村镇较大者，富户每家自为备，亦鲜守望，保助之方不任其取携，即强劫杀掠。而东则吉林隔省，西与北皆蒙界穷荒，是揖贼于此扰窜皆便，此盗源之所以不靖也。忧民之忧者，其令官绅亟思所变计哉。

论曰：古者献民籍于王，王拜受之，藏于天府，意极贵、典至隆也。况下焉者乎？且今之官斯土者，专事收民，鲜簿书钱谷之劳，有镇抚保卫之责，于此而不加之意，又奚以言尽职耶，尤可恻者。当开荒招垦之日率皆鸠形鹄面[①]之人，今虽小有富康而边徼穷荒，此身如寄，故乡犹识来去无常，愿心乎民者

① 形容人因饥饿而身体瘦削、面容憔悴。

仍作一幅流民图观焉。其可也。

钱开震编：《光绪奉化县志》，凤凰出版选编：《中国地方志集成·吉林府县志辑⑨》，南京：凤凰出版社，2006年，第62—63页。

《民国梨树县志》丁编人事卷一《人事》

人事

时代虽异，民风之沿袭不能遽更，是以輶轩所采用以验人心而觇风俗，美者书之，恶者亦书之，劝诫并行，其意深矣。今虽政体既变，不得援古以例今，然其中未尝无美者存焉。细大不捐，以待有识者自择焉，尔志人事。

人类

种族

考本邑土地历史悠远，有时为肃慎故土，有时为高丽旧居。辽金元三代皆相继统治此地。讫至有清龙兴，漠南内蒙古接壤满洲，臣服最先，首科尔沁，继平插汉，于是诸部先后来庭。内蒙古分盟者六，哲里穆为东四盟之一，科尔沁又为哲里穆四部之一，本邑则今科尔沁达尔罕王分藩地也。自蒙王招垦以来，腹地人民纷然麕集，辟地日广，聚族益众，其生活已变游牧而为耕稼，懋迁有无，市场以立，改编郡县官治以施。若西域回民，亦由转徙而来，居留于此。历百余年而有今日之现象，故境内住民分为三种，曰：汉、蒙、回。

甲·汉族

自内地流民出边之禁弛，直、鲁、辽海之汉人源源而来。盖以草莱初辟，谋生较易故也。去今百年，服习既久，安若故乡。最近调查全境住民，汉人占十分之九五，均以农业为基本生活。继续居住五十年以上者，凡七百余户。

乙·蒙族

蒙王招垦原为蒙族宽筹生计。本邑地面或划为王公余支食采之田，或拨为福晋公主香奁之地，下至平民，亦酌留屯界，用资耕牧。杂居既久，汉人勤苦而蒙人游惰，贫富悬殊。于是蒙人逐渐北迁，所留牧场屯界亦佃于汉人耕作。自处于食租地位，现在仅第八区毛扣、大明等村为蒙古旧有，三里界、七里界之区，住居蒙民十九户，男女一百二十五名口，生产习惯已同化于汉人矣。

包文俊修，李溶纂，曲廉本续修，范大全续纂：《民国梨树县志》，凤凰出版社选编：《中国地方志集成·吉林府县志辑⑨》，南京：凤凰出版社，2006

年，第443页。

《珲春琐记》

妇女甚少，民多鳏居，间有五六十岁而得少女为妻者，颇以为荣。

李东赫点校：《珲春锁记》，王锡祺：《小方壶斋舆地丛钞》（第三帙），安龙祯等整理：《珲春史志》，长春：吉林文史出版社，1990年，第764页。

第三章　物产资源史料汇编

一、动物

《长春县志》卷之三《食货志》

禽属

燕　即元鸟，有越燕、胡燕二种。俗以紫颔、善构巢者为巧燕；尾如剪刀曰剪燕，以其栖于梁间，故又名家燕，亦名紫燕；不善筑巢者曰拙燕，又名青燕。又一种大者曰麻燕。凡燕春来秋去，皆以社日，故曰社燕。逐捕昆虫为食，减除田间灾害，诚益鸟也。

隼　即鹯类①，小者为鹞，有花豹、白豹、细胸、松儿、朵儿、拦虎兽诸名。（《盛京通志》）

鹯　负雀，鹞也。（《尔雅·释鸟》）女真，禽有鹰鹯。（《契丹志》二十六）

雉　黑水靺鞨俗插雉尾为冠饰。（《唐书》二百十九》）雉，俗呼为野鸡。（《盛京通志》）野鸡最肥，油厚寸许。辽东野鸡颇有名，出猎秋间，号打野鸡围。（《柳边纪略》）

鸢　俗呼鹞鹰，不善博击，贪于攫肉。（《盛京通志》）

沙鸡　似雉而小，足有毛，《尔雅》谓之鵽鸠，俗呼沙半斤（《盛京通志》），亦名树鸡。多出林中，不在沙漠之内。

野鸭　有绿头、黄足等名。蒲鸭大于野鸭，黄色。

乌鸦　土名老瓜，能返哺以报所生，孝鸟也。有纯黑者，有白颈黑身略小者。集群成阵，遮蔽天日。

① 鹯类是一种隼形目鹰科的鸟类，也被称为兀鹰，它们具有黄土色的羽毛，嘴呈黄色，体型略小于鹰。

白鹊　金时咸州贡白鹊。（《金史·王行志》）

鹰　亦名鹞，嘴弯钩尖，爪锐，力猛，故又名鸷鸟。

黄肚雀　俗名黄肚囊。有大小二种，小者长嘴短尾，大者尾根白。

鹳　水鸟，有黑白二种，其翎可为箭翎。（《盛京通志》）

白翎雀　青黄色，翎白。穷冬恒寒，不易其处，元人重之，故元世祖乐有《白翎雀歌》。（《盛京通志》）

大眼雀　睛大而圆，身青灰色。

鹌鹑　性好斗，惟青蛙花者不斗。

白眼雀　目有白圈，长嘴白尾。

靛雀　色如蓝靛，头青颈白。

百灵鸟　鸣声清亮，善学各鸟语，人多以笼之。

蜡嘴　即桑扈之属，喙有黄蜡，畜之可玩。（《盛京通志》）

红料　身色红，善鸣。有花者谓之花料，又谓之麻红料。

千里红　顶有红毛，喜食苏子，俗呼苏雀，又曰老羌雀。出于俄罗斯地，雪后即来，网而取之，炙食极美。（《柳边纪略》）

鸬鹚　形似乌鸦。

张书翰，马仲援修；赵述云，金毓黻纂；杨洪友校注：《长春县志》，长春：长春出版社，2018 年，第 110—111 页。

《长春县志》卷之三《食货志》

兽属

马　夫余国出名马。肃慎氏有马不乘，但以为财产而已。（《晋书》九十九）唐开元十八年，渤海靺鞨献马三十匹。（《册府元龟》）辽统和四年，讨女直，获马二十余万匹。彼时女直等诸部设有官马群，驻牧各处，马极蕃庶。索伦马则身长体健，毛短而泽。其他皆自山海关西及朝鲜来。高丽马大与驴等，能负重致远，不善驰骋，故价不甚昂。关西马皆产于蒙古，价倍高丽。或遇窝稽人，非十五六貂不能易一马也。（《柳边纪略》）

牛　女直以牛驮物。辽开泰六年，东京留守巴格奏：领兵入女直界，俘获牛马豕羊不可胜数。又东女直，其人无定居，行以牛负物，遇雨则张革为屋。（《契丹志》二十五）牛黄，唐天宝七载，黑水靺鞨献牛黄，女直产牛黄。（《明

一统志》）

羊 女直等部落，多产羊。（《北盟会编》）

犬 女直地多良犬。田犬极健，力能制虎，最难得。又蕃犬可供驱策，故元代时有犬站以代马。今费雅哈、赫哲各部落，尚役犬以供负载。（《盛京通志》）猎犬不畏虎，随吠其后，或啮其尾。虎伏草间，犬必围绕跳嗥，人即知虎所在。虎怒逐犬，出平陆，人乃得施弓矢殪之。又有捕貂之犬，嗅其踪迹所在，守而不去，伺貂出啮之。（《扈从日录》）

豕 夫余好养豕，食其肉，衣其皮。黑水靺鞨畜多猪。女直兽多白彘。金，会宁府贡猪。（《金史》二十四）

野猪 女直国，兽多野猪。今山中有之，大如牛，形如彘，耳稍小，上下牙如钢钩，猛如虎兕。

驴 土人负重，恒以驴代脚力。昔时驴亦多，近今凡推磨者皆用之，然偶病皆不治。（《柳边纪略》）

马鹿 形大如马，山中极多，亦曰浮鹿，一名八叉鹿，岁取其角入官。（《盛京通志》）

虎 濊祠虎以为神（见《后汉书》）。勿吉，有虎、豹、罴、狼。（见《魏书》）今深山中有之，间有白质黑章，尤猛挚。虎骨熬为膏，入药。（《盛京通志》）

文豹 〔涉〕多文豹（《后汉书》），似虎而小，白面团头，色苍[①]者曰白豹，黑者为黑豹，文圆者曰金钱豹，最贵重。文尖长者曰艾叶豹。（《盛京通志》）

熊 小者为熊，大者为罴，紫黑色。今山中熊类不一，有猪熊、猴熊诸名。性极猛，力能拔树掷人。熊矫捷，而罴憨猛，皆兽之绝有力者。罴重千余斤，熊亦及半。熊罴皆冬令蛰居不食。熊小，或居木孔；罴大，则居穴也。石熊全身乌黑，狰狞可畏，长喙巨牙，前掌如人手，后掌如人足，重七八百斤。松花江两岸，旧为费雅喀部所居，喜弄熊，呼曰马发，多以重价购养，聚邻里亲朋射杀为欢。有马熊、狗熊二种，射毙而后聚食之。先食熊头于野，谓敬长

---

① 1941年版《长春县志》为“查”字，杨洪友校注版《长春县志》为“苍”，依据最新版本进行修改。

老也，余则聚食于家，婢、女惟食熊髀，身不净者远之。（《西伯利亚东偏纪要》）熊蹯，东方佳品，官厨以为贵。（《扈从东巡日录》）

罴 靺鞨太白山有熊罴，女直产罴皮。熊，各处皆有，罴惟吉林、盛京始有，他处所无。

狍 獐类，色苍赤，形比内地所产稍大，肉味微腥，（《盛京通志》）其皮可蔽潮湿。（《采访册》）

豺 足似狗，瘦如柴，性猛，善逐兽。

狼 性阴险，喜食肉。皮毛青白者为佳，可为坐褥。

獾 似狗而短，体肥行迟，皮宜裀褥。又形如狗，喙如豕，足皆五爪，毛深厚，其油能治火伤。（《东华纪要》）

狐 女直产狐狸，有黑、白、黄三种。又火狐，色赤而大，夜击之火星迸出，毛极温暖，集腋为裘，尤贵重。元狐出下江，大于火狐，色黑毛暖，最贵。又青狐，名倭刀。（《盛京通志》）乌稽出元狐、黄狐。元狐全黑者，不可多得，一岁不过数张。（《宁古塔纪略》）

貂鼠 挹娄出好貂。（《后汉书》）夫余出貂狖，又出善马、貂豹。肃慎贡貂皮。（《晋书》九十九）勿吉以鼠尸捕貂，貂食其肉，多得之。（见《魏书》）黑水靺鞨多貂鼠。貂以紫黑色为贵，青色为次。貂鼠，女直有之，大如獭，尾粗，毛深寸许。冬月服之，得风更暖，着水不濡，落雪即消，亦奇物也。

鼪鼠 一名鼬，又名黄鼠狼，其尾可以制笔。

黄鼠 形如鼠而大，穴居，食谷粱。头似鼠，尾有毛，黄黑色。乌稽出黄鼠，食之最佳。（《宁古塔纪略》）

鼢鼠 即田鼠，形似鼠而大，常穿地以行。（《盛京通志》）

松鼠 苍黑色，尾大，好食果蔬。小者不过三寸，通身豹文。(同上)

猬 似鼠，有毛刺，足短尾长，犯之则缩，毛张如集矢，俗呼刺猬。皮入药。(同上)

白兔 渤海所贵者，太白山之兔。黑水靺鞨地多白兔，唐开元、天宝间贡献白兔皮。又，开元七年，靺鞨献白兔猫皮。（《册府元龟》）

跳兔 大如鼠，其头、目、毛色则兔，爪、足则鼠。尾长，其端有毛，或黑或白。前足短，后足长则跳跃。性最狡滑，猎犬不能获之，疑即《诗》所谓跃跃毚兔者也。前足寸许，后足近尺，今山中多有之。（《盛京通志》）

张书翰，马仲援修；赵述云，金毓黻纂；杨洪友校注：《长春县志》，长春：长春出版社，2018年，第111—114页。

《长春县志》卷之三《食货志》

虫属

蚕 濊知养蚕，作锦布。（《后汉书》）濊有麻布，蚕桑作棉。（见《魏书》）高句丽民皆衣布帛，土田薄瘠，蚕桑不足以自供。（同上）辽地多寒，畜之者犹少。（《盛京通志》）

蜜蜂 出吉林诸山中。宁吉塔不知养蜜蜂，有采松子者或樵者，于枯树中得蜂窝无数，汉人教以煎熬之法，始成蜜。又蜂蜜，贵家购之以佐食。吉林有白蜂蜜、脾蜜、尖生蜂蜜。

蜾蠃 亦名土蜂，纯雄无雌，其子即螟蛉。（《盛京通志》）

蟋蟀 一名促织。秋后则鸣，穴于灶者曰灶鸡。（《盛京通志》）

蟪蛄 《广雅》谓之蟟蛁，今俗名聒聒。

螳螂 俗名刀郎，乳子作房著树枝上，即螵蛸，入药。

蜣螂 俗呼矢壳郎，好转粪为丸。

蛾 蚕蛾而外，凡草木虫，以蛹化为蛾者甚多。

蝴蝶 山中蝴蝶如掌大，彩色斑烂，子即山蚕也。

萤蠸、蜻蜓 所在多有，近于水边者最多。又蚰蜒、蜈蚣、水蛭、蜉蝣等类，山原草泽皆有。

壁钱 似蜘蛛而背有斑，在壁上作幕如钱。

蟾蜍 背黑无点，多痱瘤，俗呼癞蛤蟆。又，山蛤蟆多伏岩中，似蛤蟆而大腹，俗呼哈什蟆，其油可食。

蜗牛 头有两角，涎划至屋壁；又，土蜗，俗呼鼻涕虫。

蚊虻 攒啮人马，马畏之不前，用焚青草聚烟以驱之。

蜘蛛 背黑色，大如钱，小者名蟢子，天晴织网于树中，昏夜择中居之。

蜂 有马蜂、黑蜂等名，飞鸣嘤嘤，其尾有毒，人多避之。

蚁 穴居地中，亦名螘子，有黄、白、黑各种。

蚂蜡 形似蟪蛄，身绿，两足，生于草野间。

张书翰、马仲援修，赵述云、金毓黻纂，杨洪友校注：《长春县志》，长春：长春出版社，2018年，第115—116页。

《民国农安县志》卷二《物产》

动物

禽之属

鸡、鸭、鹅、野鸡、沙鸡、鸟、喜鹊、白鸽、鹅鹉[①]、莺、燕。

兽之属

马、骡、驴、牛、羊、豕、狼、狍、兔、黄羊子、狐、鼬。

按十六年五月调查表：全境骡马四万八千六百一十三匹，牛六千九百七十头。

郑士纯修，朱衣点纂：《民国农安县志》，凤凰出版社选编：《中国地方志集成·吉林府县志辑②》，南京：凤凰出版社，2006年，第53页。

《民国辉南风土调查录》第十二章《物产》

第一节　动物

鸟类

山鸡，即雉，此物山岗平原随地皆有。雄者体色蓝红，长尺余。雌者多为土黄色，亦有灰色者稍小于雄。

王瑞之编：《民国辉南风土调查录》，凤凰出版社选编：《中国地方志集成·吉林府县志辑④》，南京：凤凰出版社，2006年，第42页。

《光绪通化县乡土志·物产》

虎

豹　毛色成文圆形者曰金钱豹，最贵重，兴长者曰艾叶豹。

熊罴　小者曰熊，大者曰罴。其类不一，有猪熊、狗熊之别。

鹿

野猪

麅　俗名狍子

---

① 鹰的一种。

牛

马

驴

蠃

羊

豕

猫

佚名编：《光绪通化县乡土志》，凤凰出版社选编：《中国地方志集成·吉林府县志辑⑤》，南京：凤凰出版社，2006年，第72页。

《光绪辑安县乡土志·物产》

天下之土质不一，四方之物产各殊，大司徒以土会之法辨五地之物，生而有山林、川泽、坟衍、原隰、邱陵之别，山师则掌山林之名而辨其物。辑安，地属山林，固动物宜毛，植物宜阜者。然鱼贡细鳞，则物兼川泽；禽有翟雉，则物兼邱陵。介有鳖丛有芦，则物且兼坟衍原隰。夫以蕃鸟兽以毓草木在地利，尤在人工，果人工修而地利尽，物产日见繁富矣。今分天然产，制造产，列表于左。

动物　动物制造

禽之属

鸡

雉

鹅

鸭

吴光国修，于会清纂编：《光绪辑安县乡土志》，凤凰出版社选编：《中国地方志集成·吉林府县志辑⑦》，南京：凤凰出版社，2006年，第318页。

《民国梨树县志·志略》

改良猪鸡之提倡。巴克夏猪种，生长迅速，体质肥盈，各区农民购买此项猪种者，已有多户。康德元年七月调查确数，通令各村长晓喻各户，务使三传变为纯种，廉价出售，以资推广。列古红鸡为产卵佳种，农民购买殊非易办，苗圃已具试养计划，向大连鸡场购备雏鸡五十羽先行试养，获有适宜成绩，即向农村分发。

石绍廉编：《民国梨树县志》，凤凰出版社选编：《中国地方志集成·吉林府县志辑⑨》，南京：凤凰出版社，2006 年，第 552 页。

《大中华吉林省地理志》第四十二章《动物》

吉林动物标本，皆剥制，摄影成书，大火以后尽毁。然多寻常物，若特产鸟，当推海东青，身高三尺，其喙如铁钩，飞翔极高，能擒天鹅、捕兔，尤以纯白者为上。其次则为雕，称禽中之虎，巢峭壁间，其尾可以为扇。兽类以罴为最巨，乾隆巡幸时，射得重千余斤，猛于虎豹，其皮存于雍和宫。狐、貂、灰鼠、水獭皆以皮纯贵，可用以为裘。鹿类极繁，以鹿茸为珍贵之补药。水中鱼类极繁，以二船或四船系网，船首相向而行，一举而得数百斤，松花江白鱼名动京师，牡丹江鲫鱼。异常肥美，可与鳟、鳇、鲤鱼相埒。惟介类较少。

吉林之特产

貂　毛根色青者曰青鞟，毛根略紫曰紫鞟，毛根灰白为草鞟。紫鞟产三姓[1]东，为最上品。盖气候愈寒，则毛色愈纯厚，故三姓之皮张最良，不独貂皮为然。

熊　俗名黑瞎子，因额上有毛，常拂其眼。山中遇熊，绕树曲行，则熊不能追及。猎夫善捕熊，生致之，或教以戏法。杀熊则先取熊掌为珍味，熊胆亦良药。

虎　虎林县山川皆以虎林得名，产虎最多。其余各大山亦有之。今获生虎槛送京师，陈列于农业试验场之动物园。

鹿　茸为良药，有锯角、砍角之分，锯角价值较低，砍角极昂。万鹿沟孳生最盛。祭天、祀孔之祭品，有鹿脯、鹿醢。他省所难得，吉省所易得也。

林传甲：《大中华吉林省地理志》，李澍田：《长白丛书》五集，长春：吉林文史出版社，1993 年，第 317 页。

《抚松县志》卷一《物产》

动物兽类

耕田挽车端赖家畜，丰林深谷更多野兽，况饲养调护、土脉气候所关乎？

① 清代前期东北地区重镇之一，故址在今黑龙江省依兰县。

人事天工者尤为特别原因，故抚地兽类视他处为独良也。是以全境之兽类，无论家畜、野兽往往较异地为最优，中如家畜之牛，特高，长力，大而耐劳。野兽之紫貂、红狐、猞猁、水獭以及鹿茸、熊胆为本地特产，绝非异地所能及者。兹分志之：

牛 抚松之牛较他处高大，农家多畜之，用以耕田挽车。回民多宰杀之，以货其皮肉，殊可惜也。

马 本境所产无多，率皆购自外境，多用骑乘挽车。身体短小，畜者极少。

驴 似骡，特小，耳大、颊长、额广，有灰白黑三色。特以水土关系，不甚蕃殖。

骡 似驴，特健大。本境农家多畜之。

羊 小曰羔，大曰羊。山羊色黑，绵羊色白，绒可为毡，皮可为裘。本境始有豢养者。

山羊 形与羊相似，色灰。血可治妇科百症。

犬 即狗，乃家兽也。多黄黑色，亦间有杂色者。本境有三种：一、身长足高而性驯者；二、身伟足短，俗称板凳腿，喜狂吠；三、身小头圆面凹，视听多敏，曰巴狗。毛有类狮子者，又称曰狮子狗。

猪 色多黑，头与腰或杂有白毛，亦有类獾子者，为人民肉食第一大宗，几无家不豢养之。兹分为二种：一、头小，腹大，易肥，俗曰荷包猪。二、长嘴，大耳，身与足称可三四百斤，俗谓之闽猪。

野猪 色黑，生于深林中，性猛，能食人，大者可六七百斤，数十为群。

猫 能捕鼠也，俗谓牡者为狼猫，牝者为乳猫。多黑黄色，亦间有狸花者。本境滋育不繁，人家恒珍视之。

兔 有家畜、野生二种。家畜者，毛色纯白或纯黑，长耳，缺唇，足前短后长，跃而不及步，性最易驯。野生者与家畜者略同，毛色杂或有白者，最畏人，故不常见。

鼠 有家鼠、花鼠、鼬鼠、飞鼠。鼬鼠，俗名黄鼠狼，土人猎得其皮，售之俄人，获利颇厚。豆鼠、灰鼠、田鼠、老鼠数种，若家鼠、花鼠，可供玩戏。惟老鼠，人所共恶，俗称耗子。灰鼠极夥，皮可为裘；至冬，人多猎取其皮售之，价亦昂贵。飞鼠有肉翅，在林间空中能飞，体小，俗名高力马，皮无用处。

虎　面方头圆，状似猫而大如牛，巨目阔口，锯牙钩爪，短颈健须，细毛长尾，牡毛色青，牝毛色黄，犁间以黑纹。一啸风生，声震山谷。猎者取之骨皮，皆为珍贵。惟性凶猛，猎人取之往往被其伤害。

狐　形似狗，略小，鼻尖尾大，昼伏夜出。声如犬而直细，毛如貉而温。本境森林中到处多有，其色青黄者曰豆青狐，淡黄者曰沙狐，毛色赤者曰火狐，又有白狐、黑狐，不恒见。我国狐裘以北狐为最珍，出于本境者尤夥。

狼　大如狗，常五七成群，尖头白颊，鸣能大能小。善为小儿啼声以诱人，其猛捷者，人不能制之，则设种种方法捕获之：或设陷阱，内藏小豕以诱之，或用手炮以击之。其皮可为褥品，亦珍贵。

獐子　形似鹿，较小。

狸　与家猫略同，性猛鸷，或黑色或犁纹，比家猫较伟大，身长二尺余。毛厚而细。圆目炯炯，足最敏捷，恒入人家窃食鸡雏。

獾　形如豕，体小而肥，毛深褐色。秋后熏其穴，取之皮，可为褥，去潮湿，患痔疮者坐之最宜。

猬　与鼠同类异种，长尺许，喙尖尾秃，遍身刺毛，故曰刺猬，能窃食瓜类，捕得以筐覆之，经宿则无，咸谓其能土遁。

鹿　本境多产之，有梅鹿、马鹿两种，梅鹿较马鹿珍贵。牡者均有茸角，牝者有鹿胎，为药材中最贵品。猎者恒于春季入山捕得之。居人多有豢养者，俗称家鹿，每届春季割取茸角，以制药材。家养鹿茸曰锯角，山获鹿茸曰砍角，砍角贵。

狍　形似鹿而小，其肉可食，味同牛肉，其皮为褥，能隔潮湿。

熊　山林恒有之。全体皆黑，身似笨拙，而性特灵，力最大，恒食人畜，其皮可为褥，其足供食用，故熊掌为食品中最珍重之物；其胆能除肝火，为药品难得之物，治眼疾最为有效。

豹　性似虎，尤凶猛，身有斑点，色甚美丽，故俗称金钱豹，为特生一种。相传为虎产，殊非。其皮为褥，极称贵重。

貂　形似家狸，产山林间，猎人入冬捕貂者名曰跟貂，于雪地上认得其踪迹，日夜追之。倘遁入树穴或石隙中，以烟火熏之，外张网捕之，如一冬每人捕得三二头，即称发财。皮极昂贵，可制裘帽，俗称关东三宝之一。

猞狸 形似狐，特大，尾短，多黄色，杂以白沙斑点。皮可为裘，为特生之一种。俗谓猿与狐狸相配合而生猞狸，殊非，盖此地从无猿，何来配合之有。

水獭 状似猫而长大尾，色灰，甚光泽。皮可为帽及领缘，产额极少。

张元俊监修、车焕文总编：《民国抚松县志》，凤凰出版社选编：《中国地方志集成·吉林府县志辑⑤》，南京：凤凰出版社，2006年，第356—357页。

《抚松县志》卷一《物产》

禽类

鸡 种类不一，大小形色亦异。卵大而壳多红者为抚松本产；足短，身小，卵白者为高丽产；种小，毛羽密厚，喜孵卵，善飞者为广东产种；毛与骨俱黑者为乌鸡。余有双冠者，两腿毛护者，形色各异。凡村屯夜半群鸡无故乱鸣者，常有胡匪之儆。是鸡虽常畜而亦灵禽也。

鸭 雄者鸣声哑哑，尾有卷毛，黑、白、褐三色，头绿。雌者黑麻色，声甚大，喜近水，夏多露宿，不善孵卵，每以鸡代之。如行时，雄前雌后，辄成行列。卵腌食为佳，肉于秋冬豢肥，蒸调得法，鲜美无异南鸭。

鹅 状似雁，色白或灰，长颈大脚。性灵，昼夜有所见辄鸣，而声宏大。畜者必双。

鹰 嘴长内曲如钩，爪亦最利，猛展两翼，宽四尺许，分黑黄二色，翎毛各有横纹，捕食兔雉。猎户养其雏，驯使逐禽兽。

雀鹰 即鹞也。类鹰而小，灰色，尾有淡黑横纹，以捕食小雀故名雀鹰。

鱼鹰 类鹰，身小，色灰碧，尾短，嘴长，能向水面捕鱼，故名曰鱼鹰。

鸢 俗名鹞鹰。嘴短，毛长，眼最快，惯向空中盘旋，下注寻食，好捕鸡雏等物。

鸱 俗名猫头，又称夜猫子。眼黄而圆大，爪利而锐，头有毛角，双峙如两耳，类似猫首。昼伏夜飞，好破他鸟巢，食其子及卵，入村乡好食鸡猫。其鸣如撮口相呼，如人鼾睡声，鸣时不歇，俗呼哼虎，所鸣之处乡民称有祸至。

雁 形似鹅，灰褐色，鸣声嘹亮，飞则成行，或如人字，或如一字，秋南春北，每就河湖沙中栖宿。

鹄 水鸟，大于雁，羽毛白，飞极高，善步行。一名天鹅，又名黄鹄，形颇似鹤，亦名黄鹤，与雁异。

凫　俗曰水鸭，又称野鸭。有大小两种，小者嘴稍圆，结队能高飞，大者嘴扁，与家鸭相似，声亦相同。春初冰解，秋末水寒，咸临河捕鱼。

鹳　俗名水老鹳，有灰、白二色，高足长颈。惯栖浅水捕鱼，得鳝类屡吞屡泄。末余脊刺一条，其巢何在高树上，时喜群飞。

水鴜子　小鸟也。赤褐色，驰行甚疾，鸣声响响，沙滩河边常见之。

翡翠　水边小鸟也。雄赤曰翡，雌青曰翠，俗曰菉豆雀。就河崖穿窟为巢，深二三尺。

鹊　大如鸦而长尾，喙尖爪黑，绿背白腹，性最恶湿。其鸣声喈喈，土人称能报喜，故俗名喜鹊。其巢开户背太岁，如来岁多风雨，巢必卑下。

鸠　毛色不一，通曰斑鸠。拙不能作巢，往往孵雏于鹊巢。

燕　候鸟也，春来秋去。紫胸轻小者俗称山燕，常营巢于梁上；黑而声大者俗称家燕，常营巢于檐下。

鹑　大如鸡雏，头细而无尾，身有斑点，雄者足高，雌者足卑，性善斗，俗称曰鹌鹑。

雀　俗曰家雀。粱谷初熟、菜蔬方生时被啄食，颇为农家害多。多营巢于檐头，喜食野苏子。

苏雀　赤褐色，喜食野苏子。

豆雀　色灰，顶毛长，眼后有黑斑纹，喜食冬青子。

麻雀　类家雀而大，身多白斑，喜食树子、麻子。

棒棰雀　春季初鸣，声类布谷而清细好听，俗呼人参为棒棰，谓此鸟栖处有参。

乌鸦　俗名曰老鸹，身黑难辨雌雄，老时不能觅食，小鸦每打食返哺，又名孝鸟。

鹁鸽　分家鸽、野鸽两种，性喜群飞，逐月生卵孵雏，鸣声咕咕，能带书信，故行军多用寄书，商家用以传递市肆价格。

鹁鸪①　类鸠而嘴大细长，上半钩曲，颈毛有灰点，鸣声类豹鸪声，高而促，喜巢树窟。

---

①　又名斑鸠，是鸽形目鸠鸽科斑鸠属鸟类。

雉 俗称野鸡。雄大雌小，雄背赤胸黑，颈有白毛一轮，尾翎长尺许，有黑横纹，全身华丽可爱；雌灰麻色。人得之每以雄雌为馈送佳品。

树鸡 大如鸽，似雉而小，飞则成群，好栖树上，故名脚有毛。山林中多有之，肉比雉肉尤美嫩，本地飞禽中食品此为第一。

黄鸟 大如家雀，身黄色，山林中常见之。

蜡嘴 身灰羽黑，雄者颈黑，雌则否。嘴曲而厚，作淡黄色，故名蜡嘴。鸣声甚佳，人多喜以笼畜之。

啄木 俗呼啄木冠子。嘴如锥，长数寸，形色、大小、绿黑不一，惟舌根通脑后，舌尖引之，遇树中蠹虫虽潜穴隙，亦能钩取食之。

蝙蝠 昼伏夜飞，粪可作药材（即夜明沙。

张元俊监修、车焕文总编：《民国抚松县志》，凤凰出版社选编：《中国地方志集成·吉林府县志辑⑤》，南京：凤凰出版社，2006年，第357—359页。

《抚松县志》卷一《物产》

昆虫类

蛇 有草、木、水、土四种。草蛇能于草上行，俗名草啸子。木蛇恒上树觅食，与树皮相似，俗名贴树皮。水蛇居水泽，俗名水长虫。土蛇土黄色，亦居土穴。又有一种大于诸蛇，皮作黑黄纹，俗名乌稍。

蜥蜴 俗名马蛇子。体长四五寸，背浅灰色，腹白，四足短，山野间多有之。闻人足声，突奔数尺外潜伏，断其尾，久跳不死。

蟋蟀 有在家、在野之异。在野者圆头，形似阜螽而小，色黑，有光泽，翼短，不能飞而善跃，多居黍禾田内或石堆中。其在家者，形与在野者略同，色微苍而有白花纹，应秋而鸣。暑居庭外石砌败垣中，或居古墙颓壁下，天渐寒则移进堂屋居灶畔。俗呼曰趋趋，即促织二字之转音。雄者性妒，相遇必争斗。

蚕 本境因气候较寒，仅有家蚕一种。饲以桑叶，身长寸许，环节蠕动，胸腹及尾有足六对，或纯白，或兼黑纹不等。四眠作茧。而山蚕因气候寒冷无饲养者。

蜂 种类至多。其黄色细腰者谓之稚蜂。其色黄而黑大，如蝼蛄啮木屑作窝，居树窍中曰木蜂，俗名大麻蜂。其色黑微黄，以墙土作窝，毒螫牛马曰土蜂，俗名地雷蜂。其居草中，比他蜂差，小名草蜂，惯螫牛马，皮内即生蛹，明春由蛹仍出，此蜂盖借牲血肉生子。在房檐下啮纸作窝，似莲蓬倒垂，数十为群者名黄蜂。尾端皆有刺，螫人，皆害虫也。惟酿蜜之蜂比青蝇微大，可取而养之。蜂有王，为众蜂之长。一日两出而聚鸣，号为两衙，有采花者，有取水者。归则少歇，如采无所得，则经宿不敢归房。皆秩然有序，是为有益之虫。

螳螂　色灰或绿不等，头三角形，复眼高突，后腹大，前胸延长，其前二肢形若镰刀，故俗曰刀螂。

蝈蝈　身绿有翅，腹下紫灰色，后二股长，善跳，榛莽间有之。其雌者不鸣，有产卵管，扁长如刀。鸣者为雄，声甚清越，儿童捕得畜之笼中，饲以倭瓜花，挂檐前鸣声不辍。

阜螽　形类蝗而色灰，翅短，股长，善跳。

草虫　长二寸许，黄褐色，翅短不掩后腹，鸣则扎扎有声。

蜇螽　野郊有之，长寸许，绿褐色，翅坚硬，飞辄有声。

蠜螽　田间皆有之，土黄色，长寸许，翅折叠掩后腹，腹尖瘦，起落有声，拍手吧吧作响，唤之辄来。

土螽　身小，色灰，翅长。路旁草间有之，惯寻人马踪迹，若求食焉，俗呼土蚂蚱。

扁担勾　亦螽类，惟身细长，色绿，翅薄，头尖而口吐黄浆。儿童时捕烧食之。

蜻蜓　头大而短，露目，长腰，辫尾，翼薄如纱，食蚊蠓，饮露水，六足四翼。好飞水际，交于水上，附物散卵，生为水蚕，化为蜻蜓，复生水蚕，循环不已。次者曰蜻蛉，小者曰蚂蛉。

蜘蛛　本境所常见者：一曰癞蛛，色灰暗，前有长足四对，后腹圆大如栗，每就篱边结网，丝软而韧，时或罗食蚊蝇之属。一曰喜蛛，体细小，褐色，前二足甚长，屋中有之，其网少横多纵，每向人前拖丝而下，俗谓主有喜事，故名喜蛛。一曰壁钱，体扁平，褐色，结白网于壁，圆如钱，故名。一种形小色黑，屋中有之，网细软如绵绢，蛛内藏，不经见。又一种生田间，红足长于身数倍，多见草木间。又一种形极小，黄褐色，后二足迴抱子囊，囊白而圆，豆田间多此类。又一种大如粟粒而足长寸许，行最缓，屋内潮湿处有之。

又一种色红，身与足俱扁，有孔即入，俗谓其类多毒。又一种淡紫色，身小足短，施单丝悬空不动，墙孔多有之。又一种身黄有斑点，多生榛莽间。

鼠负 一曰鼠妇，又曰鼠蟠。长三四分，青灰色，形扁椭圆，背皆横纹，前有二触须，旁有多足，恒居湿地、瓮底与石下。

伊威 亦作蛜蝛，似鼠妇而大，弯长须，四足，两股，空屋中多有之。

蟫 书中多有此虫，一名蠹鱼。

蚰蜒 体细长，多足，类南蜈蚣而小，有黑、黄、绿、红四色，阴湿之地有之。每防其入耳，多杀之。味甚恶，有毒。

蠼螋 俗名草鞋底，一曰钱串子。体长八九分，色暗黄兼有黑斑点，头有双须，尾歧义，脚细长，共十五对。行极疾，多在阴湿之地。

蚓 俗名曲蟺，或称蚯蚓，白头者可入药。

蝼 俗名地拉蛄，一名天蝼，一名仙姑。穴土而居，短翅四足，腹大腰细，长寸余。雄者善鸣能飞，雌者羽小不善飞。吸风食土，喜就灯光。若田中太多欲去之，可夜间于田中爇火焚之。

蜣螂 俗名屎壳螂。能以土包粪推转成丸，藏之穴中以备他日之食。

蚁 俗称蚂蚁。色分黑黄，各有大小，善争斗，斗时各有行列，谓之蚁阵。白山附近多蚁，塚似坟形，俗名蚁楼。

蝇 分青黑数种，有黑蝇、绿豆蝇、大麻蝇、狗蝇等。牝者腹大生蛆，蛆复化为蝇，喜聚污秽处，能传染瘟疫及一切毒症，清洁卫生者必设法驱逐之。

萤 土人称为狗虫，或呼之棉花虫，今名萤火虫。夏令腐草生萤，至夜尾有光，似磷火。

蟁 即蚊也，种类亦多。一种长二分许，形类蝇而背黑，夜飞善扑灯光，天阴时较多；一种色褐，日夕结团旋转，薨薨有声。小者名蠓虫，一种两翼稍长，栖时双叠如一，生榆榛叶内；一种身细色黄，喜吸人血，其幼虫即污水中孑孓也；一种小于常蚊，腹与足皆有白轮文，喙毒锐刺人，突起如卵，亦能传染疾病，故人多驱之。

虻 大于蝇，色黑黄不等，喙锐能刺人，俗呼曰瞎眼虻。又一种长寸许，色黑，以产卵器刺牛肤生蝓，春初生翼，飞则为虻。今牛马身上夏日每有出黑紫色血处曰蝓眼，即此也，俗呼此种曰草爬子。

天牛 长寸许，头红，身黑如漆，有触角甚长，多见于桃杏树间，有恶臭。又一种体短，色灰，有芒刺，俗曰老牛。

斑蝥　头红，身黑，类天牛，长只六七分，喜食豆叶，近之有恶臭味。

蜉蝣　长可六七分，四翅，尾有三毛如丝。夏秋之交近水而飞，朝生暮死。

蜗牛　大如指顶，壳有旋文，行则负之。触角前矗若牛，故名。草丛树阴处有之。

蝤蛴　俗呼蝎虫，凡木朽生之，形色因木色而异，常见者多白色。

蝶　形色不一，花树间及菜蔬间之虫。以蛹化蝶者为多凤蝶，大如蝙蝠，青黑色翅，有金纹，后一部分突出，飘然若带，色最斑斓，喜独飞，不多见。又有黄蝶，翅梢团，后拖若带而短，花间恒见之。其余小蝶，五色悉备，值花开群集，灿若云锦，而粉白色者尤多。

蛴　生粪土中，色白，以背行驶。

蜾蠃　亦名土蜂，纯雄无雌，常以黄泥筑窝于墙角、檐下，负桑虫而为子，即螟蛉也。

蛾　蚕蛾而外，凡草木虫以蛹化蛾者甚众。

害花虫　一种身长七八分，形似蜜蜂，无须无刺，黄褐色，吸食花液汁。又一种黄甲兼有黑斑者，喜嚼芍药、蔷薇各花。

害菜虫　一种为螟蛉之属，长寸许，色青，俗称曰青虫，食芜菁、莱菔各菜叶，吐丝作茧化为粉蝶。一种形小色黄，善跳，嚼食嫩菜，俗名曰地蛒蚤。一种名地蛆，长三分许，色白，多横纹，蚀菜芥之根。

害果虫　一甲虫类，大如元豆之半，朱黄色兼黑斑点，小果为所食则生疤痕，细长有横纹。一种形类蚊，腹小而喙长，吸取果内甜汁，其疤痕小而圆。

害稼虫　一螟虫，长七八分，背黄色有黑纵纹，食谷稻叶，天旱则生。二卷虫，色青而小，食禾叶，复吐丝裹之，使穗不得展。三密虫，原名蚜虫，有绿、赭、黑诸色，吸嫩芽新叶汁液，由粪门排出，引蚁聚食，禾遂枯槁。四油虫，似虱，较蚜虫尤小，夏旱时散布禾稼叶间如油腻，使禾不茂，经雨则去。五蝎虫，背灰，腹白，多轮纹，啮节或根辄断。六穿虫，长寸许，色红，嘴尖锐，喜食苗根，禾因以枯。

毛虫　一种大如柞蚕，毛长而黑或红，榛莽间有之。一种长寸许，毛长，近头处两丛如角，桑榆间有之。一种食树叶，作小白茧，化飞蛾。一种长三四分，背毛红黄相兼，头部二丛尤高出如角，就木枝为小茧，极为坚固。春初破壳出，毛刺螫人，俗名羊刺子，又曰拨刺毛。

屈步虫 长寸许，色绿或灰不等，行时腰穹窿上屈，一步一步若以尺量布，园林中多有之。

屁虫 甲虫之属，形椭，色黄，有黑斑点，多见草间，触之尾部有声，发臭气，故名。

蜚蠊 俗名蟑螂，为厨灶间之害虫。体扁平，赤褐色，喜就温处群聚。夜间睡后时为所扰，啮肌肤则破。

草蜱 俗称草耙子，灰色，头类虱而腹圆大，生草间，附于牲畜吸食血液，虽饱不移，然无后窍，能吸不能泄，故腹渐涨大若丰粟。犬猫之耳亦有之，惟甚小不易见。

蚤 形小，色黑，善跳，惯入衣被中吸人血液。夏令生于湿地，而新建之房屋尤多，亦名蛒蚤。

虱 为人体之寄生虫，而鸡豚之身亦有之，惟鸡身所生者白。人常沐浴则不生矣。

蝇虎 亦名蝇狐。灰色，善跳，徘徊壁间，善捕食蝇，亦有益虫之一种焉。

张元俊监修、车焕文总编：《民国抚松县志》，凤凰出版社选编：《中国地方志集成·吉林府县志辑⑤》，南京：凤凰出版社，2006年，第359—362页。

《吉林分巡道造送会典馆清册·吉林物产》

禽 类

鸡（有食鸡、角鸡二种）。雉（俗呼野鸡，旷野最多，冬月群飞，土人围捕以食，味肥美）。鹄（俗呼天鹅）。鸭（亦名鹜）。野鸭（性喜水，凡江汉、河汉中多有之）。鹅（味极肥美，土人多畜养之）。蒲鸭（大于野鸭，色黄）。树鸡（俗呼沙鸡）。鹤（瘦头，朱顶，长颈，高脚，一名仙禽）。鹑（性喜斗，土人呼为鹌鹑）。黄鹂（俗呼黄雀）。鹳（水鸟有黑、白二种，羽为箭翎）。鸦（俗呼山老鸦）。鹊（俗呼喜鹊）。鸳鸯（形如小鸭，止则相偶，飞则成双）。鸥（其性好浮，形如白鸽）。鹰（种类不一，诸山多有之）。雕（似鹰而大，色黑者曰皂雕；有花纹者曰虎斑雕；黑白相间者曰接白雕；小而花者曰芝麻雕，羽宜箭翎）。海东青（亦名海青，雕之最俊者，身小而捷，能擒天鹅）。鱼鹰（大于鸦，色黑，钩咀，食鱼）。鸢（鸱类，亦名鹞鹰）。燕（土人呼善巢，不善巢者为拙燕）。鸽（依人鸟也，俗呼鹁鸽，土人多畜养之）。鸠（毛色不一，通呼斑鸠。《礼·月令》："仲春之月，鹰化为鸠。"长尾者，一名布谷）。雀（依人小鸟，俗呼家雀）。铁背雀（大于家雀，灰色，尾分两白翎）。红料（色红善鸣）。白眼雀（目有白圈）。白翎雀（雀类不一，青黄色，翎白，春北秋南。白翎雀穷冬严寒，不易其处）。靛雀（色如靛）。蒿雀（多伏篙间，俗呼蒿溜儿）。黄肚雀（俗呼黄肚囊）。拙老婆（颌下红色）。画眉（似莺而小，黄黑色，善鸣，其眉如画，山林中多有之）。三道眉（其眉似分三道）。鸱（其头如猫，昼目无见，夜则鸣，俗呼夜猫子）。千里红（顶有红毛，喜食苏子，俗呼苏雀）。蝙蝠（昼伏夜飞，粪入药，即夜明砂）。孤顶（类乌鸦，身黑嘴白）。蜡嘴（喙如黄蜡，畜之可玩）。莺（尾长嘴红，似鹊，而有文采）。铁脚（雀之大者，爪坚如铁）。

虫豸类

蜂（产诸山中，俗呼蜜蜂，土人于山中大树挖窟养之，以取蜜，乌拉总管岁以入贡）。蚁（种类不一，俗呼麻蚁）。蟋蟀（似蝗而小，秋后则鸣。又一种灶马，形似蟋蟀，喜穴灶）。螳螂（《礼·月令》："仲夏螳螂生，深秋乳子作房著树枝，是为螵蛸。"）蝶（形色黄白，大小不一，皆虫所化，山中最多，有大如掌者）。蚓（俗呼曲蟺，白头者入药）。蜻蜓（六足四翼，群飞水际）。蚊（吉省地寒蚊尚少，惟夏令山中间有之）。蛇（种类不一，多生山中）。瞎虻（生山中，夏月最多，酷啮牛马，行人苦之）。蝇（其声如翼，牡者，腹大生蛆）。蜈蚣（生山原草泽间，长者二三寸，最毒）。马蛙（一名百足，俗呼多脚虫，深山丛树间，有之）。蜘蛛（大者为蜘蛛，小者为蟢子）。蝉（种类不一，入秋始鸣）。蟑螂（黄色六足，蚕生室中，炕壁间最多）。

《吉林分巡道造送会典馆清册》，李澍田：《长白丛书》（二集），长春：吉林文史出版社，1988 年，第 224—226 页。

《长白汇征录》卷五《物产》

鸟族

鸿（即雁也。以其多集江渚，故曰鸿。鸿字从江从鸟。诗疏云：小曰雁，大曰鸿，鸿者大也。状似鹅，而羽翮疏长，善飞，遍身漆黑如乌。汉唐书载有五色雁，今则罕见之。按师旷①《禽经》：鴈鴟，张华注云皆音雁。冬则适南，集于水干，故字从干，春则向北，集于山岸，故字从岸，雁为阳鸟，冬南翔，夏北徂，皆从阳也，故孳育于北，而终年飞振不休。古人豢以为媒礼敦奠雁，今则否。）

鹄（鹄鸣声晧晧，故谓之鹄。大于雁，羽毛白泽，其翔极高，所谓鹄不浴而白，一举千里者是也。李时珍曰：有黄鹄，丹鹄，出辽东及湖海江汉之间。《释名》谓鹄为天鹅，天者亦大之义也）。

鹰（鹰以膺击，故谓之鹰。其顶有毛角，故又名角鹰，性爽猛，故又名鵕鶼鸠。《禽经》云：小而鸷者皆曰隼，大而鸷者皆曰鸠。《尔雅翼》云；在北为鹰，在南为鹞。一云大为鹰，小为鹞。梵书谓之嘶那夜。李时珍曰：鹰出辽东者为上等，北方及东北者次之。北人取雏豢养，南人媒取共大者，用以围猎攫击兔属，其毛色苍黑，嘴爪皆如利钩，飞扬神速，所至披靡，莫能当其锋焉）。

鹏（鹏似鹰而路大，尾长翅短，悍戾异常，空际盘旋，无微不睹，能搏鸿鹄犬豕之属，人莫可驯致之，时亦弋获，用羽制扇。长白山谷中，往往有之，春秋则翱翔腾击，冬则伏）。

鸱（即诗所谓鸢也，其声叱咤，故谓之鸱。似鹰而稍小，尾如舵，善高翔，捕雀而食。《尔雅》谓之茅鸱，俗呼老鸱）。

鸮（鸮与鸱二物也。周公合而咏之，后人遂以鸮鸱为一鸟，误矣。按：鸮枭，猫眼狗脸，毛色黄杂，状如母鸡而小，昼不见物，夜则飞行捕鼠雀食，性狠恶，生而食其母，鸣声格格如笑，不祥鸟也。即人于夏至殛之，故其字从鸟从木，首在木上，取见则杀之之义）。

鹗（鹗状可愕，故谓之鹗，亦鹏类也。李时珍曰：鹗土黄色，深目好峙，雄雌相得，交则双翔，别则异处，能翱翔水上，捕鱼食，江表人呼为食鱼鹰，亦啖蛇。诗云雎鸠即此，并言其视雎健，故谓之雎。长白江洲间多有此鸟）。

莺（嘴尖，眉黑，爪色红青，遍身黄如甘草，羽及尾有黑毛相间，拂柳穿花，鸣声圆滑。《本草》云；冬月则莺藏蛰，入田塘中以泥自裹如卵，至春始出。《荆州志》云，农人冬月于田中掘二三尺，得土坚圆如卵，破之则鸟在焉。无复羽毛，春始生羽，破土而出，故莺身之味颇臭。曰苍庚，曰商庚，曰鵹黄，曰离黄，曰鶬鶊，曰鹂庚，曰黄栗留，曰楚雀，曰黄袍，曰搏黍，曰黄

① 是春秋时期晋国的著名乐师，以其卓越的音乐才能和政治成就而闻名。著有《禽经》

鸟，曰黄鹂，皆莺之名称也。长属地寒，节候较内省为迟，此鸟发声最晚）。

燕（《释名》：乙鸟。乙者，其鸣自呼也。《说文》：玄鸟。玄，其色也，大如雀而身长，筿口丰颔，布翅歧尾，鸣声上下，飞舞不停，营巢避戊己日，能知休咎，春社来，秋社去。其来也，衔泥巢于屋宇之下；其去也，隐身蛰于窟穴之中。或谓其秋后即渡海，谬甚。长属之燕，仲夏始见，节候使然）。

乌（乌字篆文象形即鸦也，一作鵶。《禽经》云鸦声哑哑，故谓之鸦。此鸟初生，母哺六十日，长则反哺六十日，故有慈鸟孝鸟之称。李时珍曰：乌有四种，身黑嘴小反哺者慈鸟也；似慈鸟而嘴大，腹下白，不反喻者鸦乌也；似鸦乌而大，白项者，燕乌也；似鸦乌而小，赤嘴，穴居者，山乌也。按：乌种色稍殊，性皆贪鸷，鸣声哽咽不朗畅，故人多恶之。长地之乌，较内地为稀，地寒故也）。

鹊（鸣声唶唶，故谓之鹊，一名飞驳乌，一名喜鹊，一名干鹊。其色驳杂，故曰驳灵。能报喜，故曰喜鹊。性恶湿，故曰干鹊。大如乌而长尾，尖嘴，黑爪，白腹，背含有绿毛相间。上下飞鸣，以音感而孕。至秋初则毛毨头秃，俗云牛女会于七夕用鹊填河汉之桥，其说荒诞，盖鹊经暑热而后，毛有鼎革故耳）。

翠鸟（大如燕，喙尖而长，足红而短，背毛翠色，翅尾黑色，亦有斑白者。俱能水上取鱼，《释名》谓水狗、鱼狗。《禽经》谓鱼师翠碧鸟，盖谓此鸟能害鱼，故以此类命名。李时珍曰：处处水涯有之，亦翡翠鸟之类也。长属濒江所产翠鸟，其文彩亦斐然可爱）。

雀（短尾小鸟也。字从小，从佳。佳音锥，解作短尾。《释名》谓瓦雀、宾雀，盖以雀息檐瓦之间，如宾客然。俗呼老而斑者为麻雀，小而黄者为黄雀。其性最淫，卵生，群飞田间，于禾稼熟时为害尤甚）。

野鸡（《释名》：即雉也。汉吕后名雉，高祖改雉为野鸡，其实鸡类也。直飞若矢，一往而堕，故字从矢。斑色绣翼，雄者文采而尾长，雌者文暗而尾短。故《尚书》谓之华虫，《曲礼》谓之疏趾。长地野鸡极多，猎取烹食，味嫩而美，冬令尚可之他方）。

鸡（鸡者，稽也，能稽时也。卵生，短羽，不能高飞。雄者感时而鸣，雌者应时而卵。至于老鸡人言者，牝鸡雄鸣者，雄鸡生卵者，乃赋气不正。《本草》[①]

① 即《本草纲目》。

谓其忌有毒，不可用以入药。马志曰：入药取朝鲜者最良。李时珍曰：鸡类甚多，五方所产大小形色往往亦异。朝鲜一种长尾鸡，尾长三四尺，辽阳一种食鸡，一种角鸡，味俱肥美。南越一种长鸣鸡，昼夜啼叫，南海一种食鸡，潮至即鸣，蜀中一种鹗鸡，楚中一种伧鸡，并高三四尺，江南一种矮鸡，脚仅二寸许也。长白鸡亦无异，属境韩侨虽多，未见蓄长尾鸡者)。

鸭（《释名》即鹜也。其鸣呷呷，故曰鸭。舒而不疾，故又名舒凫。似鸡而大，翅短，尾秃，不能飞。雄者绿头纹翅，雌者黄斑色，亦有纯黑纯白者，又有白而乌骨。性质本喜水，能游泳水中，捕鱼虾食。雌者生卵较鸡卵为大。长属濒江蓄鸭者无多，盖此物盛产于南省云）。

凫（《释名》野鸭。诗疏谓野鹜，沉凫，即俗呼水鸭是也。短羽高飞，汇海湖泊中皆有之。似鸭而小，杂青白色，背上有纹，短喙，长尾，卑脚，红掌，水鸟之谨愿者也。此物喜暖，盛产于南省，长境虽地濒鸭绿，间而有之）。

张凤台：《长白汇征录》，李澍田：《长白丛书》（初集），长春：吉林文史出版社，1987 年，第 142—147 页。

《吉林汇征》第七章《地质·物产》

山蚕（一名樗茧，放之樗柞等树，春秋收茧，练丝为绸，又有绿茧，多生山中杏条上，绿色坚韧。往时箭扣常用之）。

白蜡虫（大如虱芒，种后则延缘树枝，食汁吐涎，黏于嫩茎，化为白脂，乃结成蜡。处暑后则剥取，谓之蜡渣，过白露则粘住难刮，其渣炼化滤净凝成块，即为蜡。宁古塔汉人能自为蜡烛，满洲近亦效之）。

蜜蜂（出吉诸山，土人不知养蜜蜂，有采樵者采松子于枯树中，得蜂窝，其蜜无数，汉人教以煎熬之法，始有蜜。有白蜜、蜜脾、蜜尖、生蜂蜜。蜜蜂在诸山中采食参花，故吉林蜂蜜较他省为更佳云）。

蛇（吴振臣《宁古塔纪略》云，余曾于六月中遇一蛇，长三四尺，以小刀断为三四截，顷刻即连，又断四五复接如旧，行更速，再断之，每断用木夹墙外掷之，有悬于石上者始不能连，后有识者云，此即续弦膏，弓弦断处以此膏续之，胶固异常，虽用之积久，他处断而接处不断，乃无价宝也，甚为惜之）。

（清）郭熙楞：《吉林汇征》，李澍田：《长白丛书》（五集），长春：吉林文史出版社，1993 年，第 231—232 页。

《珲春县志》卷二十《物产》

家兽

马　《北史·勿吉传》：出三尺马。《新唐书·渤海传》：俗所贵者率宾之马。

按：(率宾马高大，高丽马小，可知物产亦限疆域也。《册府元龟》：唐开元十年，渤海贡马。可见延珲边境昔时似为产马之区)。

牛　《隋书·百济传》：畜有牛。《五代史》：女真地多牛、鹿、野狗。《旧唐书》：开元十一年新罗来献牛黄。牛黄，药品也。自韩民来延垦植者日众，则高丽牛种延珲亦日见其多)。

骡　任重驰远，力与马等。

驴　似马，长耳广额修尾。午及五更初鸣协漏刻。

豕（《后汉书·挹娄传》：好养豕。《北史·勿吉传》：其畜多猪。《隋书·百济传》：有猪。《新唐书·渤海传》：俗所贵者鄚颉之豕。《黑水靺鞨传》：畜多豕。《金史·地理志》：会宁府贡猪。《大金国志》：女真兽多白彘。

羊　《北盟录》：女真多牛羊。

猫　性善捕鼠。

犬　《通考》女真地多良犬。今按犬类不一，有田犬、有吠犬、有食犬、另有一种洋犬。名色繁多。今费雅吃部落尚役犬，以供负载，即古使犬部之遗俗也。

白兔　家畜，甚小。《新唐书·靺鞨传》：土多白兔，开元、天宝间来献白兔。

按：(以上各家兽县属各乡均产)。

野兽

虎　《北魏书·勿吉传》：有虎、豹、熊、狼。虎骨熬胶入药（满语他斯哈），赫哲人呼为恩德勒妈夫。寄园、寄所、寄云，以虎肠为马缰，虽然烈性之马亦必驯良。胸口之软骨，人佩之而胆壮，他人见之而生畏。理或然欤。

豹　《后汉书·涉传》：其地多文豹，形似虎而小。白面，头色白者曰白豹，黑者曰马豹。文圆者曰金钱豹，最贵重。文尖长者曰艾叶豹。

麋鹿　鹿大麋小，《礼月令》：仲冬麋角解，仲夏鹿角解。今考麋鹿俱于夏至解角。凡猎春夏谓之青草围，秋曰哨鹿围，冬曰大围。《唐书》：渤海产鹿。前清采取茸、尾、筋、皮充作贡品。鹿有二种：一花鹿（满语松不长），一马鹿（满语不长）。又极东近俄罗斯地方多役鹿，以供负载。此鹿又名四不象。鹿角熬胶入药。鹿角好者有人字，不好者成八字。百髓眼角之初生曰茸。方书，麋茸补阳，鹿茸补阴。

狼　满语曰英古利，皮毛青白者贵。《清会典》：品官坐褥冬用皮有定制：一品用狼，二品用貛，三品用貉，四品山羊，五品以下用白羊皮，公侯极品用虎豹皮。

狍　狍类色苍黄。

野猪　《通考》[1]：女真兽多野猪。形似家畜，而嘴尖毛劲肉粗。满语乌拉戈，清季冬月猎充贡品。

熊罴　小者曰熊，大者曰罴。罴似熊，黄白色。种类不一，有人熊、猪熊、猴熊、狗熊诸名。有狗驼（满语敖宜加戈）、马驼（名昂直那戈）两种。熊掌充食品，入关甚珍贵。熊胆入药，亦珍品。

獐[2]　似鹿无角，即诗之麇（满语曰白乌支克）。

豺　足似狗，瘦如柴，性鸷猛，善逐兽。

狐　色赤毛厚，为裘极温暖。近来价值益高，玄狐皮尤贵。狐狸分两种，色赤者为狐，皮有花者为狸。赤色之狐分两种，纯赤黑腿嗉者为上品，毛中有白梢者，俗称芝麻花草狐狸为下品。狸有斑纹，其形似猫，俗称野猫。此皮以大雪后为佳（满名多必，土名苏勒宜克），尝处于山洞及坟丘中。又一种名花狐狸，即猧猧刀，俗谓狐狸与貉交尾则生此兽。全身似狐，惟毛根青黑色，性最狡猾，亦肉食，产绥芬东北各地，近亦不多见。相传十二月获者为白板。

貂　《后汉书·挹娄传》：出好貂。《东沃沮传》：其租税貂。《柳边纪略》：上貂皆产鱼皮国，岁至宁古塔交易者二万条，而贡貂者不与焉，宁古塔人得之也。八月间售贩北京，岁以为常。今延吉三道湾山林中间有之，亦不多见也。近东北者色黄，边外者色紫黑。皮甚轻暖，为皮毛中最上品，貂以松子为粮，打牲八月往，十二月回，皆于雪天寻其迹而捕焉。满语曰额司巴。

---

① 文献通考

② 也叫牙獐。

按：（以上各兽多产于春化、德惠、勇智各乡。猎者用枪及炸弹取之）。

水獭　此为两栖动物（满语曰诸控）。毛色紫黑，长满及尺为上等，近来价格甚贵。

按：（水獭多产于兴仁、纯义、崇礼、勇智、春化、德惠、敬信等乡，猎者以枪及网捕之）。

黄鼠狼　鼠，似狐，嘴尖，尾细，与狐不同。

鼫鼠　一名豆鼠。头似兔，尾有毛，黄黑色，惟好在田间食谷豆，即硕鼠也。辽金元时用以供馔，名为黄鼠。

貉　状如狸，性好睡，又俗称刺头（满语称为房图库）。其皮仲秋得者名曰秋板，大秋得者曰大秋，大雪后得者为成皮，即白板皮。每与獾子同穴。

獾　似狗而矮，体肥行钝，皮宜裀褥，又名莺咀子（满语曰多拉控）。二月间始出洞，周身稍变白色，此时得者为上。

松鼠　苍黑色，大尾，好食松子及树果，小者大不过三寸，通身豹纹。

灰鼠　《契丹国志》：女真兽有青鼠，即灰鼠也。灰白为上，黑者次（满语曰乌拉宜克）。又有二种，一银鼠，其色洁白，一香鼠，能捕雀。

按：（以上各种多产于春化、德息各乡）。

刺猬　似鼠，有毛刺，脚短尾长。物犯之，则形缩尾张如集矢（满语曰僧格），可入药。

麃　俗作狍。肉可食（满语曰克吴戈查）。八月得者为上品，其脊中板儿筋可抽出晒干，揉而作线，皮可为袜帽等物。

蝙蝠　《尔雅》谓之服翼，昼伏夜飞。粪入药，称夜明沙。

按：（动物学蝙蝠入兽属哺乳类内翼手类，以其胎生，被毛，血温三十七度。故本志亦改入兽类，从新义也）。

按：（以上各野兽多产于春化、德惠等乡大山林中。猎者或用井、或用枪及炸弹捕取之，因兽类而施）。

山羊　生山中，似羊而大，常奔逐层崖危岩之上，皮灰黑色，血能止喘。

按：（山羊产于首善乡，此外各地不多见）。

安龙祯等整理：《珲春史志》，李澍田主编：《长白丛书》（四集），长春：吉林文史出版社，1990年，第698—701页。

《珲春县志》卷二十《物产》

禽属

家禽

鸡　《本草》：辽有食鸡、角鸡二种。又反毛者曰番鸡，乌骨者曰乌骨鸡。

按：(动物学属鹑鸡类)。

鹅　绿眼黄喙、红掌、善斗，夜鸣应更，亦名鴚①。

(按：动物学属游禽类)。

鸭

野禽

莺　《说文》：即黄鹂，一名仓庚，俗呼黄鸟，一名商庚，一名金花公子，一名楚雀，一名黄裕，一名鹂。

鹞　一名隼，又名晨风，即鹯。《本草·释名》：鹰小为鹞。大小种类繁多，名目亦异。

雕　似鹰而大，色黑者为皂雕，花纹者曰虎斑雕，黑白相间者曰白雕，小而花者曰芝麻雕。羽宜箭翎。清内务府有雕丁，于松枝上用绳套，名为雕手，岁取充贡。

海东青　《通考》：女真出海东青。《元史地理志》：海兰府硕达勒达路有俊禽曰海东青，由海外飞来，昔时土人罗以入贡。《一统志》：最大者力捕獐鹿，亦曰海青雕，最俊者力小而捷，能食天鹅，爪白者优异。次曰玉爪骏，俊绝异伦，一飞千里。辽时以海青鹘击天鹅，首得者荐之宗庙。《辍耕录》载汉雅言，海东青，羽中虎也，但燕能制之，集簇即坠云云。以小制大，物情往往如此。赤尤腰黄啖虎之类也。此种海东青，每年春夏多集于德惠、兴仁两乡小盘岭，其尾多白色，有日形、半月形、八卦形等种。

按：(动物学应属猛禽类)。

鹰　一名鷞鸠，种类不一，古以出远海者为上。《新唐书》：靺鞨出白鹰。《契丹国志》：女真禽有鹰鹯。《一统志》：白鹰尤为鸷猛。今珲属森林中间或有之。

---

① 鸿雁。

按：(动物学属猛禽类)。

鸢　鸱类，俗乎鹰奴。

按：(动物学属猛禽类)。

鸱鸺　一曰猫头鹰，俗呼夜猫子。身大，色黑黄而斑，头如猫。昼目无见，夜则飞鸣，居民恶闻其声。

鸦　色黑能反哺者。一曰乌鸦，亦曰慈乌。

鸴　《尔雅》谓之鹎鶋。似慈乌而大，不反哺，腹白。土人呼为山老鸹。

凫　《尔雅》：鹜往凫也，俗名野鸭。清内务府采购充贡。

鸿雁　《诗传》：大曰鸿小曰雁。《礼记郑注》：鸿取其飞有行列也。雁一名翁鸡，又名阳鸟。《礼月令》：季秋，鸿雁来宾。《夏小正》：雁北乡，本地春时雁来自南，秋复南翔。《正字通》：雁夜宿，鸿内雁外，更相警避。

布谷鸟　毛色、大小不一，通呼斑鸠。又有鸣鸠，大于斑鸠。

按：(动物学列鸠类)。

啄木[①]　《尔雅》曰翟，啄木嘴如锥，长数寸，形色、大小、绿黑不一。树中蠹虫虽潜穴隙，皆能钩取食之，俗呼啄木管子。

按：(动物学属攀禽类)。

红科　色红善鸣，色花者谓之花科。

巴莲雀　大尾。

扈杞刺

窝鹣　《尔雅·释鸟》：鹰鹣鸠，注当为鹣字之误。《左传》作鹣鸠。

燕　蛰鸟也。俗以构巢人家梁屋上者为巧燕，不善构巢者曰拙燕。秋分后蛰藏山崖高树中，暮春如苏。南方以其来去皆值社时，故曰社燕。关外天寒，来在春社复矣。又燕分紫、麻、沙三种。紫燕构巢纯泥无草，喜构于屋宅之内，麻燕之夹泥草为之，常在屋外，沙燕则构巢于江河之陡崖。但三种皆以飞虫为食料。

按：(动物学属鸣禽类)。

画眉　似鹰而小，黄黑色，其眉如画，善鸣，山林中有之，居民有捕养者。

按：(动物学属上类)。

---

① 即啄木鸟。

百鸰　一名雝渠，又曰连线，一作鹡鸰，善鸣，山林中有之，居民亦有捕养者。

鹊　一名灵鹊，俗呼喜鹊。

按：(动物学属上类)。

戴胜　似山鹊，尾短，长嘴，色青，顶有毛角似戴花。

家雀　又有麻雀、山雀、豆雀，并有黄雀一种。

按：(动物学属上类)。

白头翁　形如鹊鸽，头白，身灰黑，又有多拙老婆，额下色红曰红哥哥，以其自呼曰哥哥也。

铁脚　雀之大者，爪坚如铁。覆网取之，漏网者未几复至，亦鸟之义者。冬则群飞入海。

千里红　顶有红毛，喜食苏子，俗呼苏雀。雪后群飞入海，以十一月网而取之，炙食甚美。

棒棰雀　一名人参雀。

鹙　似鹤而大，秃头，长嘴赤目好啖蛇。鹙羽清季取作箭翎。

鹤　瘦头朱顶，长嘴高脚。一名仙禽。有灰白二种，产河海之滨，惟灰者珲春大山林中间有之。

按：(动物学属涉禽类)。

雉　俗呼野鸡，清季入贡。

按：(动物属鹑鸡类)。

鹄　俗名天鹅，生于海间。珲春近东海，故有时见之。毛可为服饰。

按：(动物学属游禽类)。

鸽　依人鸟也，喜居檐屋间。相传家鸽可以传信，一名鹁鸽。

按：(动物学属鸠禽类)。

鸨　水鸟，似鹰，有斑纹，无后趾。

孤顶　类鸟，身黑嘴白。

鹑　性喜斗，土人呼为鹌鹑。

按：(动物学为鹑鸡类)。

练鹊　似鹊而小，褐色，顶上一带，一名带鸟，白羽，长尾，俗呼长尾练。

鹪鹩　即《诗》之桃虫，似黄雀而小，青斑长尾，喙利如锥，取苇托为巢，最工致，俗呼为巧女鸟。

蜡嘴

鸬鹚　林栖水食，黑嘴，曲如钩。喜食鱼，入喉则烂涎，可治鲠骨，可治噎。《异物志》：鸬鹚不卵即胎。又吐者七八，少者五六，相连而生。其羽近作服饰。

鹳　水鸟，黑，二种。

鸥　亦曰鹭，性好浮水，形如白鸽。

鸳鸯　形如小鸭，色黄有纹，红头翠鬣。止则相偶，飞则成双。生溪湖中，似不多见。

按：（动物学属游禽类）。

水鸭　类似家鸭。

按：（动物学属游禽类）。

安龙祯等整理：《珲春史志》，李澍田主编：《长白丛书》（四集），长春：吉林文史出版社，1990 年，第 702—705 页。

《珲春县志》卷二十《物产》

虫属

按：（动物学列入膜翅类）。

蝇　其声在翼，壮者腹大生蛆，蛆复化为蝇。有青蝇、麻蝇二种。又有一种蝇，虎爪攫蝇食。各种蝇全县各区均有。

虻　俗呼瞎虻，亦草根所化。山林草地夏日最多，酷啮牛马，行人苦之。有黄虻、圆虻二种。

蚊　一名蚋，长吻如针，啮人如针刺，并有豹脚、斑蚊二种，啮人啮畜不逊于小虻。

按：（以上各种，除寻常蝇蚊县境各区均产外，余多产于三道湾森林中。动物学属于双翅类）。

浮尘子　似蝉而体小，为稻之害。

介壳[①]

① 为同翅目盾蚧科昆虫的通称。

蝉　口延长为吻状，能刺植物之茎。所脱之皮曰蝉衣，入药。

田鳖虫。

水鳖虫。

按：(以上各种动物学列入半翅类。凡与蝉相似者又曰有吻类)。

蜉蝣　《尔雅·释虫》：蜉蝣，渠略注：似蛣蜣，身狭面长，有角，黄黑色，朝生暮死。

蜻蜓　《尔雅》谓之负劳，六足四翼群飞水际。

按：(以上二种，动物学列入脉翅类)。

萤　一名萤火。《礼月令》：季夏腐草化为萤。

天午虫

吉丁虫

豆甲虫

米甲虫

米象虫

瓢虫

按：(以上各种动物学列入鞘翅类)。

螽斯　形似蝗，修股，善跳，作声。

蟋蟀　一名促织，似蝗而小。光泽善跳好斗，秋后则鸣。又有灶马如促织，好穴于灶，色黄。

金钟儿

螳螂　俗名刀螂。《礼月令》：仲夏螳螂生。

蛄蝼　俗名土狗，穴土而居，短翅大腹，腰细如蜂。(《礼月令》)。

蜚镰　俗名蟑螂。

按：(以上各种动物学列直翅类)。

蠹鱼　《说文》：木中虫也。《续博物志》：积谷则生蠹。

按：(此种动物学列弹尾类)。

蜘蛛　一名鼅鼄，小者为蟢子。

蝎　一曰噬逮，木中虫，蝎盛则木朽。

壁虱　一名蜸虫

按：(以上各种动物学列蜘蛛类)。

蜈蚣　春出冬蛰，节节有足，双须歧尾，性暴。蜘蛛以溺射之断烂，时珍曰蜈蚣，西南处处有之，殊不知辽东亦处处有之。

马陆　一名百足，断之能行，触之则卷，深山丛树中有之。

按：(以上二种动物学列多足类)。

蛇　种类不一，大者往往有冠帻、乌稍，其短小曰七寸子。

蠍　《说文》：蝨尾虫也。《本草》：一名主薄虫，一名杜白，俗呼蠍虎，能食蝨。

蜥蜴　《说文》：在草曰蜥蜴，在壁曰蝘蜓。《本草》：小而五色尾青碧者曰蜥蜴，小而缘墙壁色黑者名蝘蜓，又名守宫。

按：(以上各种动物学列爬虫类)。

沙蚕

蚯蚓　《礼月令》：孟夏蚯蚓出，冬至之日蚯蚓，传俗呼为西坛。

按：(以上二种，动物学列圆虫类。上列各种昆虫，有产于山林中者，有见于庭园内者，虫类似因地而生，各区自未能完全有也)。

安龙祯等整理：《珲春史志》，李澍田主编：《长白丛书》(四集)，长春：吉林文史出版社，1990 年，第 705—707 页。

《珲春琐记》

食水取诸井，或取诸涧，其涧长千里，距城较远。鱼不可多得，有临渊而羡者，须去北二十里，方可得一鳞片鱼。鱼极肥大，鲫长至二尺余。虾蟹亦备，惟市中鲜活者少耳。

城池设立仅六年，而商贾之来此经营者，已比户而居。一切日用之物，无乎不具。其初只三四店铺，后山东、山西各省之人，源源而来，遂成一大市集。

山中多虎豹、麋鹿、熊獐、骆驼、紫貂之类，大都陷于坑中被猎者所获。俗呼猎者为炮手，鹿性极驯，见炮手，即长跪哀号。炮手自述，猎取虽多，终鲜致富，间有改业者。所获熊掌、虎骨、鹿茸等价亦不贵。

李东赫点校：《珲春琐记》，王锡祺：《小方壶斋舆地丛钞》(第三帙)，安龙祯等整理：《珲春史志》，长春：吉林文史出版社，1990 年，第 764 页。

《吉林志略·物产》

四月内赍送进上油炸白肚鳟鱼肉钉十坛。七月内赍送进上窝雏鹰鹞各九只。十月内赍送进上二年野猪一口、一年野猪一口、鹿尾四十盘、鹿尾骨肉五十块、鹿斤条肉五十块、晒干鹿脊条肉一束、野鸡七十只、稗子米一斛、铃铛米一斛。十月内由围场先赍送进上鲜味二年野猪一口、鹿尾七十盘、野鸡七十只、树鸡十五只、稗子米一斛、铃铛米一斛。十一月内赍送进上七里香九十把、公野猪二口、母野猪二口、二年野猪二口、鹿尾三百盘、野鸡五百只、树鸡三十只、鲟鳇鱼三尾、翅头白鱼一百尾、鲫鱼一百尾、稗子米四斛、铃铛米一斛、山(查)〔楂〕十坛、梨八坛、林檎八坛、松塔三百个、山韭菜二坛、野蒜苗二坛、柳木枪鞘八根、驳马木线枪鞘八根、柳木线枪鞘八根、枢梨木虎枪杆三十根、桦木箭杆二百根、杨木箭杆二百根。十一月内赍送进上(海青芦花)海青芦花鹰、白色鹰，并无额数，窝集狗五条。十一月内赍送进上贺哲、匪雅喀、奇勒哩官貂鼠皮二千五百八十二张。隔一年赍送进上御览紫桦皮二百张、上用紫桦皮一千四百张、白桦皮改为紫桦皮一千四百张、官紫桦皮二千张。又应交下五旗官紫桦皮一万二千张、白桦皮三千张、暖木皮四百五十斛斤、莝草四百五十斤。又应交下五旗官每旗暖木皮各五十片、莝草各五十斤。以上俱宜赍送武备院查收。

接驾及恭贺万岁，进贡物产开列于后：

貂鼠、白毛稍黑狐狸、倭刀、黄狐、貂、梅花鹿、角鹿、鹿羔、狍、狍羔、獐、虎、熊、元狐皮、倭刀皮、黄狐皮、猞狸狲皮、水獭皮、海豹皮、虎皮、豹皮、灰鼠皮、鹿羔皮、雕鹳翎、海参、白肚鳟鱼肉钉、烤于白肚鳟鱼肚囊肉、油炸鲟鳇鱼肉钉、烤干细鳞鱼肚囊肉、草根鱼、鳑头鱼、鲤鱼、花鲫鱼、鱼油、晒干鹿尾、晒干鹿舌、鹿后腿肉、小黄米、(杭)[炕]稗子米①、高粱米粉面、玉秫米粉面、小黄米粉面、荞麦糁、小米粉面、稗子米粉面、和的水团饽饽、豆面剪子股饽饽、搓条等饽、打羔肉夹搓条饽饽、炸饺子饽饽、打羔饽饽、豆面饽饽、豆羔饽饽、蜂糕饽饽、叶子饽饽、水团子饽饽、鱼儿饽饽、野鸡蛋、葡萄、杜李、羊桃、山核桃仁、松仁、榛仁、核桃仁、杏仁、松

① “炕”原作“杭”，据《吉林通志》卷三十五改。

子、白蜂蜜、蜜脾、蜜尖、生蜜、山韭菜、贯众菜、藜蘽菜、枪头菜、河白菜、黄花菜、红花菜、蕨菜、(芩)〔芹〕菜、(业)〔丛〕生蘑、鹅掌菜。

袁昶刊刻：《吉林志略》，李澍田主编：《长白丛书》（初集），长春：吉林文史出版社，1986 年，第 232—234 页。

《吉林外记》卷七《物产》

貂鼠　吉林、宁古塔、三姓、阿勒楚喀诸山林多有之。甚轻暖。英俄岭以南者，色黄；岭北者，色紫黑。三姓、下江、黑津，皮极高。除贡皮二千六百张外，余准通商贸易。

白貂鼠　另有一种称千年白者，非但不能似黑、黄色者多耳。

猞猁狲　类野狸，而大耳，有长毫，白花色。《明一统志》谓之土豹。

狐　色赤而大，夜击之，火星迸出，毛极温暖，集腋为裘，尤贵重。

元狐　出下江。大于火狐，色黑，毛暖，最贵，又次黑毛，稍微黄者名倭刀。

沙狐　生沙碛中。身小色白，腹下皮集为裘，名天马皮。颏皮，名乌云豹。

貂熊　大如狗，紫色，出宁古塔者，头紫黑，两肋微白。

银鼠　吉林省诸山中有之。毛色洁白，皮御轻寒。

灰鼠　吉林省诸山中有之。灰白为上，灰黑者次之。

萨英额：《吉林外记》，姜维公、刘立强：《中国边疆研究文库·初编东北边疆》第十卷，哈尔滨：黑龙江教育出版社，2014 年，第 103 页。

《长白汇征录》卷五《物产》

兽族

牛　牛在（蓄）［畜］属土，有坤道焉。性柔缓，多力，歧蹄而戴角，鼻大可穿。《说文》云：其耳聋，其听以鼻，其齿有下无上，食物则利用其舌。长白畜类牛占多数，且有用韩产者，耕田运物最为得宜。

马　《说文》云：马，怒也，武也，其字体象头尾四足之形，色类甚多，以出云中者为上。本境马多弱劣，富丽所产之马尤小，未能驾车任重，韩侨用以骑载，类中土川省所产云。

骡　骡大于驴，而健于马，其力在腰，股后有锁骨，故不孳育。《说文》云；驴父马母，性纯阴。《本草》谓骡有五种：牡驴交马而生者骡也；牡马交驴而生者为駃騠；牡驴交牛而生者为驼駋；牡牛交驴而生者为䮬䮫；牧牛交马而生者为駏驉[①]。今则通呼为骡云。

驴　驴，胪也，力在胪也。长颊，广额，磔耳，修尾，夜鸣应更，性善驮负，有褐、白、黑三色。《正字通》云：女真辽东地出野驴似驴，而色驳尾长，人恒食之，今罕见。

猪　猪在卦属坎，以性趋下而喜污秽也。骨细筋多，皮肉肥厚，牡曰牙，牝曰彘，蠢蠢无知，只供食品。近人讲生理学者，用显微镜察其肉含有寄生虫最多，食之无节，损人脾胃。本境畜猪往往成群，其种与关内稍异，有头蹄白色者，耳小而体亦不大，罕过百斤，味薄寡脂，盖因牧以草刍故耳。

羊　羊，详也，字体象头角尾足之形，性柔顺，刍食，喜群，肉味膻而温补，皮毛之用甚广。长地牧羊之家不及畜猪十分之一云。

犬　犬，高四尺曰獒，多毛口龙。《尔雅》注云：田犬善猎，家犬善守。长人多畜犬，有用其皮者制衣褥御寒。

猫　《释名》：家狸也。鸣声苗茅，故曰猫。有黄黑白杂各色，狸身而虎面，长尾而细齿，其眼睛按时轮转，作圆形、椭圆形、直线形，光闪灼可畏。体最轻便，善捕鼠，喜肉食，乃小兽中之贪黠者。长境畜猫者颇多，以长地多鼠兼可避蛇云。

虎　《说文》：虎，百兽之君也。《风俗通》谓虎乃阳物，百兽之长。按：虎状如猫、大如牛、黄质而黑章，锯牙而钩爪，须健而尖，舌长大，倒生芒刺，目光若电，吼声如雷，风从而生，百兽震恐。《易卦通验》云：立秋虎始啸，仲冬虎始交，或曰月晕时乃交，又云虎不再交，孕七月而生子。白山一带产虎为多，据日本调查谓与孟加拉地方之虎同种，自头至尾长九尺余。猎者以其皮骨输出远方，颇获厚资云。

豹　《本草》引禽虫述云：虎生三子，一为豹，按豹似虎而略小，俗谓能食虎，盖其性暴，敢与虎斗也。毛赤黄，间有黑色，其纹尖长如艾叶者曰艾叶豹；有黄纹如线者曰金线豹；冬至后黑斑内生有黄毛，外圆而中空如钱者曰金

---

① 在古代駏驉被描述为公马与母骡杂交后的产物。

钱豹。其皮质稍薄，不及虎之美。长人终岁获之数与虎等，惟价值次之。

熊　熊大如豕，而猛憨多力，虎亦畏之，遇人则人立而搏噬，故俗谓之人熊。竖目黄睛，睫毛遮蔽如不见物，土人因名黑瞎子。庞然蠢物，重可千斤，然升树攀岩异常轻捷，冬时蛰伏树孔中，不出觅食，饥则舐其掌，俟春暖则横出攫搏，喜食松子、蜂蜜及含有甜质之物。土人于禾稼成熟时，苦熊为甚，盖熊性贪残而褊急，群入蜀黍田中，意扬扬在吞尽而止，以左右爪互相攫取，挟于腋下，然伸臂物坠，则不计也。自谓满载，而出顾所获者仅三五，因而愤怒复入田间，连茹拔茅，肆行践踏，折落一空，害何可堪。态之愚，于此可见。按：熊胆入药最良，有铜胆、铁胆之分。熊掌味最美，居八珍之一。其皮革厚，猎户见之，未敢轻于一发云。

罴　类熊皮色微黄。陆机谓罴为黄熊是矣。头长脚高，动作一与熊同，或云罴即熊之雄。长白熊多而罴少。

鹿　《释名》即斑龙。按《乾宁记》云：鹿与游龙相戏，必生异角。则鹿之称龙，或以此欤。马身羊尾，长项高脚，性淫而乐群，食则相呼，行则同旅，居则环角外向，卧则口朝尾闾，喜食蘼，能别良草，清洁自爱，不与恶畜伍，《埤雅》[①] 所谓仙兽者是也。其贵在角。《本草》云：牡者有角，夏至则解。大如小马，黄质白斑，俗称马鹿。牝者无角，小而无斑，毛杂黄白色，俗称麀鹿。孕六月而生子。今人谓黄色白斑为梅花鹿，其茸角最佳。色苍无斑者，为马鹿，其茸角次之。统以近夏至日获之为良。至于鹿胎、鹿尾、鹿鞭均入药品，为用甚广。长白猎户岁入以此为大宗，计终所获牝牡，价值约四千余金。

麋　鹿属也。《本草》云：麋似鹿而色青黑，大如小牛，肉蹄，目下有二窍，为夜目。南方准海边最多，千百为群。牡者有角，十月取之。鹿喜山而属阳，故夏至解角。麋喜泽而属阴，故冬至解角。按日本调查谓满洲出麋，本境猎户则不知有十月取之说。

豺　《埤雅》云：豺，柴也，俗称，体瘦如柴是矣。其形似狗而色颇白，长尾细体，前矮后高，毛象鬇髥，健猛多力，食小兽并喜食羊，其肉腥臭不可食，反质薄，无甚用处。

---

① 《埤雅》是宋代陆佃撰写的一部训诂书，是作为《尔雅》的补充。

狼　《释名》称毛狗，谓其毛色如狗也。锐头，尖喙，白额，骈胁高前广后，腰细而小，性最贪，喜肉食，皮厚毛长，可作御寒之物。惟产虎豹之区，狼则远避，故长人所猎，岁值不过数百余金。

獐　《释名》：即麞也。《本草》苏颂曰：獐类甚多，麞乃总名，有有牙者，有无牙者，有牙出口外者，均不伤人，秋冬居山，春夏居泽，似鹿而小，无角，黄黑色，皮细软，胜于鹿皮。或曰獐亦有香如栗子，能治恶疾。李时珍曰：獐无香，有香者麝也，谓獐有香误矣。

麝　麝之香气远射，故谓之麝。其形似獐而小，黑色，常食柏叶，又啖蛇蝎。其香在阴茎前皮内，别有膜袋裹之。或谓其香在皮，或谓其香在脐。长白所获，岁值无几，盖麝以南省西地为良，长产无多，其香亦次。

野猪　形如家猪，然肥大可千斤，牙长出口外，性憨力猛，群行觅食。猎人惟敢击其最后者，后者殪，则前者趱行不顾，若击其在前者，则群相散搏以伤人。其肉色微赤，味胜家猪，牝者尤美，皮革亦坚原，为用甚广。

山羊　《释名》：即野羊。《图经》谓羱羊。其角有节，殊疏大，不入药品，有谓山羊为羚羊者。按：羚羊之贵在角，山羊之贵在血。《本草》谓其角有卦痕者为羚羊，无者为山羊。李时珍曰：山羊有二种，一种大角盘环，体重至百斤；一种角细者，谓之萓羊。本境山羊较家羊为大，其血最热，有散淤、止痛、滋阴、补血之功用，近今价值颇昂。惟长属所产无多，猎者所得岁值约三四百金，盖山羊以滇、蜀、粤产为良，辽产惟销本省。

貛　《释名》：狗貛，蜀人谓之天狗。穴土而居，形如家狗而脚短，食果实草子之属，肥大多脂，其脂油能疗治烧疮，肉亦甘美，皮质脆而光泽，有用作褥者，然暖度则少差焉。

獭　獭状如犬，颈长似马，四足俱短，头与尾皆褐色，若紫帛，然大者自头至尾长三尺余。有山獭、水獭、海獭数种。《正字通》[①] 云：山獭性淫毒，山中有此，牝兽皆避去。又海獭生海中，毛入水不濡。李时珍云：今人取其毛为风领，亚于貂。水獭生溪边，食鱼，居水中，亦休木上。王氏《字说》云：水獭于正月十月两祭鱼，一说谓獭取鱼以祭天也，皆报本反始之意。长白所产无多，有山獭水獭否之分，二种均不多觏。

---

① 《正字通》是一部按汉字形体分部编排的字书，保存了大量俗字异体。

狍　一作麅，《说文》云麞属。麞，大鹿也。按：狍形似鹿而无角，毛色苍黄，皮可障潮湿，肉味平甘，可作脯，亦野味之一也。

貂　许慎《说文》云：貂鼠，尾大而黄黑，出零丁国，即今辽东高丽诸地。其鼠大如獭，而尾粗如狐，毛深寸许，用皮为裘帽、风领等物，最能御寒，遇风更暖，著雪即消，入水不濡。《本草》谓尘沙眯目，以裘袖抆之即出。诚毛革中之奇品也。白山左近森林荫翳，产貂尤佳，有黑色、赤鲜、褐色数种，以毛皮之浓淡分价值之高低，且亦因其居处异其毛色。按：产于松杉之林者，毛带黑色，品格最贵，栖于白杨之林者，色稍鲜明，而品格次之；产落叶松及五叶松之林者，毛皮极鲜明而品格为下。其次于貂鼠，而毛皮亦重贵者为栗鼠，然类貂，惟多见者能辨之。《释名》谓貂鼠即栗鼠。《尔雅翼》注渭貂鼠即松狗。均系笼侗言之，尚未辨及纤微云。

灰鼠　似鼠而尾大毛长，色如土灰。制裘甚轻，然暖不及狐。生山谷中，群出觅食，鸷鸟悍兽，往往见而搏噬焉。长属甚产此种，惟皮质较吉、江两省少逊云。

狐　尖鼻，大尾，后腿长而行速，腋毛纯白谓之狐白，皮毛制裘轻暖，故世尚狐裘云。

狸　《释名》谓野猫，穴居埋伏之兽也。黄质黑斑，毛甚脆嫩，其肉味臭，食虫鼠及草根，以其状类虎，故俗称虎狸是矣。

猞猁狲　猿属而体小，如猫脸，如狗嘴，尖似狐。毛色微黄，含有白针，极其滑泽，较狐皮尤佳。产于三姓为多，长白间或有之。

兔　篆文象形，一云吐而生子，故曰兔。有苍白黑各色，大如狸，然皮毛质脆，可制笔，用以御寒不甚坚致也。

山狗　身长尺余，毛色黄者最多，形类小犬，行则成群，足捷善走，山兽皆畏之。每遇兽，则一呼嗥皆至，围而食之，须臾食尽，余则埋之。土人唤为山炮手，亦曰豺狼狗子，长郡左近最多。

张凤台：《长白汇征录》，李澍田：《长白丛书》（初集），长春：吉林文史出版社，1987年，第147—153页。

《鸡林旧闻录》

虎，喜居荒山丛薄中，便跳荡也。古人多讳言之。樵采者则直称之曰“山神”。昼伏夜动，猎者每于冬间，伺雪中迹以为掩捕。缘虎前行必寻旧路归，猎者辄于路张机。其法：横系一铜线，一端曳于引满之机关，弓架入铳机，虎触之弹发，恰中其前胸。既负伤，辄奔越，乃按血迹追寻，恒倒毙在数里外。（按：日本人坂本氏调查满洲产生之虎，形态与北美洛机山所产无异。谓古时亚美两洲在白令海峡处大陆必连，此亦一证）。

黑熊，吉省到处皆有。力大性憨，目甚小，故俗呼为“黑瞎子”。不肉食，胸腹有白毛者性更凶，见人常追逐。胆能疗目疾，掌可充膳。此外，别无有价值之品，故猎者少。入冬，熊无所得食，蛰伏树孔中，山民觅得其蛰巢，即攻杀之。

熊，有马驼、狗驼两种。马驼重千斤，高几四尺五寸，怒时恒与虎豹角胜，猎者畏之。狗驼高二尺余，重亦止五六百斤。二种均喙长、眼小、睫毛又极厚，视察时频以掌撩掠，故俗称“黑瞎子”。力能拔树，亦能升树，每端坐树杈，用前掌攀折树枝，压于股下，欠身复折时，前折者辄堕，移时树枝满地，仍向树杪狂折，则有时颠越坠地，即矗立怪号，酷类人笑声。山中大雪后即不食，营穴自藏，俗谓之“蹲仓”。树窟者曰“天仓”，岩洞者曰“地仓”。蛰居无所事事，目惟舐掌，一若可以疗饥者。或谓其因掌在砂石中磨砺，久恐来春难出走，故以舌舐，以牙啮，将蓄锐也。牝熊生犊必两，辄一日数移其穴，意恐猎者侦而窘之。最足令人发噱者，则其携子过河一事。熊将过河时，不论河深浅，不使子熊先涉，必觅大石一，压一子，已乃偕其一速过彼岸，又觅一大石，压如前，即又返而相寻。当觅石时，务取其重者，故往往压毙。熊揭石见子尸，复趋彼岸，被压亦如前，母熊辄大号奔去。狼之黠者，每伺以果腹。村落傍山者，玉蜀黍成熟时，熊每入禾丛。人立而掌掠之，且掠且挟于肘，肘甚直，挟物难，每挟一黍旋落地。由垄之此端以达彼端。肘中终止一黍，余均弃堕。然其蹂躏禾稼亦实甚。猎者每从守望楼中发枪射之，命中与否必奔来，将楼推倒始逸。如山中枪击，须迎其面，因其闻枪辄掉头回奔，如在熊后击之，则适立其回奔之线路，鲜不被伤者。其性悍，即弹贯其胸，犹能拾泥草自塞伤处，狂奔数里乃卧毙焉。

麕，东人呼为獐。足高毛粗，形如初生之驹。从前无有猎取者，嗣高丽人来此，就丛莽间隙地架一长绳，中系绳圈，麕穿隙过，则颈乃套入焉。大抵，野兽属何种类，辄有一定之行径，且往还多出一辙，故与遇必不能免。系牡麕之脐，成圆椎形，割下，大仅如桃，价值亦远不如山西五台及滇蜀产。然近今山民效高丽人弋猎，所获殊多，亦为吉省出口药材之一。

闻诸猎者云，山中百兽俱有，虎豹为常兽，不甚可畏，往往与人相望而行。人苟不伤之，亦不伤人也。熊最猛，苟遇之，无不伤人者，且善与猎人斗。盖虎豹背枪而走，熊则迎枪而扑，使一枪不中，猎人无不支裂。其次猛者为野猪，亦多伤人。狼，最险，其害人能出人不意。惟豺殊仁慈，人每以豺狼并称，乃不知其性耳。凡入山行猎，夜宿窝棚，防有猛兽来袭，必先作呼声引豺来。饷以糗粮，辄绕窝棚遗溺而去，以示护人。盖豺溺最毒亦虽膻，百兽践之则烂，闻臭必引避云。

猎者蓄狗，大者能搏虎豹，小者则为逐兽之用。每于黑夜中闻虎啸，则放小狗出，谓之“送客”。狗驱虎前行而吠，虎闻声辄奔扑，将及，则旁匿于林，再驱虎，再奔，再匿，如是数回，虎去已远，其狗乃归，安息无患矣。

宁古塔等处产鹰雕。前清于其地曾设“鹰把式”多名，捕鹰以进，为行猎之用。其鹰品之最贵者曰“海东青”，纯白为上，尾毛可用为扇，高三尺余，喙如铁钩。昔宋徽宗善画白鹰，在宫中时多画之，宣和款识，当世所珍。关内无白鹰，乃乐画此，其后卒置身五国城，确在今宁古塔旁近。虽一画品，实恶谶也。又吉林产东珠，宋崇道、熙宁间，汴中朝贵乃极尚之，谓之北珠见《北盟会编》，气机所感，运会所关，抑亦“女真髻错到底”之喻也。

清初，有所谓使犬部者。如今临江等处，每于江上结冰，用狗扒犁。俄境亦有之。其狗皆肥壮而驯，一扒犁以数狗驾之，而头狗价最昂，俄人购者往往一狗值四五百羌洋也。使鹿部更在使犬部之外，而使犬部中亦能使鹿。既如四不象，复非常鹿，其形高大如马，身无斑点，谓之马鹿，兴凯湖以北多产此，可以驮重致远。马鹿之茸亦宝贵，惟较之梅花鹿则相去远矣。

明永乐后，开原、抚顺、广宁俱设马市，缘马为满洲东北部特产，即今之三姓、临江、富克锦等地是也。明室既衰，马市既废，满洲之马群亦空，盖当时地尤荒漠，俗尚游牧，是以多马。清帝既有天下，而发祥之地设官为治，人烟渐稠，且习游惰，已鲜强劲之风，马群亦无地可以容放，产马遂稀。马群，今蒙古尚有之，出时千百成群，虽妇人童子，皆能制驭，纯以耳马子为瞻导。耳马子者，马群中之长也，众马咸服之。每于日斜将归，马皆四散，驭者持长竿，头有网，网有绳，牵之于手，遥挥其竿头，网得耳马子收绳以归，则众马皆归矣。

貂皮为吉林特产。毛根色青者曰青鞟；三姓以东，毛根略紫，曰紫鞟。高丽、奉天产者，毛根灰白为草鞟。自以紫鞟者为上。盖气候愈寒，则毛色愈纯厚，故三姓以东之皮张最良，不独貂皮为然也。捕貂者用钉碓法：于森林之中筑一碓房，四方钉碓四股，每股长周三十里，钉碓约三百盘，四股之碓共千余盘，二人守碓房，各日一巡视。其碓式或就倒木，或伐大木为之。左右钉五寸高木桩两排，每排八株，中以两株为门桩，下置活木滚棒。碓槽阔五寸许，后钉一小桩曰老桩，再以丈许、径五寸许之木杠，尾刊透豁，又于老桩卧碓槽中，杠头钉一木钩，曰挂钩。左旁竖立木有杈，用一小木挑杆，架于立木杈上，将木杠挑起，下端縋绳，尾系寸长消息木，卡于门桩处之活木滚棒，再用两条细棍压滚棒于碓槽中，曰"桥梁"。后用分厚之薄板两片，曰"桥页"，交搭"桥梁"上，俟貂鼠路过倒木，踏上"桥页"，致压滚棒下沉，消息木脱出，则木杠下落而压毙矣。以寒露节为支碓期，谓之"推桥页"。至霜降后捕貂最多之时，谓之"打响草"。以貂好捕灰鼠，其时落叶满地，貂踏草有声，恐灰鼠惊遁，即跳身倒木而行也。貂在森林追捕灰鼠，往往游行各山，无定居；响草时亦为过貂期，因林中松子已实，灰鼠奔走觅食松子，貂则随之，故捕者视松子之有无，以占繁歉，捕貂而兼捕灰鼠焉。至大雪节，则收拾老碓，因雪地无声，貂不登碓，且冰冻碓亦凝滞不灵耳。大雪节后，乃另组撵貂法。其时，森林中每夜多降雪，貂昼眠夜出，挨搜树窍中以捕鼠，天明即伏树窍之内。捕者于清晨负一背兜，内插板斧，外带火具、硫磺线、风扇等物，于雪中踏验夜间貂踪，必验明有入迹而无出者，先以树枝杜塞窍口，恐其出窜。再用烂木屑为火具，取硫磺线燃之生烟，以风扇扬烟入窍之。俟熏满，以土和雪将窍口严掩，使貂闷毙窍中，再以斧伐木，取之出。近时业此者，多用网兜并畜养猎犬，闻嗅定巢，较捷易矣。

魏声龢：《鸡林旧闻录》，李澍田主编：《长白丛书》（初集），长春：吉林文史出版社，1986 年，第 60—64 页。

《吉林汇征》第七章《地质·物产》

鹰　辽以东产鹰，自东海来者谓之海东青，辽人酷爱，岁岁求之女真，至五国战斗而后得。宁古塔尤多，每年十月后，即打鹰，总以得海东青为主。鹰生山谷林樾间，视其出入之所，系绳张网，昼夜伏草间伺之。又有芦花鹰极贵重，鹰纯白为上，白而杂他毛者次之，若得色纯白者必送之内务府。海东青身小而健，其飞极高，能擒天鹅，搏兔，亦俊于鹰鹘。雕皆有窠，巢多缘峭壁为之，人不能上。惟海东青从未见有巢。《辍耕录》：海东青，羽中虎也。燕能制之，群集缘扑，即堕，以小制大，物性往往如此，犹黄腰啖虎之类也。李太白诗：翩翩舞广袖，似鸟海东来，盖东海有海东青俊鹘，白诗言其舞如海东青也。

雕　似鹰而大，色黑，出宁古塔诸山。其品不一，上等黑者曰皂雕，有花纹曰虎班雕，黑白相间曰接白雕，小而花者曰芝麻雕。羽宜为扇。雕之大者能捕獐鹿，山中间有之，翅若车轮，爪同锋刃，双眸喷火，长喙反钩，扬风有凌云之志，鸷鸟之雄也。

雉　黑水靺鞨俗插雉尾为冠饰，近时俄妇人仍效此妆，惟俗呼野鸡。辽东野鸡颇有名，惟吉林之野鸡最肥，油厚寸许。出猎秋间，号打野鸡围。

沙鸡　似雉而小，脚有毛。《尔雅》谓之鵽鸠，俗呼沙半斤，亦名树鸡。多出林中，不在沙漠之内，土人所谓飞龙或即此也。

虎　喜跳荡，故多居深山丛林中，不常见，土人多讳言之，曰山神，莫之敢撄也，又称老妈子①。白质黑章者尤猛挚，虎昼伏夜行，猎者恒蓄犬，猎犬不畏威，闻虎啸则驱虎前而吠嗥，虎怒逐之，将及，犬则匿于林。再驱，虎再奔再匿。虎去已远，其犬乃归。猎者捕虎总在冬令，以其毛毹厚始有价值也。每于雪中伺虎行迹，虎前行必寻旧路归，猎者辄于路张机，其法横系一铜线，一端曳于引满之机关，弓架入铳机，虎触之，弹发怡中其前胸，既负伤，辄奔越数里，按其血迹追寻，乃就毙所而后敢取焉。

豹　似虎而小，白面团头，色白者白豹，黑者黑豹，文圆者曰金钱豹，最贵重，文尖长者曰艾叶豹。

豺　足似狗，瘦如柴，鸷猛善逐兽。猎者畏猛兽，恒作啸声呼豺至，啖以干粮，绕其居遗溺而去。豺溺最膻，百兽皆畏，故闻之俱引避也。豺性最慈仁，而世以豺狼并称，殆未能识其性也。

狼　吉省到处皆有，惟东北诸山之狼皮为最厚，盖其地气候严寒故也。以

① 在清代也有年纪大的女仆之意。

皮毛青白者贵，可为坐褥。性最险，能出人不意，故人皆避之。

熊　大者为罴，小者为熊。熊各处皆有，罴惟盛京、吉林始有之，他处所无。俗呼为黑瞎子，以其目甚小，睫毛厚而易蔽也。有马驼、狗驼二种，其实即罴熊也。马驼高四五尺，重千斤，狗驼高二尺余，重亦五六百斤，性悍而有力，马驼常与虎斗，胸腹有白毛者为最悍，力能拔树，亦能升树，每端坐树上，用前掌折树枝压于股下，有时树折堕地则矗立狂啸，如人笑声，猎者恒畏之。不食肉，入冬则蛰伏洞中，俗曰墩仓，在树窟为天仓，岩洞中为地仓，终日舐掌若以疗饥，或曰熊性爱掌，平时在砂石行走，冬后不能行，故日以牙啮磨砺，洞中气焰蒸薰，霜雪中一望而知，猎者恒于洞中射杀之，性最憨，生犊必两，惧猎者侦其窟，一日辄数移焉。熊携子过河，不论深浅，必先觅一石压其子，巳乃偕其一过河，登岸又觅石压之，遂返而相寻。觅石取其重大者，往往压毙，熊揭石见其子已死，复趋彼岸，压毙亦如前，辄号呼奔走，狼之黠者每以果腹。当玉蜀黍熟时，熊入禾丛中，人立而掌掠之，且掠且挟于肘，肘甚直，每挟旋落地，禾稼蹂遍，肘中终止一黍，狩猎者常从望楼中发枪射之，命中与否，熊必来将楼推倒。凡兽背枪而走，熊迎枪而扑，即弹贯其胸，犹能拾泥草自塞其伤，狂奔数里乃毙。熊胆能疗目疾，熊掌为食品八珍中之一，熊皮《禹贡》列入贡品，今则不甚宝贵焉。

鹿　吉林产鹿最多，有马鹿、汤鹿、毛鹿、合子鹿。牡者有角，夏至则解，牝者无角。鹿角鹿顶合，燕以北方可车，须是未解角之前才解角，血脉通好者有人字，不好者成八字，有髓眼，不实者。北人谓角为鹿角合，顶为鹿角台。南鹿不实，有髓眼，不可车，北地角未老不至秋时不车。鹿尾亦食中佳品，鹿茸以紫茄色者为上，长数寸，破之肌如朽木，茸端如玛瑙红玉者最善。

麋　似鹿而色青黑，大如小牛，肉目下有二窍，为夜目。麋角与鹿角不同，麋角如驼骨，通身可车，却无纹，鹿角骨有纹，《野客丛书》：麋鹿两茸性相反，麋茸补阳利于男子，鹿茸补阴利于女子。《月令》仲夏鹿角解，仲冬麋角解，鹿以夏至陨角而应阴，麋以冬至陨角而应阳，故知二者阴阳之性不同，鹿肉暖以阳为体，麋寒以阴为体，以阳为体者以阴为末，以阴为体者以阳为末。末者角也，其本末之功用又不同也。

麈　吉林所产，有鹿形，俗呼为四不象，即麈。《王会解》：稷慎大麈。孔晁注：稷慎，肃慎也。贡麈似鹿是麈，又为吉林所特产也。一名驼鹿，色苍黄无斑，颈短，项下有肉囊如繁缨，角扁而阔，莹洁如玉，中有黑理，蹄能驱风疾，其形蹄似牛、头似马，身似驴，角似鹿，不刍不豢，惟食石花，奇勒尔、俄伦春人养之，用则呼之使来，牧则纵之使去。性驯善走，德同良马，《竹叶亭杂俎》谓其皮可为半臂，衣之愈久则愈厚，亦愈软，若为油衣所污，俟其干揉之，仍复如故。凡皮见水则硬，衣此者若污可加浣濯焉。闻此衣油垢既甚可御火枪，刀钝亦不能刺入也。宁古塔乌苏里江时有之，一名堪达汉。

獐麝狍麅　皆鹿类，獐即麢[①]，无角，肉亦可食。《尔雅》：獐，大麕麃，郭璞注：兕，即獐。麝形似獐，一名香獐，喜食柏。脐血入药为麝香，不如滇产，高丽人来此取之，其法于榛莽隙地架长绳，中系绳圈，麝穿过则颈套入，系麝之脐成圆顶形，割如桃大。近今山民恒效弋取之。狍色苍赤，形比内地所产稍大，味腥，皮可御湿。麅毛长，大足，皮堪为履舄。

野猪　黑水靺鞨俗编发，缀野豕牙。《明一统志》：野猪，女真出。今山中有之，大如牛，形似彘，耳稍小，上下齿外出而有湾卷，利逾锋刃，驰突时猛如虎兕，且周身日衬松油，厚有寸许，名曰挂甲，枪箭不能入。此外又有豪猪，身有刺，白本而黑端，怒则激去，其利如矢射人。

山羊　生山中，似羊而大，即羱羊，亦名盘羊。鹿身细尾，两角盘背，上有蹙文，善登山，皮黑灰色，血可治疾，又名野羊、悬羊，类青羊而柔毛过之，据本草云，山羊即野羊，亦即羱羊。

狐　皮有黑白黄三种。色赤而大，夜击之火星迸出，毛极温暖，集腋为裘。玄狐出混同江下，大于火狐，色黑毛暖最贵，经年不易得，青狐名倭刀，黄狐乌稽所产，又有沙狐，生砂碛中，身小色白，腹下皮集为裘，名天马咳皮，曰乌云豹。一说狐与貉交生小狐为倭刀。

貂　貂皮为吉林特产，向有贡貂诸部，号谓打狐狸部，大抵在混同江、乌苏里江两岸。貂以毛根色青者为最佳，曰青鞟，三姓以东产之，毛根略紫者为紫鞟，高丽、奉天产之，至毛根灰白名为草鞟，各处皆有，捕貂之法，设一碓房于深林旷野地方，四方钉碓四股，每股长周三十里，钉碓约三百盘，四股共千余盘，其碓式就倒木或伐大树为之，左右钉五寸高木桩两排，每排八株中以两株为门桩，下置活木滚棒，碓槽阔五寸许，后钉一小桩曰老桩，再以丈许径

---

① 即麋，又名四不像。

五寸许之木杠尾刊透溪，又于老桩卧槽中杠头钉一木钩曰挂钩，左傍树木有杈，用一小木挑杆架于立木杈上，将木杠挑起下端，缒绳尾系寸长消息木，卡于门桩处之活木滚棒，再用两条细棍压滚棒于碓槽中，曰桥梁，后用分厚之薄板两片，曰桥页，致压滚棒下沉，消息木脱出，则木杠下落而压㹨矣，以寒露节为支碓期，谓之推桥页，霜降后谓之打响草，貂踏草有声，善捕灰鼠，往往于林中松于熟时伺灰鼠觅食随后取之，而捕貂者亦以是占其踪迹而兼获焉，至大雪后，则又于山深雪地验貂迹，貂昼眠夜出，挨树窍以捕鼠，即伏树窍内，捕者负一背兜，内插板斧，外具硫黄、线、扇风等物，踏雪地有入迹无出迹者，先以树塞其口，用土屑杂硫黄线燃之，以风扇扬烟入窍熏，窍口严掩，使闷㹨树窍中，后伐木取出，于皮革毫无伤损，亦有用网兜并蓄养猎犬嗅，较便捷矣。

猞猁　猞猁孙即土豹，类野猫而大，耳有长毫，白花色小者曰乌伦格。《格致镜源》云，事物钳珠，猞猁孙，黄黑色，皮可裘，出女真。

狸　《册府元龟》唐开元七年，靺鞨献白兔、猫皮，居山谷中，狐类，口方色黄，有斑，善搏，亦曰野狸。

獾　似狗而短，体肥行钝，皮宜裀褥，形如狗，喙如豕，足皆五爪，毛深重，油能治火伤。

貉　状如狸，斑色，其毛深厚温滑，可为裘，俗名野马，其皮纹上圆下方，寝处其皮者立能解醒，设有警急毛辄竖。

鼠　吉林所产之鼠，有银鼠、灰鼠、豹鼠、鼯鼠、鼪鼠、黄鼠、鼢鼠、松鼠等名。银鼠，毛皮洁白为诸鼠之冠，灰鼠即青鼠，灰白为上，灰黑次之，豹鼠即《尔雅》所谓豹文鼠是也。郭注：鼠文彩如豹。鼯鼠状如小狐，肉翅，翅尾项胁，毛紫黑，脚短爪长，尾三尺许。鼯鼠一名鼬鼠，又名黄鼠狼，又名骚鼠。其尾高丽人取之以作笔。黄鼠，《契丹志》：刁约使契丹为北语诗云，密赐十貔狸。注：形如鼠而大，穴居，食谷粱，肉味如豚而肥，今呼豆鼠，头似兔，尾有毛，黄黑色，性好在田间食豆谷。《宁古塔纪略》：乌稽出黄鼠，食之最佳。如有鼢鼠即田鼠，形似鼠而大，穿地以行。松鼠苍黑色，大尾，好食果蓏，小者不过三寸，通身豹文。

郭熙楞：《吉林汇征》，李澍田：《长白丛书》（五集），长春：吉林文史出版社，1993年，第224—229页。

二、植物

《长春县志》卷之三《食货志》

蔬属

葱　分二种：春发曰羊角，秋种曰白露。气味辛，根须亦可入药。有山葱，《尔雅》谓之茖。

韭　《礼》名丰本，早春最美。《南史》周颐所谓：春出早韭，即此。茎曰韭白，根曰韭黄，至秋结花尤佳，可作杂菹。有山韭，《诗》谓之郁，《尔雅》谓之藿。

蒜　一名胡蒜，相传其种自汉张骞使西域携归。有紫皮、白皮二种，独头者可入药。又，小蒜生田野间，俗呼小根菜，味辛而烈，或谓日薤。《本草》：薤，即火葱。又有山葱，《尔雅》谓之葝。

芥　有青芥、紫芥、白芥、南芥、荆芥、旋芥、花芥、石芥、皱叶芥，皆菜之美者。俗以大芥为芋芥，以马芥为痴芥。白芥子入药。

茴香　一名蘹香。生苗作丛，肥茎绿叶，粒小可入药。又有小茴香，为西域种，亦入药。

秦艽　有二种，味极辛，生青熟红。又一种，结实向上者，名天艽；状如柿者，俗呼柿子艽，亦可入药。

芫荽　一名胡荽，俗呼香菜，亦名蒝荽。人喜食之，相传其种来自西域。

白菜　分为二种，即菘也。肥厚嫩黄者为黄牙白，窄茎者为箭杆白。居民多灌园种之，为秋末珍蔬。近今有外洋白菜，最肥大，叶青黄色，细嫩无筋。

菠菜　丛生圃中，其叶锐茎细，即菠薐菜也。原出颇薐国，又种后必过月朔乃生。

苋　赤白二种，皆可茹。又，马齿苋一名五行菜，以其叶青，茎赤，花黄，根白，子黑也。

蒿　野外最多，亦可茹。蒌蒿，今呼为菑蒿菜。

芹　水旱二种，白茎细叶圆，可为菜蔬。山芹生于野者亦同，即紫堇。

苏　有紫白二种，可榨油，品在菜油下。二十年前为食料、燃料大宗，近以豆油代之者，因石油畅行日广，豆油用途亦隘矣。

荠　开细白花，结荚如小萍，初生可茹。

苦荬 叶似苦苣而细，断之有白汁，花黄如菊，根叶皆可茹。此为苦菜，即《诗》之荼菜也。

渠麻菜 吉林处处有之，然生无常地常时，多在旺地，亦可茹。（《吉林外纪》）按：渠麻菜，即苦菜，关内谓曲荬菜，以其叶多曲齿，又根茎皆屈曲也。有甜苦二种，俗呼甜者曰甜荬，苦者曰苦荬，此在实地调查，未可但据一二人纪载偶殊，遂谓实有二物也。

灰藋① 作蔬最佳，其子蒸曝取仁，可炊饭及磨粉食。（《广群芳谱》十五）

蘑菇 种类不一，生于榆者为榆蘑，生于榛者为榛蘑。而榆蘑生树窟中，味尤美，即古所谓榆鸡也。旧志，蘑菇有冻青、羊肚、蒿子、鸡腿、银盘、粉子等名。

狍子尾 即猴头。蘑菇个莫大于猴头，味最鲜于鸡腿。（《柳边纪略》）吉林一省，尤为产蘑之区。生于倒枯松上，圆茎一二尺而色白者为松花蘑，最不多得。紫色而散生者为松散蘑。砍伐椴树，俟三年后枯朽而生者为黄蘑，又名冻蘑，色深黄。生于桦木上而有刺者名刺蘑。耦生者为对子蘑。秋生者为花脸蘑，但性最寒，不易多食耳。（《东华辑略》）

木耳 质厚，味胜他产。

山药 本名薯蓣，亦可入药。（《盛京通志》）

芋 一名土芝，味甘，肉白皮黄，蒸煮食之甚美。近有海外土豆，皮淡红色、大于中产；又高丽土豆，黄白色，但其味均不及中土所产者。

甘薯 其根似芋，大者如鹅卵，小者如鸡鸭卵，剥其皮，肉白如肌，蒸煮均皆甜美。有红白二种，红者名红薯，白者名白薯，俗则呼为地瓜。（《本草纲目》）

萝葡 圆而皮红者为大萝葡。长而色白者为水萝葡。子入药，名莱菔。又一种色紫黄者为胡萝葡，均为常蔬。

生菜 即莴苣。白色开黄花，断之有汁如苦荬，结子亦同，宜生食。色紫者名紫苣，和土作器，火煅如铜。（《广群芳谱》）

茄 一名昆仑瓜，一名洛苏，亦名酪酥。红白二种，有海茄、水茄、旱茄

① 1941年版《长春县志》为“蓧”。

之别，色亦各异。

红花菜　一名红百合。根似百合，小而瓣少，茎亦短小，叶狭而尖，开红花六瓣，亦结小子，即仙丹花，今之卷丹也。白者名百合，根如蒜头，有分瓣，根可食，亦入药。（《盛京通志》）

黄花菜　生于野外，小科如荠，花正黄色，一棵数花，结数子，形似油菜，取为羹茹，甚香美，亦名金针菜。（《盛京通志》）

河白菜　河边两岸多有之，土人采为菜蔬。

老羌菜　一名俄罗斯松，抽薹如莴苣，高二尺余。叶出，层层删之，其末层叶叶相抱如球，取次而舒；已舒之叶，老不堪食。割球烹之，略如安菘。郊圃种不满二百本，八月移盆，官弁分畜之。（《盛京通志》）

瓜属

黄瓜　种来西域，茎绿有刺，蔓长数尺，开黄花，结瓜细长形。又高丽瓜，色黄，形圆，俗呼柿子瓜。

倭瓜　种出东洋，开黄花，叶大如蕉，结瓜扁圆形，味最甜香。

南瓜　种来南番，茎长叶大，结瓜甚长，其味微甜。

搅瓜　形似倭瓜而小，内生筋丝，酱腌蜜渍皆宜，食时以箸搅取出之似缕。今俗呼为西葫芦。

匏瓜　即葫芦。今俗以长者名匏子，圆者名葫芦，皆可食。细腰者为药葫芦，小扁者为油葫芦。（《盛京通志》）

西瓜　形似扁蒲而圆，皮色青翠，其飏类甜瓜，味甘脆，中有汁，熟时加意保存，可留数月，但不能经岁，亦不变黄色。有久苦目疾者，曝干服之而愈。

甜瓜　有银皮瓜、芝麻粒、哈嗼腿诸名，均极香甜。夏日尽饱无破腹之患。又有羊角蜜、白沙蜜、虎皮脆、灯笼脆、铁把青、黄金棒诸名，元表蜜里，素肌丹瓤，香沁齿颊。

果属

桃　园圃中有植之者，味亦甘酸，然不及他省之美。

李　园圃中有植之者，大如花红果，中满涵黄汁，甘芳如蜜。

杏　园林皆植杏树，有名荷包杏者极大，熟时丹黄色，味酸溅齿，食之亦美。

安石榴　园圃植石榴者无多，惟各家多有以木桶、瓷缸栽植者。其叶细小，花深红色，又一名海榴。

玉樱 红白相间，其红者为朱樱。

葡萄 园圃中亦不多有，每家间有栽植三四架者，有紫碧、圆长之别。又一种山产，实小味酸，分黑白二色，其小而黑者，即《诗》之薁也。

张书翰，马仲援修；赵述云，金毓黻纂；杨洪友校注：《长春县志》，长春：长春出版社，2018年，第118—121页。

《长春县志》卷之三《食货志》

草属

红根草 产于深山之内，叶瘦而长，柔韧可为草绳。

苘麻 亦曰蹟麻。吉省地多山林，最宜植麻，土人多种苘麻，为绹绳之用。

线麻 又称为大麻。雄曰枲，雌曰苴，子实可榨油。种山谷间，大暑割刈，以水浸之，妇稚共同剥劈，捆载售于城市。

大麻 雄曰枲，雌曰苴，子实可榨油，皮沤为麻，曰线麻。

烟草 俗呼黄烟，为吉省特产。冬以烟管吸之，可御寒。近年外商购收精制，利市三倍，为消耗品，绝大漏卮。

靛 一名蓼蓝，可以染布，靛入药，名青黛。

马蓝 似蒲而小，花蓝无香，可作染色，根可作刷，月令荔挺出，即此，子入药，名蠡实。

羊草 俗名羊胡子草，生原野间，长尺许，黝色油润，饲马肥泽。居人七八月刈而收之，经冬不变。

雁来红 一名秋红，春夏叶色青黄，至秋时则渐红如花。土人谓之老来变，一名十样锦。

香蒲 嫩时如笋可食，茸入药，名蒲黄，亦名菖蒲，生水中。

芦苇 一名萑，《诗》：八月萑苇；一名葭；《尔雅》：葭芦，注曰苇，一物而三名也。（《盛京通志》）

灯心草 即水葱。生水中，如葱而长，又可为席，今织作扇，曰蒲扇。

木属

开合木 一名金银柳。结子如花，至冬不凋，木纹细润。（《盛京通志》）

楸　类核桃树，其木可为箭杆及船桨，土人每岁采收备用。皮最坚韧，可束物。

榆木　鸭子河在长春城东北，四面皆沙埚，多榆柳。（《辽史志》[①]）吉林榆木其类不一，皆美材，刺榆、花榆尤佳。刺榆大者可为车轴。花榆纹细，宜为几案。凡榆臃包处，花纹尤细，可饰器用，人多珍之。小刺榆叶初生时，鲜可茹；长丈余，质细而坚，枪杆多用之。

柳　山泽原野，所在皆有，高者数丈，小者丈余，杯棬之属多用之。今辽东皆插柳为边，掘壕于其外。

花巨柳　质坚致，可为箭杆。蜡虫食之，一名蜡条。

白杨　叶微小，皮白，可作箭杆。一种生于泽者，刳为槽盆，性不燥裂。

黄杨　树最低小，叶如白杨，木坚纹细，深山内有之。

杻　《尔雅》谓之檍。皮纹纠结，质最坚，俗名筋子木，大者为车轴，次于榆轴。

青冈柳　今山中皆有之，亦柞类，其材可为弓及车辕等物。

冻青　寄生树上，叶圆子红，经冬不冻，青翠可爱。

水屈律　树干深灰色，少槎丫，质坚而柔。

张书翰、马仲援修，赵述云、金毓黻纂，杨洪友校注：《长春县志》，长春：长春出版社，2018年，第122—123页。

《长春县志》卷三《食货志》

林

概自虞衡失掌，林政怠荒，山泽弛禁，樵采不时。浸致山赤童壤，弥望榛芜。非特斧斤之取无从，抑且旱潦之灾莫御，弃利于地，良用慨然。长邑隰野尽辟，农产代兴，所谓千年窝集，早已戕伐无遗，仅伊通河岸灌木丛生，用能巩固堤圩，消除灾患，诚天然保安林也。惟因保育无方，日遭摧毁，渐失曩时蓊蔚气象。宜及时奖励造植，以为倡导十年树木，其效乃宏。爰述道立苗圃梗概，用示造林楷模焉。

道立总苗圃，创始于民国五年三月二十六日。就长春西北杏花村旧址组织成

---

① 《辽史志》：似应指《辽史·地理志》

立，面积约四十余亩。为王古愚太守所创之课农山庄，苗圃事务所即设于是。

民国六年，添购民地四垧，划分四大区，一大区分四小区，以一大区为播种地，余三大区为床替地。开办之初，原定开办经费大洋三百九十九元，购地费大洋一千元。嗣以地值超过预算，复请追加大洋七百元。

六年度因扩充苗床，经费增加，全年计支大洋两千九百一十元，由吉林、长春、伊通、德惠、双阳、长岭、农安、舒兰八县摊缴，每月计支大洋二百四十二元五角八分三厘。民国七年，凿井一眼，增建房宇。民国八年添设陈列室、成绩橱，搜集木材标本，以备参考。兹将历年育苗成绩分列如下。

民国五年　播家榆三十畦，得秧苗四千株。

民国六年　得阔叶树秧七万余株。

民国七年　得树秧十万余株。

民国八年　得秧苗九万八千余株。

民国九年　得秧苗八万五千余株，出圃苗木三万二千株。

民国十年　得秧苗九万二千余株，出圃苗木五万株。

民国十一年　得秧苗八万余株，出圃苗木十一万株。

民国十二年　出圃苗木三千八百六十四株。

民国十三年　出圃苗木一万六千株。

民国十四年　出圃苗木二万二千株。

民国十五年　出圃苗木一万八千六百株。

民国十六年　出圃苗木一万九千三百五十株。

民国十七年出圃苗木三万零二百六十株。

张书翰，马仲援修；赵述云，金毓黻纂；杨洪友校注：《长春县志》，长春：长春出版社，2018 年，第 147—148 页。

《民国农安县志》卷二《物产》

天之生物以养人也。禹贡九州，备详方物；汉书十志，不废土宜；尔雅有释物之文；毛诗有咏物之篇。非异其物，异其地也。《晋书》夫余国出善马貂豽。《辽史·营卫志》春巴纳[①]曰：鸭子河在长春州东北，皆沙埚，多榆柳。

① 春捺钵。

海陵集牛鱼出，混同江牛鱼，鲟鳇也。《金史》上京岁贡秦王鱼，即此。《大金国志》金太祖十四年，生红芍药。北方以为瑞，其见诸载籍者，与今农安无殊。东珠人参惟江东各县，有之农安则否。然而楩楠杞梓维山之灾，珠贝犀齿非民之福。但使布帛菽粟足如水火，仁天下之治不外是矣。而农安之物产又何尝少哉。志物产。

植物

木之属

榆　杨　柳

按：农安皆家榆、白杨。村旁道畔种植成行，伊通河及大苇子沟，两岸多植柳，江湾柳条尤多。

果之属

桃、李、杏、梨、樱桃、欧李、海红、花红、葡萄

按：杏、梨等以三区小城子、五区于家园子果园为最著。海红、花红，八区鞠家园子有之。农安北境，毗连蒙界沙地中生一种植物曰“欧李”。高不盈尺，结实，类樱桃，秋熟，其味甘。相传，清代每当熟时，有人来此购买，以备皇室食品，亦特产也。

花之属

丁香　玫瑰　向日葵　高丽菊　菊　鸡冠　龙爪　凤仙（一名指甲草）山丹　芍药　燕子花（一名马兰）

按：盆植者，如牡丹、仙人掌之类甚夥。然皆购来品，非农安本产不书。

药之属

防风　车前子　蒲公英　甘草　黄芩　远志　白赤芍　狼毒　丁黄　莱菔子　地榆　桔梗　百合　苦参

按：地榆、甘草产于艾甘兔。桔梗、防风、百合、苦参，学田地南山有之。六家子及花园产狼毒，能医癣疥及他疮，有毒性。他县民移此者，往往误服而死。余见戊己报告书物产表。

谷之属

详农业

蔬之属

葱、韭、芥、蒜、菘、芹、菠棱菜、蔗荽（即香菜）、茄、萝葡、生菜、马

铃薯。

瓜之属

胡瓜（俗称黄瓜）、倭瓜、搅瓜、香瓜、西瓜。

草之属

哈哩海、德拉苏草、靰鞡草、油包草、香蒲、香草、靛。

按：哈哩海城子，有草类益母。蒙人呼曰：“哈哩海德拉苏草。”可制门帘及凉帽。见戊己报告书。

以上新调查。

郑士纯修，朱衣点纂：《民国农安县志》，凤凰出版社选编：《中国地方志集成·吉林府县志辑②》，南京：凤凰出版社，2006 年，第 52—53 页。

《民国安图县志》卷二《物产志》

安图地处边陲，森林葱郁，若论土质，非尽硗瘠，五谷虽不能全种，而麦豆亦为大宗。一言出产，则有人参、黄芪等药材，木耳、蘑菇诸食品，又有飞禽走兽种种特产，且木产之丰富遍于全境，惜林业未能开办，以此天然之利视为无用之材，岂非其深闭固拒自甘贫困者乎。兹特举安图所产动植诸物，据采访所及逐一看之，于篇以待后之君子考方物。观世变者有所原本，亦庶几周官土训，斑氏地理之遗恉乎。

臧文源、孔广泉纂，陈国均、马空群等修：《民国安图县志》，凤凰出版社选编：《中国地方志集成·吉林府县志辑④》，南京：凤凰出版社，2006 年，第 148 页。

《民国安图县志》卷二《物产志》

特种物产志

天地之大无物不载、无奇不生，不得以我之未见未闻臆断其无有也。盖山川之土质既殊，气候之冷暖亦异，不但物产不同，即偶同而名称亦不一，或睹物而不知其名，或知名而未详其状，即读尔雅者未必穷其本，稔博物志者亦未必悉其源甚矣哉。天地之化生万物不可测也。安图森林茂密，所有飞潜动植各物，时人多有不能命名者，即欲记录，苦无所从，姑采数种载诸志，书以待博雅君子继起而考证之，则遗漏之讥庶或免焉。

植物

菌类

木耳。一名木蛾，李时珍曰：木耳，生于朽木，无枝无叶，乃湿热余气所生。曰耳者，象形也。有黄白等，色白者最贵，黄者次之。

元蘑。一名黄蘑，俗名冻蘑，因其冬初而生故名。安图此蘑最多，为出产之大宗。

榆蘑。菌类，生于朽榆，形厚大、色淡红。因不多见，故极珍贵。用以入药可治痢疾。

榛蘑。亦菌类，生柞榛诸树下，味胜元蘑。

花蘑。亦菌类，生于草甸，盖有花纹，又名花脸蘑，较诸他种，味尤佳美。

臧文源、孔广泉纂，陈国均、马空群等修：《民国安图县志》，凤凰出版社选编：《中国地方志集成·吉林府县志辑④》，南京：凤凰出版社，2006 年，第 191 页。

《民国临江县志》卷三《物产志》

物产志绪言

临江地方数百里，山岭重叠，物产以木材、山参为最，煤炭、五金诸矿亦随地发现，他如羽毛鳞介、蔬果花草之属，较邻近诸县亦无甚差异，惟土质硗而气候寒。凡谷类中之高粱、稻、麦，其生成远不如内地，而蚕桑更无论矣。兹特将采访所及一一著之于篇，以待后之君子辨土宜考方物者有所原本，亦庶几周官土训、班氏地理之遗旨乎。志物产。

邱在官、罗宝书纂，张之言、刘维清修：《民国临江县志》，凤凰出版社选编：《中国地方志集成·吉林府县志辑⑤》，南京：凤凰出版社，2006 年，第 147 页。

《民国临江县志》卷四《实业志》

实业志绪言

帝国肇基，百业维新，欲培国基，首宜实业。实业者，致福之源、国家之命脉、民众之生活也。临江素称天府，物产丰饶。热心实业者，每于县境，三致意焉。惟层峦叠嶂、沙砾确硗，农业恒落他县之后，此人所公认者也。他若商业、工业、矿业、林业经营日繁，获利渐厚。惜皆泥于土法，无专家之提倡，其发达不无较迟。且森林占全境三分之一，林业一项尤为群业之冠。其次则煤业，已渐扩张。惟三区之铜矿，四区之银矿，惜已试办而中止。大栗子沟之铁矿久已潜销于鲜民，而当地居民不能采办。苟得实业专家以振兴之，其发达宁有极乎。兹以探访所得凡关于实业者均备载之，以作实业家之参考，则斯编之作庶于实业不无小补也。志实业。

邱在官、罗宝书纂，张之言、刘维清修：《民国临江县志》，凤凰出版社选编：《中国地方志集成·吉林府县志辑⑤》，南京：凤凰出版社，2006年，第199页。

《抚松县志》卷一《物产》

木属

松 种类不一，为本境出产。土人以结子可食者为果松，亦称红松；松无子者为杉松；秋后落叶者为黄花松，又名落叶松；脂多者为油松；叶细如针者为毛松；叶锐如刺者为刺松；皮似鱼鳞者为鱼鳞松；白山附近茎似葡萄茎，不高，故名葡萄松。

柏 本境亦颇有之，若赤柏、香柏。香柏俗名樠松，味最香，视为最贵重品，每以制箱柜，置衣不蠹，制寿材经久不朽，为最上之木材也。

槐 山中皆有之。花入药，未开者名槐子，可染色，花黄，叶椭圆，荚长寸许。

椴 叶大，皮黑，纹细，微赤者曰紫椴，相传老山参多生椴树下。皮可为绳引火，又可为蓑衣。

楸 类核桃，叶羽状，大；木细致，可制箱柜之属。

刺楸 叶为瓜形，皮有刺，木坚致，有花纹，可制箱柜之属。

茶叶 实如蝴蝶，可为黑色染料，俗名山茶叶，又名茶枝子。

榉椙 生山上者为山榉椙，质坚，可为枪杆。又有水榉椙，生近水处，皮厚，无黑斑纹，大者可为栋梁。

柳 与杨同类，纵横颠倒，植之皆生，而种类不一。乡村多植者为杞树。此柳长条下垂，木性极柔，用火逼以揉之，可为箱笼罗圈之属。叶似桃而狭长，花为小穗，春老絮飞似芦苇，花铺地如棉，黄丝袅袅，点缀村景，亦属不可少之木也。县城以柳做栅，可谓柳城，抚城十景第一曰“柳城春晓”。

杨　木名，柳属，而叶大如柳。有二种：白杨，叶芽时有白毛裹之，似梨叶而稍厚大，淡青色，背有茸毛，蒂长，两两相对，过风簌簌有声，高者十余丈，大者径三四尺。青杨比白杨较小，木亦耸直，高数丈，大者径二三尺，叶似杏而稍大，色青绿。

榆　有十余种，叶皆相似，惟皮及木理各异。刺榆、白榆结子亦异，白榆结子片片如钱，刺榆结子累累如粟，嫩皆可食。本境榆类甚多，美材以刺榆、花榆为尤佳：刺榆可为车轴；花榆理细，可为几案。

桑　有家桑、野桑之别。家桑叶大，茎半尺许，微圆而末尖，不结实。分根、压条皆可栽植。野桑叶小而薄，结实累累，生青熟红，熟极则黑，数十粒黏为一，味极美，种之亦生，但罕长大。木材未经尺则木皮即裂，木质色黄，根皮外黄内白，坚韧似麻，可造纸。入药曰桑白皮。本境气候寒冷，家桑有栽植者，经冬多冻死。

杻　似棣，细叶，叶新生时可饲牛。皮理纠结，质最坚，俗呼杻筋子。木大者为车轴，次于刺榆。

柞　与栩相似，但栩叶长而尖，柞叶阔面圆，柞樨枝有则皮皴厚，棱可为木材。

栎　亦柞类，土人多以烧炭，火力颇猛。

棫[①]　小木，丛生，有刺，实如耳珰，色深黄，中心黑赤，干直不曲，有细孔、可刻为杖。子大如小钱，圆扁均文理极细，俗呼曰扁蚤。核线穿成串，以供手玩。

挂塔松　寄松，垂生，长数丈，迎风飘荡，遥望若彩。

青刚柳　亦柞类，可为弓，叶较槲为薄，早春发芽，南城用以养山蚕，为秋季山蚕种。本境森林多有之。

煊木　类似黄檮椤，木皮煊，可包弓把，细者可为鞭杆及文明杖之用。

荆条　皮有红白二种，红者可为筐篓，皮黑而粗白者名铁荆条，可为杖。

白荚　刺长，皮润，角如猪牙，长而厚肥者多脂，长而瘦薄枯燥，子黑。

---

① 白棫，灌木，核果球形，暗紫红色，有蜡粉。

山藤 亦木类，枝柔韧，可为鞭杆，今有用之为文明杖者。

老鹳眼 一名鼠李，木坚致，有花纹，可染色，黑如老鹳眼，故名。刨光之，节花现出，圆润如眼，制为文明杖亦甚雅观。

东瓜木 似柜柳，皮色青。此木生于洼地，叶椭圆而有锯齿，木红而泡入水久不烂。土人多用垫井底。

黄杨 木坚不易长，山间者皆有之，制为文明杖颇宜。

冬青 寄生树上，叶厚微圆，无筋，子红或黄，经冬不凋。

臭梧桐 叶大色青，八月荚熟似豇豆，垂垂如穗，木材最有用。

枫 似杨，叶尖缺刻，分三瓣，经霜则红如二月花，森林多有之。

苦丁香 叶厚圆，有光，花细，成穗下垂，分紫白二色，生山者曰野丁香，山中多有之。

桦 叶椭圆，多纹。木质细硬，外皮千层，极厚而色白，层层可剥，以之裹湿物，可不走水分。木材富油脂，湿即能燃。白山巅无树，见树处即是桦树；桦树以上不生树，因桦树耐寒，生于最高处也。

花属

山牡丹 木本，花色不一，重瓣。有径七八寸者，于初夏时盛开，山林中往往见之，甚美观。

十姊妹 茎似玫瑰而小，一枝数朵相簇，不甚可观。

玫瑰花 小叶椭圆，叶有刺，花重瓣。红者可入食品，黄者花微小，俗呼刺玫。野开者，花皆单瓣，色红子赤，名山刺玫。

凤仙花 茎有红白色，叶长而尖，似柳桃。开花时，头翅羽足俱翘然，如凤状，俗呼指甲草。性能透骨，子入药。

生菜连 花有红白二色，单瓣，朵大，内生核，有子，入药名罂粟。

虞美人 似生菜连而小。

翠娥眉 随时侧映，鲜妍有致。

蜀葵花 花色不一，俗呼黍菊花，紫者可染色，红白者可治带疾。

向日莲 即葵花。

荷花 即莲花，有红白二色，大而可观。

鸡冠花 六七月开花，形如鸡冠，有黄红白数种，花最耐久，霜后始焦，子在穗中，黑细光滑。

高丽菊　似草芙蓉而小，花黄赤色。

指甲花　即金针菜花，喜生阴地，花六出四垂，嫩时采之可食。

六月菊　金钱花，旋覆花，皆此也。

山胭脂花　一名胭粉豆花，红、黄、紫、白诸色，类牵牛花，喇叭状，又名粉团花。

红蓝花　俗名红花，亦入药，园圃中多有种者。

金盏子花　花黄如盏，秋深犹茂。

玉簪花　此花处处有栽种者，最畏日光，宜植阴湿之地。二月生苗成丛，高尺许、柔嫩如白菘，叶大如掌，叶纹如车前草，嫩鲜无比，花开二三寸长。

卷丹花　六出四垂，大如山丹，先结子枝叶间，入秋开花于顶，根如百合，俗名卷莲花。

石竹花　枝如竹而小，叶细长，花单瓣，色杂俱备。

秋葵花　色正黄，开亦向日，与向日莲各为一种。

荷包花　亦海棠类，花红形似荷包，须与花下垂，故名。亦名荷包牡丹。

百日红　木本，花如丁香。

千日红　草本、叶狭长，有粉色开于枝梢，至冬，叶虽萎而花不落，俗名干疤花。

江西腊花　花似菊，色亦不一，枝颇摇曳，又名夏菊。

绣球花　丛生如球。

菊花　本境天气稍寒，诸花皆晚开，惟菊开应节，于秋季之月盛开。美丽可爱。

冻青花　叶如柳而圆，新叶生，旧叶始脱，花紫色，春夏方开。

月月红　即月季花。

佛顶珠　亦凤仙花之类，特独茎，花开茎顶上，大如凤仙花数倍。

鞑子香　常绿灌木，高一二尺，铁叶，春间就雪中开，淡红花色，灿烂可观，白山巅极多。

草属

青麻　原湿之田种皆相宜，叶大皮青，高几及丈，夏末时熟，花黄色，半花半果时刈获之，沤水中数日，剥皮为麻，用途甚多。

烟草　本境所产之黄烟，叶肥大，味最香美。

蓝靛 茎高二尺许，叶如蓼，开小红花成穗，叶沤为靛，可染衣裳，亦入药。

茜草 蔓生，茎中空，叶椭圆，夏日开小白花，根可染绛，以山中产者佳。

芸香草 叶类豌豆而细，丛生，高一二尺，干时益香，夏开黄绿色花，叶又避蠹。

锉草 即木贼，多生山野中，干时可治木器，又可入药。

苇 水塘多生之，不及潮水所及之地坚大适用。

羊草 生山野间，长尺许，茎末圆劲如松针，黝色油润。七八月刈。积之经冬不变，可用饲养牛羊，亦可制为帚刷。

莎草 此茎宜编蓑衣。

马兰 似莞而细，可为席，秋刈之，冬可饲牛；商人且用以束物。状似蒲而细小，花色蓝，无香味，可染色，根可为刷。白山下平原无树者，俱生马兰。

老少年 土人谓之老来变，亦曰老来少。春夏叶色青黄，至秋则渐红如花。又一种六月叶红者，名十样锦。

香蒲 俗呼蒲棒；又一种臭蒲，名菖蒲。

菰 俗名茭草，春生笋，亦可食。

水葱 生水中，如葱而长，又名翠管，可为席。

蓬 土人统称为蓬子。

芄兰 蔓生，草绿而厚，断之有白汁，子长数寸，俗名蒯拉瓢，又称雀瓢；篱及树上多生之，秋老自裂，子如毛，白絮随风飘散，来年自生。

猫儿眼草 即狼毒，苗生时，摘叶有白汁，叶纹如猫眼，山地多有之，有毒。

佛手松 一名拳柏，又名万年松，生于石上，拳弯如鸡足，可为烟之佐料。

水稗草 湖泊四边多有之，可牧畜。

莠草 俗曰狗尾草，有害田苗。

章茅 如荻芦而细，可苫房，每节有二穗，高四五尺，一名礴碌草。

黄蓓草 一名黄稗草，又名羊草，层层有节，可代草茅。本境各山有之。

荻　又谓之荻蒿，或曰牛尾蒿。白叶，粗科丛生，多者数十茎，可做烛跋。出叶如藁本而细，开繁碎小花，累累如粟，秋老结子细加沙，落地自生。荒冢废庙中多生之。

金丝草　生于垣墙顶上者多，可医咳嗽。

靰鞡草　各山皆有之。农人冬时垫靰鞡中用以暖足，又可制纸。长白山脉之特产，关东三宝之一也。

茨　一名蒺藜，又名爬山虎，附物甚坚，茎三角形有刺。布地蔓生，赤足者不敢行。

果属

樱桃　树不甚高，春初开红白花，叶团有尖及细齿，为丛生之植物，结实时须卫护，否则鸟食无遗。五月间盛熟，味多酸。

杏　本境处处有之，种类亦多。黄而圆者名金杏，熟最早。其扁而青黄者名木杏、山杏，多不胜数。深赭色、核大而扁乃接成者，其味最美，曰金杏。又有白杏，熟时色青白或微黄，味甘淡而不酢。

桃　性早花，易植而子繁，核仁入药，核种易出。

松子　今本境最多，俗名松塔，塔中子可食，如榛而长，每塔约数百粒。

榛　生山谷中，树高数尺，子如小栗。二月生叶，叶多皱纹，有细齿及尖，其实作苞，三五相粘一苞，生青熟褐。其壳厚而坚，其仁白，如杏仁而圆大。

梨　种类甚多，有接梨、香水梨、平顶香，或鲜或冻或蜜饯。又有酸梨，皮黑而酢，梨干亦为珍品。

棠梨　山林有之，树似棠而小，叶边皆有锯齿。二月开白花，结实如小楝子，大霜后可食。其树接梨及苹果最佳。

葡萄　有园产、山产二种。山园叶实均相似，惟园产者大而味佳。本境山产极多，园产因气候关系栽植者无之。白山最高处生有葡萄，高不盈尺，其实甘美无比，俗称高力葡萄。

李子　树高五六尺，绿叶白花，树能耐久。其子大者如卵，小者如弹如樱。其味有甘、酸、苦、涩，其色有青、绿、紫、朱、黄、赤、缥绮、胭脂、青皮、紫灰之殊。本境李子其味最甘。

稠李子　一名樱额梨，果形如野葡萄而稍小，味甘涩。

山碇子 叶似稠李，实小而圆，柄极长。熟时蜜饯甚佳。

菱 有紫有黑，形有两角、三角、四角各状。

莲实 茎出水数尺，茎端巨颗形如碗，名曰莲房。实生其中如嵌，每房十余粒或计廿余粒不等，粒椭圆有尖。嫩时青色，可食，兼以充蔬。

花红 叶椭圆，有锯齿。暮春开花，色白有红。夏末果熟，形圆而红，味酸。

山核桃 生楸树上，形似胡桃而长，壳坚厚，仁肉味颇香美。

马铃薯 根结实，大小累累。可为蔬饭，又可制粉条，俗名地豆子。

欧李 丛生，高二尺余，叶似李，实如樱桃，味极酸涩。

托盘 叶椭圆，有刺，实如桑葚。本境山野中极多。

灯笼果 俗称红姑娘，外垂绛囊，中含赤子，如红樱。经霜后，囊子均红。味甘酸，可食。

猿枣子 本境山野中产者极多，茎藤生，俗名猿枣藤子，实状如鸡心，俗称为黑瞎子食品。

无花果 落叶灌木，叶椭圆，质厚，花细，隐于花托中，实为肉果，色紫，无核。

高力葡萄 蔓状灌木，叶为掌状，食颇甘芳。白山巅极多，俗名护地皮。万紫千红，颇灿烂可观。

张元俊监修、车焕文总编：《民国抚松县志》，凤凰出版社选编：《中国地方志集成·吉林府县志辑⑤》，南京：凤凰出版社，2006 年，第 365—366 页，371—374 页。

《抚松县志》卷一《物产》

蔬类

葱 春发曰芽葱，秋种曰白露葱。味辛，颇肥大，为蔬菜中调味之品。

山葱 生于山中者，故名，与园葱同。

韭 早春最美，叶似薤而肥大，高尺许，六月由茎开小白花，尖瓣，六出，攒簇成丛，结子色黑如葱子，今以为常蔬。

山韭 与园韭略同，作淡紫色，独茎，一叶。

蒜 有紫皮、白皮二种，紫皮者形巨而瓣少，白皮者瓣细小而多，均可供调味之用。

菘　俗称白菜，有二种：肥厚嫩黄者为黄芽，白窄劲者为箭杆白。今有疙瘩白及山东白种，皆菘也。

芥　种类甚多。似菘而有毛，极辛苦，谓之大芥；其小者谓之辛芥，或谓之香芥。

芹　有园芹、野芹之分：圆芹系单茎半圆，粗如箸，色青绿；野芹茎粗倍之，味殊香美。

藕　即荷、芙蕖之根，境内水池有原生者，亦有种植者。

菠薐菜　俗呼菠菜，秋初秋末种之。

莴苣　俗名生菜，由根生者叶尖阔，由茎生者为心脏形，可生食，清脆适口。

芸薹　俗呼臭菜，或称油菜子，可榨油，种以秋末春初为宜。

蒝荽　俗呼香菜。

茴香　一名蘹香，有大小二种，高可四五尺，叶裂如纷，夏开小黄花，子黑色，入药。

秦椒　俗呼辣艽，结椒如枣，上锐，生青熟红，味辛，土人多食之。状如柿子者，俗呼柿子椒。

蒌蒿　叶似艾，正月根芽生，茎灰白色，可生食，今呼蕾蒿菜。

蕨　山果也，初生状如雀足之拳，又如人足之蹶，故名。山中到处有之，二三月生，茎嫩时无叶，取之以汤煮去涎滑，晒干作蔬，颇适口。根紫色，皮内有白粉，捣烂洗澄取之，名生蕨粉。

苦荬　俗称曲马菜，一种味苦者俗呼为鸭食菜，即荼也。茎叶断之，有白汁，味苦。

葵菜　又名向日葵，因其葵心随日光所转，故名。黄花大如盘，俗称转日莲，人罕有食之者。

芋头　园蔬一种，来自南城，胜于地瓜、地豆，哺乳婴孩最良。

地肤　俗称扫帚菜，嫩可茹，老时可为扫帚，子入药，名为地肤子。

荠　苗叶略似凤尾草，初生贴地如盘，三四月间黄花抽茎作薹。一种毛荠，白花结荚如小萍，而有三角密缀茎上，子细如沙，折其茎作灯杖，可避飞虫之投。

蓫 俗称羊蹄叶，春生，苗叶狭，长一二尺，似牛舌，茎高三四尺余，色青，节间微赤。夏初起薹，开青白花，成穗结子，三稜外皮，大如荞麦而实小，夏至即枯，子名金荞麦，根似大黄。

胡萝卜 此菜分黄赤二种，苗如邪蒿，不可食，冬月掘根，生熟皆可啖。

擘蓝 南方谓之芥蓝，叶可煮食。北人谓之擘蓝，根腌食，甚脆。

萝卜 圆而皮红者为大萝卜，长而色青者为青萝卜，有根叶皆小。四五月间撷之作沮者为水萝卜。

山药 本名薯蓣，亦可入药，实生于蔓根，长至尺余，形不似铃薯。

越瓜 种来自越，一名稍瓜。短者为菜瓜，脆者为脆瓜。按：菜瓜类似甜瓜，惟其形较长，味略酸。

黄瓜 即王瓜，月令孟夏之月王瓜生，为土人常菜，结瓜时色绿，形细长，身有刺。

苦瓜 一名锦荔枝，俗名癞葡萄，又名癞瓜，味苦而皮癞，美丽可爱。

南瓜 二月下种，四月生苗，蔓延可十数丈，叶状如蜀葵，大如荷叶。六七月开黄花。结瓜正圆如西瓜，皮上有棱如甜瓜。一本可结十数个，其色或黄，或绿，或红。经霜后收置暖屋，可留至春。肉厚，色黄，食之尤佳。

倭瓜 瓜色黄，形圆，俗呼柿子瓜。按种子不同，故有圆长之别，然味无甚异。

搅瓜 形椭圆，类倭瓜而小。老则皮硬，肉生筋丝。酱腌蜜饯皆可食。食时以箸搅之，其形缕如切者。

西瓜 形如扁蒲而圆，色青翠，味甘脆，中有汁。今本境产者，以瓤能红、黄、白为多。

土瓜 即地瓜，味甘，煮烧食尤佳。

地豆 即土芋，学名马铃薯，近东、西洋用以为佐餐常品，本境土脉最适宜。山林新垦之地，大者每枚重三四斤，为他处所未有。若运输便利，可运售外国，亦特别之出产也。

打瓜 形似西瓜而小，味甜而酸，瓤白，黄子，大熟后剖取瓜子，炒食最佳。

冬瓜 一名白瓜，形类枕，皮白如粉涂，其子亦白，味最美。

葫芦 状大小不一，夏末始实，秋中方熟，霜后方成，可剖之为瓢。

红花菜 即山丹花，又名野百合。高二尺许，红花五瓣，山间到处有之，杂生野草中，望之如锦。

祥谷菜 根如山蒜而小，生于田野间，俗名小根菜。春日早生，可炒食之。按：即薤也。

酸浆菜 叶椭圆，根红嫩者酸而可食。根深而滋蔓，铲去复生，最足害禾苗。

河白菜 叶如白菜而厚，生近水田间。炒之，可生食。

茼蒿 花叶微似白蒿，其味辛甘。春种，四月起薹，高至二尺，开深黄色花，如单瓣菊花，腌食、炒食均宜。

藜 南人名胭脂菜，亦曰鹤顶草，皆因形色而名。嫩时可食，老则茎可为杖。

茄 有白色、青色、紫色各种形，以长形者、球形者为多。

蘑 名类甚多，本境森林草地中遇阴湿之天，到处皆有之。若油蘑，形似草蘑、柳树蘑，灰白色，惟新性采食味美。苕帚蘑，色白味美，亦新性为佳。草蘑，形同榛蘑，生于阴腐落叶间。松伞蘑，生松树下，色赤味美。榛蘑，生榛科下，高脚，灰白里。黄蘑，生树窟中，色黄味美，食品所珍。榆蘑，根腐所化。其余若黄者、青者、冻青、羊肚、鸡豚、银盘等名屈指难数，本境产者极多，为输出品之大宗。

杏叶菜 叶如杏，土人呼为杏叶菜，本境山中多产之。

明叶菜 俗名和尚头。

龙芽菜 有二种。树龙菜俗称刺龙芽，叶似椿而大，初长刺条，来年于顶上吐芽，采食之甚佳。地龙芽俗称苦龙芽，生于地上，味苦，亦可食之。本境各山多有之。

广东蕨 有红青二种，苗丛生，红紫色，味胜于青蕨。

猫爪菜 生不择地，叶形如猫爪，初春发芽，采食颇美。

疙疸菜 种自俄来，惟在本境所生者不如俄菜大，是以天然地利关系也。

丝瓜 长者数尺，其状蜿蜒如蛇，瓜时以石坠之则直，老则筋如乱麻。

糖萝卜 色白，最大，榨其汁可以制糖。

菌属

木耳 俗名黑菜，生于已腐之柞、榉、椙、桅木之上，有春耳、伏耳，秋耳之分。色黑，状如地加皮，价值次于榆蘑。

元蘑 俗名黄蘑，亦名冻蘑，每年于白露后则寄生于已腐之椴木上，色黄味美。

榆蘑 生于榆树。当春夏之间，由树皮裂处流出一种黏液，色红，凝结长成，即为榆蘑。菌属中最贵品，入药可治痢疾。

榆黄蘑 生于已腐之榆木上。色黄，当夏日雨水连绵之时，出产最多。

榛蘑 生于七八月之榛树丛中。色灰黑，味次于元蘑，价值低廉。

青蘑 春秋皆有之，多生于楸树根或裂皮处。灰白色，味最鲜。

松杉蘑 生于七八月之松杉丛中。色红，味美，为菌属中之上品也。

阴天乐 长白山多有之。形似海绵，网状。晴天则缩，阴雨天则勃然焕兴，故名阴天乐。虽不可食，亦别具特性。

挂塔松 寄于松树。垂生，长数丈，迎风飘扬，状如带，又似结彩，俗呼为挂塔松。

张元俊监修、车焕文总编：《民国抚松县志》，凤凰出版社选编：《中国地方志集成·吉林府县志辑⑤》，南京：凤凰出版社，2006 年，第 367—369，377 页。

《抚松县志》卷四《人事》

参业

参有园、野之别。由人力栽培者，谓之园参。天然产于山野者，谓之山参，又谓大山参、老山参等名；为多年生植物，有数十年、数百年或千年者，故为关东三宝之一也。掌状，复叶，轮生，花小，白色。六月间，花落结实，俗谓人参果，又谓棒槌花，色红夺目。放山者于此时期，因谓之跑红头。大者成两，即为最佳品。普通者二、三、四、五钱，六、七、八、九钱即为佳品。二、三、四两者实所罕见，至七、八两者百年不遇，且论姿势之优劣，不论分量之轻重。所谓紧皮、细纹、马牙露、疙瘩须是也。其姿势有跨海、牛尾、龙形、人形，其名称有散花、五个叶、二甲子（亦谓灯台子）、四批叶、五批叶、六批叶之分。抚松地处边陲，山深林密，出产颇多。所以，一班人结队成群入山求之，谓之挖棒槌，亦谓之放山。从前放山者，或五人、十人一起，持木杆曰梭拨落根，盖用以觅参者。得参包于树皮内，谓参包。在山里修一树皮房子，朝出暮归，食宿止焉。自阴历四月入山，谓之放芽草市；五月谓之放青草市；六月花正开，谓之跑红头；七月花落，谓之放韭菜花（亦名刷帚市）。韭菜花过，即到开秤时期。当白露前二十天，所有放山者将所得山参包子均带至集镇，寄放一定处所，公举一人为经济掌秤。迨放山者均到齐之日，则宰猪设席，抽烟赌钱，然后开秤打包。由掌秤者定货物之优劣，评价值之多寡，始可出卖，否则不准买卖。过白露，扣秤（即不买不卖之意）。园参，状如山参，同由培植者于白露时播种。明年出土，则覆以木板。过二年则移植他畦，普通移三次，即可做货。每年做货在白露节，谓之开锅。将参由池挖出，雇人洗刷，谓之刷水子。俗谓：妇女刷水子出货，色气较好。又谓：人参属阳，妇女属阴，阴阳相生，故色气较好，亦趣谈也。其实，妇女性体温柔耐烦，做活精细使然耳。兹将园参制作名称分述如左：

一冲参　由园参内拣选姿势佳者，接以露头、须条，精制与大山等佳者，可冲山参，故曰冲参。

一洋参　又名大力参。拣选枝头大者，将须去掉，刮去外皮，然后置于笼屉蒸熟，取出曝干，为园参上品。

一白干　将园参剥去须条，刮去外皮，晒干之，即为白干。

一生晒　俗名泥打滚。将园参由畦中挖出，连泥晒干，不加制造，故曰生晒。

一红货　即红参。将参刷洗洁净，剥去须子，加白矾、冰糖，置笼屉蒸熟，炕干之，即为红货。

一糖参　将参带须刷净，置釜中，煮熟之。用针遍扎多孔后，将冰糖镕化之，置其中，以灌饱糖浆为度。取出晒干，装置木匣，可为馈赠之品。

抚松地处边远，原无居人，出产野参极多。嗣后，外来之人渐有进山采掘野参，名曰放山，并得领票事。在二百年前后，采者愈多，出产日少，始仿照吉林、敦化办法栽种园参。初营园参营业者均为劳动界人，并无资本家，出产极少，卖价亦廉，每年所获之利仅可维持其参园之生活，至前清末叶仍无起色。迨民国二、三年始，略见发展，价亦较昂。因欲维持参业，于民国三年成立参会，经由公升堂呈请立案。惟栽种园参者，均散在县属东、西、北三岗。东岗在县东，距城八十里；西岗在县东南，距城亦八十里；北岗在县东北，距城五十里。各岗皆有分会，并各有正、副会长。总会设在县城，建有固定会址，瓦房十五间，规模极为完备。三岗参户：以北岗为最多，东岗次之，西岗又次之，所产之参亦以北岗为最佳。三岗营参园：营业共七百四十余家，年可出参二十八万斤，每斤能值炉银五、六两，出产额约占全国十分之七，总销营口，分销全球，实为我国特别之出产。若能加意研究栽种方法，自不难日见发展。第一任会长为郑继先，副会长为单凤庭。兹将历任会长列表如左：

调查参会会长及三岗分会长表

姓名	正、副会长	年月
郑继先	正会长	民国三年
单凤庭	副会长	民国三年
安茂林	正会长	民国八年
杨景山	副会长	民国八年
安茂林	正会长	民国十二年
崔其发	副会长	民国十二年
东岗		
张鹏颉	正会长	民国三年
王培之	副会长	民国三年
陈同生	正会长	民国十二年
薛德昌	副会长	民国十二年
牟全令	正会长	民国十三年
丁汝爱	副会长	民国十三年
冷少德	正会长	民国十四年
高任凯	副会长	民国十四年
孙肇昌	正会长	民国十五年
于本林	副会长	民国十五年
孙作文	正会长	民国十七年
于本林	副会长	民国十七年
西岗		
郑继先	正会长	民国三年
冯玉福	副会长	民国三年

续　表

姓名	正、副会长	年月
冯玉福	正会长	民国七年
张连清	副会长	民国七年
刘顺广	正会长	民国十年
李绪长	副会长	民国十年
尚振良	正会长	民国十一年
冯玉福	副会长	民国十一年
矫奎棠	正会长	民国十七年
李纪臣	副会长	民国十七年
北岗		
安茂林	正会长	民国三年
杨景山	副会长	民国三年
安茂林	正会长	民国十六年
王洪奎	副会长	民国十六年
安茂林	正会长	民国十七年
崔其发	副会长	民国十七年

张元俊监修、车焕文总编：《民国抚松县志》，凤凰出版社选编：《中国地方志集成·吉林府县志辑⑤》，南京：凤凰出版社，2006 年，第 429—431 页。

《抚松县志》卷四《人事》

林业

抚松森林茂密，拔地参天，全境十七村内所在皆是，占全境十分之七，实为我奉省一大富源。木以松、柞、杨、柳、榆、楸为最多，每有三百年以上之树，多系栋梁美材。近来人烟渐多，农户樵采，风火为灾，摧残日甚，木材渐见缺乏，若不及时防护，则旦旦而伐，将悉成濯童山，讵不深可惜乎？是以民国十八年六月间，有辽宁省农矿厅林区驻在所成立。自此所设立，森林得以管理，私伐得以禁止，轮囷杂奇之质庶无摧挫之虞，盘根错节之材胥可储为世用矣。

附林区驻在所职员表

职务	姓名	次章	籍贯	出身
所长	黄凤阁	翔五	黑山县	奉天甲种农林学校毕业
技士	刘文蔚	焕章	新民县	熊岳农业学校毕业
稽查	曾庆麟	香阁	铁岭县	奉天甲种农林毕业
文牍	史克仁	蔼如	宽甸县	宽甸师范毕业
收支	李文卿	问青	锦县	初级中学毕业
庶务	张继纲	培伦	黑山县	
检木所主任	张金凯	荣旋	义县	

张元俊监修、车焕文总编：《民国抚松县志》，凤凰出版社选编：《中国地方志集成·吉林府县志辑⑤》，南京：凤凰出版社，2006 年，第 433 页。

《光绪奉化县志》卷十一《物产》

物与人，一性也。有参赞位育之圣人出，俾各尽其性，则太和翔洽、草木畅茂而鸟兽咸若蓂荚生庭而凤凰巢阁。伊古以来书于往籍者，固班班可考。钦维列圣缔造经营仁风远被茂对时育迈隆古焉，故奉化荒寒边徼，本貊[1]地也。古者，唯黍生之，今则五谷殖庶类蕃矣；无城郭宫室币帛，今则百货集比户封矣。官斯土者，当知辅相财成撙节爱养以顺物理，即以广皇仁而居于是者，食德饮和，又乌可遂忘所自欤。

（清）钱开震编：《光绪奉化县志》，凤凰出版选编：《中国地方志集成·吉林府县志辑⑨》，南京：凤凰出版社，2006 年，第 167 页。

《民国梨树县志·戊编物产》

物产

天地物类别之，不过三种，曰动物，曰植物，曰矿物。如动物中之六畜，植物中之五谷，矿物中之五金，均为普通民生出产所利用者，其他若草木、若鸟兽、煤垩等产，各随土质、气候而异，其生不能遍地皆同也。梨邑地处边

---

① 指生活在古代东北的秽貊民族。

陲，土质既鲜膏腴，气候亦较严寒，凡物之宜于温度而不能耐寒者，皆不能滋生长养。兹就土产之所恒有，无论动植物、矿物，罔不一一采辑而书之与册，俾生于斯土者，展卷浏览，咸知物土之宜，应如何研求蕃殖而利于用焉。志物产。

包文俊修，李溶纂；曲廉本续修，范大全续纂：《民国梨树县志》，凤凰出版社选编：《中国地方志集成·吉林府县志辑⑨》，南京：凤凰出版社，2006年，第507页。

《民国梨树县志·戊编物产》卷一《植物》

谷类

蜀黍。土名高粱，碾米名高粱米。富粘性者名粘高粱，磨粉制饼，造酒名烧酒，为本地主食物之一，以一二三五七九区所产为优。

黍。土名糜子，碾米名大黄米，富粘性者可以炊粥，或磨粉制糕产品，以一二区及九区东部为优。

稻。分水稻、旱稻两种。水稻本地人无种之者，旱稻俗名粳子，去壳曰粳米，县境各区皆产，有红毛稻、金毛稻、光头稻之别，产品以一三四五区为优。

大麦。播种最早，成熟最先，有芒壳，与粒相粘，不易脱。本地多用以饲牲畜及作曲蘖品，所产以五六七区为优。

小麦。形似大麦，分洋麦、火麦二种。春种夏获，生青熟黄，与内省秋麦异，磨粉名白面，为本地普通贵重食品，以五六七八区所产为优。

荞麦。伏种秋收，磨粉供食用。凡被灾缺苗田地，或夏麦，收获后多补种之，各区皆产，以七八区为优。

粟。土名谷子，碾米名小米，为次于蜀黍之主食物。富粘性者曰粘谷米，名小黄米，炊饭制饼兼宜，本地所产以一二九区为优。

稗。粟类米，可炊饭，久贮不朽，可至三十年，岁荒可以供馈贫粮，境内五七区、沿河患涝田地多种之。

紫苏。土名苏子，产宜高地，有特殊香气，可榨油供食用，或燃灯，叶入药为发散剂。本境种植尚少，然多为他作物之保护禾。

包文俊修，李溶纂；曲廉本续修，范大全续纂：《民国梨树县志》，凤凰出版社选编：《中国地方志集成·吉林府县志辑⑨》，南京：凤凰出版社，2006年，第507—508页。

《民国梨树县志·志略》

实业

梨邑实业向无实施计划。大同元年一月十五日成立产业处（旋改实业局），职掌专一，始着手商工农业各项调查，用为计划之标准。惟当事变之余，金融奇紧，生产实业遽难改良，不得不先由普遍宣传入手，以期开发民智，逐步进行。对于财力，可免竭蹶之虞。次第举办，易尽推行之利。兹将三载以来计划实施事项胪列于左以备参考焉。

苗圃。为提倡造林，推广植树，而设梨邑苗圃。自来直隶县署所派主任人员，往往不重树艺技能，成立数载，毫无成绩可言。民国十九年孟庆珍主任时期，方始购买树子、树苗，分别种植，粗具规模。二十年秋，省实业厅派农林学生董冠民接充主任。至大同二年三月，曲县长以查验已往，未见进展，将其撤职，拣委实业局课员崔振邦继任，经营擘划，日见起色。育成美国白杨五千株，槠槭二千株。于二年秋，无价发交各区农户栽植，苗圃功用至是乃著现。因面积太狭不敷扩充，更定计划，就圃附设公园，置有球场及各项游戏器具，具以为全城市民游憩之所。于康德元年筹款购回关帝庙出典，坐落关帝庙后及西北城外，田地七十三亩五分一厘，专作培育苗木之用，可谓一举两得，筹划咸宜矣。

养蜂。为农家副产之一，亦妇女职业之一。惟梨邑地近寒带，气温无常，管理设备有待特殊研究。农户资力不充，何敢贸然试养。大同元年夏，由公家先行倡办，如得饲养御冬各种经验，编成白话说明，广为宣传。俾一般民众咸知养蜂方法，初由奉省购来意大利黄金种蜂，分群四箱附在苗圃试养。二年，春雪奇寒，未免稍受挫折。冬期之保护管理煞费研究。今已繁殖原群十四箱，分发农村。试养之基本已立。

优良种子之交换。公主岭农业试验场试植各种谷类，颇著成绩，梨邑与之比邻，土质气候无大差异。于民国十三年时，曾向该场商购四粒黄大豆二十石，分发各乡试种，产量增加，嗣又购得黄宝珠、如意珠两种，乡村传播业已普遍。康德元年春，南满铁路株式会社分发大白粟谷种五十石，配发全县，最近调查生育状况，尚称良好。日满产业合作之利益，已普及农村矣。

黑穗病之防除。梨树农民头脑陈旧，识字无多，对于红粮谷子之黑穗病认为天灾，毫无补救方法。据老农所谈，红粮黑穗约占十分之三，谷子黑穗亦占二分左右，收获劣减，无怪其然。近由公家宣传用硫酸铜（俗名蓝矾）溶化水中（药二分，水百分为宜）浸种晾干杀却病菌之法，农村多仿行之，黑穗减少，已收相当效果。

棉花之劝种。梨邑七、八两区地多沙质，向宜棉作，因在来种绒短、色红，不易出售，种植者鲜。康德元年七月，实业股树立三年计划，以最终达成一万天面积为度，第一年曾向奉天棉花协会商购陆地棉籽两千斤，因不敷分配，未能办到，仍以在来种劝令多植。七、八两区种棉面积，查明在二百天以上，夏季霪雨间，有被水成灾之处，收获量不无影响也。

包文俊修，李溶纂；曲廉本续修，范大全续纂：《民国梨树县志》，凤凰出版社选编：《中国地方志集成·吉林府县志辑⑨》，南京：凤凰出版社，2006年，第551—552页。

《大中华吉林省地理志》第四十一章《植物》

吉林植物，莫贵于老山人参，猎夫樵子旷途无意中得之，略似人形，谓之曰棒槌。若未成老参，移植家中，谓之移山参，由家庭园圃栽种者，则谓秧子参，又有所谓冲参者，亦产于山，而次于老山参，盛京通志则以时分之：初夏得者曰芽参，花时得者曰朵子参，霜后得者曰黄草参，参须、参叶、参子、参膏，无不珍之。乌拉草最多，虽关东皆产，然吉林为乌拉国，所产特佳，土人冬日装入靴鞋，则脚底生春，南方人来，用乌拉草为床垫、椅垫，其暖性更暖如棉也。

林传甲：《大中华吉林省地理志》，李澍田：《长白丛书》（五集），长春：吉林文史出版社，1993年，第316页。

《大中华吉林省地理志》第八十五章《森林》

东三省林务局，因天产之丰，长白山脉一带，窝集深邃，于吉林省亦自设森林局。窝集作渥集，或称乌稽，又书兀稽。稽之各书，皆谓松树约占全森林之四五，然近日调查，不过十之一二。盖自鸭绿江采木公司成，而林木大减。

且从来樵者，必先就森林面积极广处，及交通便利之地，择良材而伐之，材尽则更徙，农民即其地而开垦。亦有不待采樵，竟焚之而开垦者。甚至烧毁全山，一木不留。如长春、濛江①、五常等处，无不皆然，毁害森林，莫此为甚。若不从速讲求保护，则此后土瘠河枯，蒙古之平原不难见于此矣。

清代禁止采伐森林之原因

一、为祖宗发祥之地，保其威严。

二、借可防御北方劲敌之侵入。

三、可供八旗子弟为田猎习武之区。

吉林省之林区

长白山森林　蜿蜒于省南及朝鲜北境，东自平顶山，西迄奉天界及伊尔哈雅范山，南临鸭绿江，北至尔雅蛮哈建山，广袤千里。针叶树居十之七，阔叶树居十之三。就中以松、柞、榆、桦最多，柏、桧、榛、杨次之，大者高十余丈。

图们江上流森林　大半在朝鲜，省内仅有布尔哈通河、吉雅河及珲春河等处。以楸、椴、松、桦、柞等树最多，最大者高七八丈。

松花江上流森林　仅二道江沿岸一带森林，岁出木材即有三千余根。柞居什五，松、柏什三，榆、椴各一。他如穆琴河、五虎石及八大河等处，皆盛产之。松之大者高二十丈。岁产木材数万根，价值数万元，即薪材亦达万元左右。

小白山森林　东自宁安，西至拉林河、张广才岭一带，盛产枞、杨、榆，松、桦、柳亦多。

纳丹哈达拉山脉森林　在宁安东北，围牡丹江、穆棱河、松花江、乌苏里江一带。

拉林河上流森林　小白山西侧四合川地方，为林产要区，多产松树，桦、榆次之。

牡丹江上流森林　沿岸古已采伐，今乏良材。宁安附近多松，百十丈，专供材用。

锡呼特阿岭森林及庙尔岭森林　傍东省路线，今少良木。距路稍远，犹多

① 在抚松县。

森林。

此外尚有密山县森林、依兰地方森林、诸罗河上流森林等处亦夥，不遑枚举。

林传甲：《大中华吉林省地理志》，李澍田：《长白丛书》（五集），长春：吉林文史出版社，1993 年，第 380—381 页。

《大中华吉林省地理志》第八十六章《蔬圃》

吉林之蔬圃，多围绕省城之附郭，官商所集需用日多。蔬圃地价昂于大田数倍，种植蔬圃之人工、肥料，亦多于大田数倍，所获利益亦数倍。省城之小菜场，俗谓之菜楼。其荷菜担以叫卖于市者，多送入住户，各有经常主顾。各县人民多自种自食，附住宅之近处，析大田之一隅，使妇孺种植之，已成习俗。北方食菜，恒比南方加多，霜降以后，野无青草，是以民家皆作酸菜，足一冬之用，为数以缸计。其余则风干之菜，亦为补助之大宗，价值比京师较廉，因土沃也。

吉林之蔬类

菘　即白菜，冬日可窖藏，可作酸菜，味肥美过于内地。如木类之松，洵蔬之第一。

莱菔　即萝布。可作萝布干，冬日亦可藏。本与人参为同类，其最甘者可炼糖。

山药　长而肥，白洁如玉，宜蒸食，京师视为席上珍。山药泥可作甜菜。

豇豆　细而嫩，秋分后京师豇豆已老，此地始上市，味胜于京师。

辣椒　圆满红润，比京师肥大，而价值亦廉。

芸台　东宁产之，省城罕见。

芫荽　俗名香菜，人有嗜之者，亦有不食者。

苋　昔日野生，今始列为菜蔬。又有冬苋菜，昔采为猪食，今亦知味，俗名大手巾。

姜　姜芽极嫩，可作酱姜。省城市上，多由南方运至，因种者少也。

芹　泮宫旁甚香，可常食。

菠　寻常菜汤所用，可配豆腐。

葱　比内地肥大，用以佐烧猪、烧鸭筵席。和以甜酱，夹以薄饼，内省之葱不如也。

蒜　冬日盆栽，置火炕上，是以蒜头受热力大，无异夏时。葱亦然。

韭　韭菜与蒜，南满医士证有杀菌能力。菜园中韭菜根亦多年生物，壅肥极厚。

茄　味腴厚，划为龟纹，油炸之尤美。

芥　又有大头菜，延、珲一带产之。

葫芦　江东甚美。

瓜　南瓜用以作粗菜。西瓜、香瓜则视为果品。

（清）林传甲：《大中华吉林省地理志》，李澍田：《长白丛书》（五集），长春：吉林文史出版社，1993 年，第 381—383 页。

《大中华吉林省地理志》第八十七章《花园》

吉林人家，院宇广大，多就地种花。其花种来自内地者，或不甚发达；其来自俄属西伯利亚者，则欣欣向荣，多古人花谱所无。夏秋间花最繁，红花绿叶，直至霜降始萎。木本之花，只有丁香树一种，性最耐寒。昔省城桃园之桃，华而不实，因发叶开花并晚。今有新桃园，树木十年，居然结果，而且甘美，足见人为。杏花、李花、樱花，有成林者，皆端午前后开花。榆树梅叶，似榆而花号梅，重台密萼，似日本樱花，不耐久也。夹竹桃则不能生于地面，花桶中种之亦成小树。其他普通花卉，冬日则藏于花窖焉。

吉林常见之花卉

萱花　古称忘忧草，今号金针菜，俗名黄花，为干菜之一种，郊外蕃生。

葵花　又名向日葵，高过于人，开黄花成盘，结子极多，家庭幼稚，种植最宜。

芍药　野生者弥山野，空谷自芳，开荒后日少一日，移之庭园便成玩物。

菊花　年老退闲之人喜养之，爱护周至。虽能耐霜，然寒时则移之户内。

江西辣　即八月菊，容易生活，种之者较多，开花较早，赏玩较久也。

月季　种类极多，单瓣野生，双瓣者家生。俄国传来黄月季一种，俗名老虎王。

凤仙　妇女取其红花染指甲，又有白色、粉红、浅绿各种。

玉簪　花白似玉，皆盆栽。

鸡冠花　形似鸡冠，愈老愈红，亦有白色一种。

海棠　翠海棠、秋海棠。

十样景　小盆所栽，儿女辈爱之。

万年青　冬日盆置客坐，前清用为吉语。

高丽菊　属邦小品，托大国边土而生，仍有凌霜之气。

洋绣球　红及粉红二种。

霸王鞭　圆形如棍，绿色有刺。

仙人掌　扁形如掌，种类甚多。

仙人头　或呼为山形拳，若颈细而头稍大。

仙人扇　作扇形，为仙人掌之大者。

（清）林传甲：《大中华吉林省地理志》，李澍田：《长白丛书》（五集），长春：吉林文史出版社，1993年，第383—384页。

《吉林外记》卷七《物产》

桦皮　树皮似山桃，有紫黑、黄花纹，可裹弓及鞍镫诸物。吉林诸山皆有之，乌拉向有桦皮屯，世管佐领带领兵丁剥取入贡。雍正年间，裁去世管佐领，将兵丁拨给官地交粮，改为吉林八旗官兵剥取。除额贡之外，有以桦皮作船，大者能容数人，小者挟之而行，遇水辄渡，游行便捷。又以桦皮盖窝棚，并有剥薄皮缝联作油单，大雨不漏。

烟　东三省俱产，惟吉林省者极佳。名色不一，吉林城南一带名为南山烟，味艳而香。江东一带名为东山，香味艳而醇。城北边台烟为次。宁古塔烟名为台片。独汤头沟有地四五垧，所生烟叶止有一掌，与别处所产不同，味浓而厚，清香入鼻，人多争买。此南山、东山、台片、汤头沟之所分也。通名黄烟。

麻　有线麻、苘麻之别。线麻坚实，凡城堡一切绳套，捆缚需用无穷。吉林城北一带，种麻者居多，每岁所收不减于烟，秋后入店售卖。贩者烟、麻并买，转运内地，名为烟麻客。此吉林出产一大装，每岁计卖银百余万两，烟麻店生理大获其利。

松塔　吉林、乌拉、宁古塔诸山皆产，而窝集中所产更胜。其形下丰上锐，层瓣鳞砌，望之如窣堵，每瓣各藏一粒，既熟，则瓣开而子落。

松子　生松塔中，乌拉总管每岁入贡。

安春香　生于山岩洁净处，高一尺许，叶似柳叶而小，味香，可供祭祀。生于长白山者尤异常，俗呼为安息香。

七里香　枝叶似安春香，叶大而厚。惟产于长白山，别处无所见。

乌拉草　俗语云："关东有三宝，人参、貂皮、乌拉草。"夫草而与人参、貂皮并立为三，则草之珍异可知。吉林山内所产尤为细软。北地严寒，冰雪深厚，凡穿乌拉或穿塔塔马者，必将乌拉草锤熟垫于其内。冬夏温凉得当，即严寒而足不觉冻，此所以居三宝之一也。戊辰，奉天学政茹棻，考古命题马拉草，吉林优贡沈承瑞有"任他冰雪侵鞋冷，到处阳春与脚随"之句，学使赏识，拔为尤焉。

渠麻菜　城外各地，边外之地多有之。忽东忽西，时有时无，谚云有搬家之说，其滋生多在兴旺之地。

小蒜　称为小根菜。吉林田原向阳处，开冻时，百草未萌，小根菜先见青芽。味辛清香，可供厨馔。性消火毒，洵野蔬之异品。岁以入贡。

山葱　《尔雅》谓之茖，俗称为寒葱。产于辉法城一带诸山中最为肥嫩。有寒葱岭。采取时必就寒葱之水洗净，即时用盐盛罐，方不能坏，易水未能良也。其味深长，炎热时青蝇不能沾落，系洁净之品。岁以入贡。

山韭　茎一叶，《尔雅》谓之藿，《诗》"六月食郁"即此。出辉法城一带者尤佳。

蕨菜　即《诗》云："言采其蕨。"美其名吉祥菜。产于吉林山中。茎色青紫肥润，每岁晒干入贡。

蘑菇　诸山中皆有之。种类不一，生榆者为榆蘑，生榛者为榛蘑，生樟者为香樟蘑。而榆蘑生榆树窟中尤鲜美，即古所谓树鸡是也。

紫皮萝卜　萝卜皮色带紫者间亦有之，独三姓所产。紫皮萝卜不但皮紫，内肉亦紫，味逾冰梨，爽脆适口。

托盘　产于吉林山中。类似杨梅，名曰托盘，取象形焉。色红鲜艳，味更酣美。惜采摘逾夜即化为红水，清晨吸饮，香美尤为独绝。

人参　俗称棒槌，有巴掌、灯台、二夹子、四披叶、五披叶、六披叶之名。产于吉省乌苏哩、绥芬、英俄岭等处深山树木丛林之地。秉东方生发之气，得地脉淳精之灵，生成神草，为药之属上上品。人参赞云："三丫五叶，背阳向阴，欲来求我，椴树相寻”。

鹿茸　鹿乃仙兽，能别良草。《述异记》① 云：鹿千岁为苍，又五百岁为白，又五百岁为玄。辽东山阔草壮，鹿得以蕃息，其茸角胶血力精足，入药自为上品。

虎骨胶　虎之一身筋节气力，皆出前足胫骨带胫骨，用全虎骨熬膏胶，治一切风寒、湿潮、腿疾、虚亏之症。亦有专用胫骨熬膏胶者，其效如神。

牛黄　《经疏》云：“牛食百草，其精华凝结成黄。”或云：“牛病乃生黄者，非也。”牛有黄必多吼唤，以盆水承之，伺其吐出，迫喝即堕水，名曰生黄。揭折轻虚而气香者良。杀死，角中得者名角黄，心中者名心黄，肝胆中者名肝胆黄，或块或粒总不及生得者。但磨指甲上，黄透指甲者为真。

熊胆　《本草》称为上品。本不易得，吉省深山密林中，樵采者时常遇之，猎户捕之，易得也。

腽肭脐　即海狗肾。《纲目》云：出西番，状似狐，而尾长大，脐似麝香，黄赤色。按《临海志》云：出东海水中，状若鹿，头似狗，尾长。又出登莱州，其状非兽非鱼，但前足似兽，而尾似鱼。观此，似狐鹿者，其毛色也；似狗者，其足形也；似鱼者，其尾形也。今珲春、三姓地近海边，亦有之。医家以滋补药多用之。

五味子　性温，五味皆备，皮甘肉酸，核中苦辛，都有咸味，《尔雅》谓之茎藸子。少肉，厚者为胜，出吉林者最佳。

细辛　一名少辛。《管子》云：五沃之土，群药生小辛是也。医家以吉省细辛为佳，通行各省。

黄精　处处山谷皆有之，服食上品，以其得坤土之精，久服益寿。吉林山土肥壮，自然甘美，胜他处。《博物志》云：“太阳之草，名黄精，食之可以长年；太阴之草，名钩吻，食之立死。”黄精，钩吻形植之别，详见《纲目》。

葳蕤　根似黄精小异，茎干强直似竹，箭有节，叶狭而长，表白里青，性柔多须。

赤芍　即芍药。根亦有白者。此处所产，尤胜他处。

黄芩　有枯芩、条芩之别，中虚者名枯芩，内实者名条芩。其用自异。此

① 南朝祖冲之所著小说。

处所产俱备，惟深色坚实者良。

柴胡　北产者如前胡而软，入药亦良；南产者不似前胡，如蒿根硬，不堪用。

升麻　其叶似麻，其气上升故名。《纲目》云：形细而黑，极坚者为佳。今则通取里白外黑而坚实者，去须芦用之，俗名为鬼脸升麻，其苗呼为窟窿芽。

紫草　根花俱紫，可以染。紫草山产，粗而色紫，入药，紫梗，园产，细而色鲜，只染物，不入药。

北山查　有大小二种。北者小，肉坚，去核，用亦有力。

益母草　《纲目》云：小暑端午，或六月六日，采益母茎叶、花实，用治百病尤良。

王牟牛　生于深山密林朽木上。性温，其形长有寸许，细如花茎，色黑肉白。能下乳，不易得。产于绥芬、乌苏哩诸山中。刨参人有认识者，采来售卖。此药《本草纲目》所无。

防风　黄润者良。

麝　形如獐，一名香獐。喜食柏，脐血入药，名麝香。出三姓。

通草　有细细孔，两头皆通，故云通草，即今所谓木通。

桔梗　此草之根结实而梗直，故名。根如指，黄白色。春生苗茎，高尺余，叶似杏叶而长，味苦辛者真。

威灵仙　威言性猛，灵仙言其功神。生先于众草，方茎，数叶相对，其根稠密多须，年深旁达一根，丛须数百条，长者二尺许，初时黄黑色，干则深黑色，人称铁脚威灵仙。但色或黄或白者，不可用。

火麻仁　即线麻子。

薏苡仁　形如珠，稍长，青白色，味甘。咬，粘人齿，如糯米，可作粥饭，本地多种之。又《本草》云：一种粘牙者，尖而壳薄，即薏苡也；一种圆而壳厚坚硬者，即菩提子，其米少，可穿作念珠。

马齿苋　叶有大小之别，大叶者，为豚耳草，不堪用。小叶并比如马齿，而性滑，利似苋，柔茎，布地细细对生者为是。入药须去茎，其茎无效。木地多采苗，煮晒为蔬。

翻白草　高不盈尺，一茎三叶，尖长而厚，有皱纹、锯齿，面青背白，开小黄花。结子，皮赤肉白，如鸡肉。故又名鸡腿。根生食、煮熟皆宜。

卷柏　丛生，多出石间。苗似柏叶而细，拳挛如鸡足。青黄色，高三五寸，无花子，宿根紫色，多须。其性耐久，故又名长生不死草。

谷精草　谷田余气所出，叶似嫩谷秧，白花如碎星，故名。此处尤多。

狼毒　叶似商陆及大黄，茎叶上有毛根，皮黄肉白，以实重者为良。

旋覆花　多生水旁。长二尺许，细茎，叶似柳，花如菊，大如铜钱，故又名金钱花。

鼠尾草　以穗形命名。野田、平泽中甚多。紫花，茎叶俱可采滋染皂。

瞿麦　茎纤细有节，高尺余。一茎生细叶，有尖花，开紫赤色者居多，子颇似麦。《尔雅》谓之大菊，俗呼为落阳花。

猪苓　多生枫树下，块色黑如猪屎，皮黑肉白，而实者良。《本草》谓之木之余气所结，亦如松之结茯苓之义。

以上物产、药材，有志内未载、载而未详者，今择其著名贵重者，考查增录，以补志之未详备也。

萨英额：《吉林外记》，姜维公、刘立强：《中国边疆研究文库·初编·东北边疆》第十卷，哈尔滨：黑龙江教育出版社，2014年，第104—108页。

《绝域纪略》

树畜，开辟来不见稻米一颗。有粟，有稗子，有铃铛麦，有大麦。稗则贵者食之，贱则粟耳。近亦有小麦，卒不多熟，面麦亦堪与小麦乱也。瓜茄豆随所种而获，霜迟则皆登于俎矣。丝瓜、扁豆较难熟，熟亦不能得子。有撇兰者，结实可斤余，其腴胜长安种。有小菱，有连子，满人素不识，因游东京者往寻莲陂，土人遂撷之以市。有松子，有榛子，有酸梨，大如栗，贮之木罂之中，令之烂，斯啜焉。有瓯子李，色赤而涩。有麇子尾，即猴头，有蘑菇，有黄菌，有山查子。

方拱乾：《绝域纪略》，李澍田主编：《长白丛书》（第五集），长春：吉林文史出版社，1993年，第102页。

《长白山江岗志略》

沙门，西南距炭崖四里余。两岸高数丈，多白沙，河底无水，中有大块沙若于，堆立矗起，其形如门。内一永道，行人出入无阻。门两边沙岸险要，人不能行，水亦不得出。门上生松，大者盈把。门高丈余。土人云："同治初年，见一松根蟠踞门上，高约四尺，大可两围。后即不见，盖被猎者焚毁耳。"

又云，每年六月六日天将曙时，闻门内外，车辚马萧，有大将班师凯歌入关之声。往观之，声寂然。行里余，声如故。日出乃止。

又产蝶花，深蓝色，其形如蝶。《白山纪咏》有云："信是东方春意足，奇花异草不知名。"

按，该处山葡萄甚多，子黑而紫，味酸异常。土人采而食之。

木头峰，西北距天池二十六里。四围皆松，惟西北顶上多沙石，树木不生。高约三里余。

土人云，峰上产雕三种：曰大雕、曰坐山、曰白尾。余登峰顶，见数雕，体大如轮，飞落峰上。但未见其巢耳。

又云，十数年前，有一木把朴姓，韩民归化者，结舍于玉沙河边。寻棒松（松类木质，坚劲异常，俗名棒松。）至峰下，见一木大可盈把，枝叶皆黑如漆，以（釜）［斧］砍之，（釜）［斧］折。视木毫无所损。举手折枝，不少动；采其叶，叶堕如铁片。惊疑莫可如何。返持叶示同伙，均以为怪。次晨，携镢偕数人往。树宛在。轮替刨劚，木倒，体重异常。二人抬之，沿途休息，至暮始归。弃置庭中月余，叶不脱落，群呼为铁树。一日朴语众曰："此木如铁，以火炼之，未知能作铁具否。试之若何?"众诺之，争燃煤火。俄一僧至，见众移木，问之，答以化铁。僧曰："似此一木，安能成铁，即是铁能值几何?汝等徒费力无济，不如留之，否则售于我。"朴喜，按铁百斤估价，僧探囊出碎金购之。僧用腰带系木，负之而去。朴等皆笑其痴。后数年，朴遇僧于圣水渠畔，见其坐睡于十字界碑之下。唤之醒，问铁树存否？僧曰："明告之，汝所谓铁树者，乃铁珊瑚也。生于山者，为盘古所栽。环球上仅有五株。予已获其二，余者予犹寻之未得耳。"朴笑之。归与人语，众皆奇之。余于吾乡丁野鹤先生之七世孙家，见先生所遗铁珊瑚树一株，能辨阴晴，高不盈尺，每用金屑灌之而后生。若此树较丁家之树大十倍，若用金屑，所费倍蓰，宜僧购树时，囊中携碎金多多也。

按，峰下多夜光木。盖松根被风吹倒，年久不变之故。木色微黄，每逢阴雨夜即放光，如燃硫磺，昼则不见。

按，明子木，峰前尤多。盖倒木受日月精华所至。土人每拾此木，夜间燃之，以代灯。所出之烟，可作松烟墨。先七世叔祖青岑公所制“槎河山庄墨”配料法载有“用关东松明子烟”一语，即指此也。

焚树场，南距又一泡十二里。

按，场周约八里余。被焚之树，均系黄花松，枝千立而不侧。土人以为老君炼山时焚之，并非荒火所致。查老君并无其人，安有炼山焚树之事。该场被焚之树，实属野火为灾，乌得以讹传讹，蛊惑人心也。

……

猎夫徐永顺，莒州人。韩人服其枪法，呼为徐单子。据云，此房改修数次。自国初有刘、冯、赵、董四姓接替。至今渠自董姓接手已二十年矣。均以窖鹿、打貂为业。现在鹿窖均经荒废，惟打貂而已（俗名打贝子）。貂有白板、紫鞠、花板、油红、亮青、豆青、大黑、金膝、老干等名。夏日来此，将貂椽（以木为之）收拾齐备。至九、十冬月，每日走椽一次（验有貂无貂之称）。每年或得十数张至二三十张不等。现受韩人杜仓子之弊（白昼寻貂之行踪，用枪击之，俗为杜仓子，即杜巢也），所获不如曾前。上半年往住吉林省城，所有器具寄放室内。夏日回时，一无所失。近来，日韩人来往过此，每致遗失损毁。故去岁临行即将器具掩藏林中，尚不至失落。《白山纪咏》有云：“户不闭兮遗不拾，山居犹有古风存。”又云：“二百余年传五姓，一人两屋即成村。”因夏聚冬散，又云：“最好两间树皮屋，半年浮住半年闲。”适有韩人二名自长派来，距屯已百余里。询之曰：“探邻居。”又云：“白山左右人烟少，百里还称是比邻。”长白府张鸣岐太守遣兵赠番饼并诗一首云：“千年积雪万年松，直上人间第一峰。信是君身真有胆，梯云驾雾蹑蛟龙。”

……

松山，东偏南距长白山二十五里。

土人云，山左右产牛肝木，形同树痈，气味清香，与他处所产不同。焚之，可以杀毒虫。

按，东山毒虫，种类极多，有小咬（体如谷粒，夏日最多，晨暮尤甚。夹皮沟、汤河各会房，每遇擅杀人命时多用咬刑。盖以绳缚人于树上，令小咬咬死。两昼夜即露筋骨，俗名“喂咬”。人皆畏之如虎。所谓“小咬”甚于“大嚼”，信然）。草扒（暗藏草中，如落人身，其首深入肌肤，始终不出，受伤处，三年后犹觉痛痒。惟初落人身时用指弹之，其首自出。再将患处毒水摄出，见血而止，即不为害）。牛虻（其形大于他处所产）。蚊虎（形长寸余，其声甚厉）。狼头（似纹非蚊）。铁嘴（嘴长有尖）。钢翅（其翅甚硬）。小蜻蜓（形似蜻蜓）各名。惟牛肝木烟（松树所结，状如牛肝，不似树蘑），可以治之。东山居民，多戴头圈（柳条、桦皮为者居多），将牛肝木插在圈上焚之，以避诸虫。《白山纪咏》有云，“不有牛肝烟罩顶，谁称铁面露真容。”又云：“天池既许刘郎到，应倩麻姑痒处搔。”

万松岭，在桦皮河北。长百六十里，产黄花松。

兰花塘，在桦皮河西南，产马兰花、周约十余里。

黄花甸，在锦江北岸，产黄花甚盛。

白花岭，在梯子河西北，产白花，高四尺余。

……

布尔瑚里（满洲语），俗名元池。因长白山东为第一名池故也。面积二里余，四周多松，参天蔽日，水清浅，终年不干。

相传，有天女降池畔，吞朱果生圣子，后为三姓贝勒，实我朝发祥之始。（事详《八旗通志》）。

按，朱果（草本）每茎不蔓不枝，高三寸许，无花而果，先青后朱，形同桑椹。味清香而甘酸，远胜桑椹。一名仙果。池左右颇多，他处未有。

土人云，每年三月三日，早起至池边，见歌台舞榭，浮于池上。其管弦之音，俨然“阳春白雪”古调传来，惟始终不见一人出入。迨日出时，仅有云雾团团，环绕水面。静听之，池中余音袅溺，杂入水声，约半钟许，声始寂。故又以仙湖名之。

……

宝泰洞，在剑川江右岸。

余八月间过此，见黑菊，枝紫蕊黑。韩人云，开时花瓣如墨，惟较之蟹爪、黄杨、妃面、紫金锭各种花小耳。吾乡惠素臣先生善画墨菊。少时曾蒙持赠扇一柄，画并题有云：“淡墨画成三两朵，菊如此墨墨犹香。”今见墨菊，始信其题菊之有由来也。

……

大高岭，西南距宝泰洞二十六里。

按，岭上有一草道，松树颇多。余过此，时值大雾，忽闻豕声，众不敢前。队兵苏得胜回顾告余曰："前有野猪当道，举枪击之若何?"余曰："善。"连发三枪，一无所获，但闻木叶萧萧而已。后闻猎者云，东山外孤猪群雄最易伤人。猎者遇即避之。若野猪成群，即不妨出矣。

花园，在龙岗后，松花头道江西。头道花园长百二十里，二道花园九十里，三道、四道、五道二三十里不等，产人参、榆蘑、榛蘑、天麻、贝母、细辛、虎豹、鹿豕、獐狍、山羊、豺狼。

按，头道花园有参园培沟种子。上用板棚盖之，布棚亦可。盖参苗喜山阴不敢见日光也。种子三年后，即可出园。经十余年者尤佳。辽东之参，全球称最。闻姻丈李文轩先生，曾言花园秧参有菊花心，他处无之，亦罕见者。今至此始知，先生有所见而云然也。四年出园为小宗，六年为大宗。余偕同事许、刘两员及测绘员数人，亲履园中，研究灌培种植之方法。园主人萧姓以为吾辈留心于植物者。

按，此次过花园岭，见有野枪，越之而过。盖猎户用线弦铁钩，将枪在树上。山兽误动线弦，即能击毙，故名为野枪。登山者不能验下枪踪迹，由弦上过。每受重伤，死者亦有之。

土人云，每年野枪伤人不少。余每至猎户家，即嘱其于下枪之处，四面多削树皮，写字于上曰："此处有枪，不可行人!"下画一枪形，即不至误伤人矣。鹿窖野刀，亦当仿此办法，猎者韪之。

余住李猎户家，见屋角悬有花鹿皮。询系四月所获，兼有胞胎。因忆李小华刺史曾嘱代购此物，遂购之。

按，鹿胎为妇女科要药。花鹿为最，马鹿次之，真者不易得。东山猎户，每以山羊胎、狍胎充之。鱼目混珠，实未易辨。鹿便专治肾水虚，鹿心专治痰喘，血次之，鹿骨可作箸，能除口齿虚火。采参抉土，非用鹿骨钗不可，盖不伤参之身须故也。做参扎眼亦然。

杉松岗，西南距样子哨街二十里。

按，岗产煤铁甚富饶。煤厂十数家，铁厂惟宝聚公司一家。又产"寒门得土"，可作洋灰。轮船、火车多用之，特无人研究耳。

余过岗，途遇天津张君云龙。据称，调查东山各种树皮。凡植物中，含有涩性者，约数百种。无论根株花果、枝叶壳蒂，皆能考验，以作硝皮之用。现已研究十数种，惟槲皮为最。他若榴柿、松杉、栎椁、核桃、栗子、酸杏各种，皆可用。盖树皮能硝兽皮中之胶质，则兽皮分外坚洁柔润，制造器物，可以耐久。此法得之西洋，我国初试体验耳。若张君所云，如岗后之山榛、山李、山柰、山梨、山核桃、山色木，以及王勃骨头、臭李子杆，皆含有涩性。而不识其名者，为数尤多，皆宜口尝手采，而以涩表测验以资需用，致令竹头，木屑，毫无弃材，留心学者鉴之。

敦化县，满名鄂多里城，南距安图五百里。我朝创业之始，实基于此。

沙河崖，西北距敦化县三十五里。

抚宁黄献廷言，光绪二十六年春，自沙河沿回敦化县署，乘马过大猪圈岭。约更余，月色暗淡，忽有狂风从岭西陡起，山鸣谷应，松涛浪涌，势如万马奔腾。心骇惧间，霎时天红如血，见万千火球，忽上忽下，形同星动，转若风驰，盘旋岭上，周有三匝。马战栗，汗如水浇。约半钟许，风稍定。驱走至岭底，犹见火球顺岭而去，直奔南下，呜呜然声闻百里。至四更时分，始达县署。汗流浃背，衣履皆透。署役扶之下马。入寝室，酣睡两夜方醒。或谓野鬼，或谓山精，究未悉孰是。

富儿岭，亦老岭之支脉，在二道江北，富儿河发源于此，南距二道江百五十余里。

土人云，岭产黄芪，人多采者。光绪元年，有胡东岩，河南人，以采芪[①]为生。一日登岭，见芪高数丈，大四握。负之归，刀截十余段，赴船厂出售。适遇一药客见之，叹惜良久，购以千金，告胡曰："此物非凡，予在黄河沿，每年见有旗杆双影，印于河中。今缺其一，知被识者采去，无如断为小段，殊可痛惜。倘能完全，万金易售也。此芪实为长白山右一大旗杆耳。"胡闻之悔恨而去。夫千金买芪，其异于他芪可知。药客识之，亦芪之一幸也。

刘建封：《长白山江岗志略》，李澍田：《长白丛书》（初集），长春：吉林文史出版社，1987 年，第 325—329，333，339，343—344，406—407，409，417—420 页。

《吉林分巡道造送会典馆清册·吉林物产》

韭菜（《礼》名丰本）。山韭（独茎一叶，郊野中生）。葱（春发名羊角，夏种为小葱，秋收为之甘葱。《金史·地理志》："海兰路贡海葱。"）山葱（郊

---

① 黄芪。

野中生)。蒜(有紫皮、白皮两种)。小蒜(生田原中，俗呼小根菜)。菘(俗呼白菜，有黄芽、箭杆两种)。芥菜(有大、小两种，白芥子入药)。芹菜(水、旱两种，赤白二色)。蕨菜(茎色青紫，生山中。《诗》言：“采其蕨。”即此)。菠菱菜(俗呼菠菜)。莴苣(俗呼生菜)。芸薹(俗呼臭菜子，可榨油)。马齿苋(叶青梗赤，俗呼野苋菜)。葿荽(俗呼香菜)。藕(宁古塔境有莲花泡，产藕，色红味甘)。秦椒(生青然红，味至辛，又一种结椒向上者。名曰天椒)。茼蒿(形气同于野蒿，亦可茹)。蒌蒿(《尔雅》作蘩，今呼蒌蒿菜)。大茴香(本草作蘹香)。小茴香(种自西域)。苦荬(断之有白汁，花黄似菊。俗呼曲马菜。《礼》“月令四月苦菜秀”即此)。地肤(俗呼扫帚菜，苗嫩可茹，老可为帚，子入药，名地肤子)。蓼(种类不一，花粉红，子生芽，可为茹)。芋(俗名芋头，又名地瓜，有红、白两种)。灰藋(俗名灰灰菜)。萝卜(圆而皮红者，为大萝卜；长而色白者，为水萝卜；色黄者曰胡萝卜。子入药，名莱菔子)。山药(本名薯蓣，亦可入药)。红花菜(一名山丹花)。黄花菜(一名金针菜)。南瓜(种来自南方)。倭瓜(种出东洋)。越瓜(种始自越，又名菜瓜)。搅瓜(形类倭瓜，而肉生筋丝，食时以筋搅取出之，似缕切者)。壶卢(即瓠瓜，长者名瓠，子圆者名壶卢，皆可为蔬，老而坚者可备器用)。茄(土产，旱茄色赤)。甜浆菜(生野中，叶长，色白，味甘)。蘑菇(产诸山中，生于榆者，为榆蘑；生于榛者，为榛蘑；生于枯木而色黄者，为黄蘑；又产于野而色黑者，为花蘑)。木耳(产诸山中，质厚味胜他产)。石耳(生山石上，一名灵芝，诸山中有之)。龙须菜(出海滨，状如柳根，须长尺余，俗呼麒麟菜)。鹿角菜(状如鹿角)。海带(俗呼为海白菜，又名东洋菜，产自海滨)。昆布(较海带稍细)。

《吉林分巡道造送会典馆清册》，李澍田：《长白丛书》(二集)，长春：吉林文史出版社，1988年，第219—220页。

《吉林分巡道造送会典馆清册·吉林物产》

人参(诸山中皆产，多生椴树之下，群草拱护，采参者夏初进山，霜后出山。省中设有官参局，岁时采取入贡)。茯苓(生松树下，抱木者为茯神，诸山中多有之)。细辛(一名少辛，通行各省)。五味子(《尔雅》谓之“茎藸”，各处皆产，子少肉厚)。茱萸(诸山中皆有之，亚于吴产)。黄精(久服之可益寿。初生苗，土人采食之，名笔管菜）。玉竹（似黄精而苗小，俗呼小笔管菜）。赤芍药（即芍药根，诸山中最多，佳于他处所产）。金线重楼（出长白山，亦名柴河车）。艾（随处皆有，气味颇胜）。百合（根如蒜头，有瓣，产诸山中，形如鸡心，百合而味甘不苦）。车前子（多生道旁，布叶如轮，俗呼车轮菜）。兔丝子（生豆田中）。甘草（诸山中多有之）。桔梗（古名荠苨，即杏叶菜）。地丁（有紫、黄两种）。木通（一名通脱木）。荆芥（随处皆有，圆穗者曰荆芥；扁穗者曰假苏）。牛旁子（叶可为火绒）。商陆（即易之苋陆，随处皆有）。黄芩（中实者为条芩，虚者为枯芩）。远志（苗名小草）。透骨草（产诸山中）。贯众（一名凤尾草，入药用根）。石韦（生诸山中石上）。地榆（生于平原旷野，花可染色）。防风（诸山皆产，甲于他省）。石决明（《宋会要》："新罗出石决明"。今诸山中皆有之）。薄荷（多生野中，而香味不及内地所产）。升麻（又有一种曰绿生麻）。丹参（色紫味苦，产山谷阴处）。独活（一类二种：色黄节疏者为独活；色紫节密者为羌活）。王不留行（花如铃铎，实如灯笼，壳五棱，多生麦地）。老鹳嘴（入药治风，亦可染皂）。葳灵仙（俗呼铁脚）。紫草（产诸山中）。蒺藜（蔓生野地）。木贼（与麻黄同形，诸山中亦产麻黄）。茺蔚（俗名益母草）。大小蓟（生田原中）。麦冬（诸山中皆有之）。黄芪（荒山旷野皆有，长者如箭，名曰箭芪，通行各省）。地骨皮（即枸杞子根）。金银花（花黄、白二色，一名忍冬）。茵陈（味似蒿，随处皆有之）。

《吉林分巡道造送会典馆清册》，李澍田：《长白丛书》（二集），长春：吉林文史出版社，1988年，第223—224页。

《长白汇征录》卷五《物产》

菜疏类

萝卜　一名莱服。有长圆两种，红白青紫各色，茎高尺余，叶大如掌，皆可采食，根蒂所结方为萝卜。可生可熟，可菹可齑，味辛甘食，含水质，盐渍之可制为酱。其汁可取作糖，乃蔬中之易生而用广者。开黄花，结子粒如芥。长郡萝卜形椭圆，且硕大，但性辣，质硬，土人云地脉使然。

白菜　一名菘，有春菘，有晚菘。《本草》：最肥大者曰牛肚崧，凌冬不凋，四时常有，根盘结不可食，茎扁而厚，叶薄大拱抱，高矮不等，高大者一株可数十斤。本境白菜茎叶粗大，味亦浓厚，其脆嫩不及内地。

蔓菁 一名芜菁，一名葑，一名须。根大而白，茎叶一如萝卜，味辛含甜质，食用与萝卜同。

茄子 株干高三四尺，叶大如掌，开紫花，有蒂，蒂包为茄，茄大有瓤，瓤有子，生熟皆可食。有紫、青、白各色，紫者形圆而小，殊鲜嫩。青白者，形长而大，不及紫色之美。王氏《农书》：一种渤海茄，色白而实坚，最肥大。本境所种形长大而色白，种与渤海茄相类。

南瓜 附地蔓生，茎粗而空，叶大而绿，引蔓甚繁，一蔓可延十余丈，节节有根，近地即著。开黄花结瓜，有花而不实者，其结实者，先实后花，花后而瓜益长大，大者可十数斤，煮饭作羹味甜淡，不可生食。种出南番，故又名番瓜。

北瓜 一名倭瓜。蔓生，形类哈密，种自倭国来，故名。长白此瓜最多，食用与南瓜同。

黄瓜 一名胡瓜。张骞使西域得来此种，故名。又名王瓜，有其为瓜中之首见者也。蔓生，茎叶类南瓜而柔细，开小黄花，瓜形椭长，附瓜有刺如针，质脆嫩，多汁浆，瓜有长数寸者，有长一二尺者，愈小而味愈佳。长属地寒，发生较迟，味仍脆美，生食熟食皆可，并可用盐渍，留以御冬。

丝瓜 《通雅》：架而垂生，茎细叶绿，瓜长尺余，名曰纺丝瓜。按：本境此瓜有长至三四尺，可熟食不可生食。

菜瓜 北方名苦瓜。蔓生，瓜味淡脆，可入菜，品色青而形长，有白纹界之如溜，并可生食。

冬瓜 俗名东瓜。蔓生，经霜后皮白如粉涂，故《本草》亦名白瓜，亦菜瓜之类也。

葱 一名芤。《本草》：草中有孔，故字从孔。初生曰葱针，叶曰葱青，衣曰葱袍，茎曰葱白，根曰葱须。《清异录》云，葱名和事草，言用以调和众味，若药剂中多用甘草以和解之也。味辛，无毒，为用甚广。长属所产，较齐豫诸省其味少逊。

韭 《说文》：一种而久获，因谓之韭，象形在一之上，一者地也，又名懒人菜，以其不须岁种，故名。丛生丰本，长叶青翠，茎名韭白，根名韭黄，花名韭菁，均可食，其味辛，其性温补。长白韭甚肥大，皆夏种秋食，冬则根死，地寒故也。

芥　芥菜味辣，可作俎，冬月食者呼为腊菜，俗名辣菜，性温无毒，茎叶似菘而有毛，花黄而味香，子小而色紫，根叶皆可食，子粒可研末，泡为芥酱。

蒜　一名葫，以来自番中，又称胡蒜。栽种，苗生叶如兰，茎如葱，根盘结分瓣如水仙，苗心起苔名曰蒜苔，皆可食，味辛解毒，有百益而不利于眼，食多者恒得眼疾。

菠菜　一名菠斯草，一名赤根菜，一名鹦鹉菜。茎柔脆中空，叶细腻，直出一尖，傍出两尖，似鼓子花叶之状而稍长大，色甚绿，而味颇清腴，愈嫩愈佳，老则由中心起苔高尺余，开碎白花，丛簇不显，而分雄雌者，结实有刺状如蒺藜，雄者不结实。此物至南省，经霜雪味尤美，长地苦寒，诸物不能耐冬。

蔗荽　许氏《说文》：荽作葰。《本草》：云，即香荽，又名胡荽。茎青而柔，叶细而花，根软多须，味清香，可通心窍和脾胃，大有将之作用。

薇　一名野豌豆，一名大巢菜。《本草》：项氏曰巢菜。有大小二种，大者即薇，乃野豌豆之不实者。《尔雅》：薇，垂水注生于水边，疏似藿。《群芳谱》：生麦田及原隰中。按：薇菜茎叶气味皆似豌豆，作蔬入羹皆宜。

蕨　陆机诗疏：山菜也。周秦曰蕨，齐鲁曰鳖。《埤雅》：状如大雀拳足，又如其足之蹶也，故谓之蕨。俗云初生亦类鳖脚，故曰鳖。长白山中处处有之。初生时，拳曲，状如儿拳，长则宽展如雉尾，高三四尺，茎嫩时无叶，采来加以热汤去其涎滑，晒干作蔬，味甘滑，肉煮甚美，姜醋拌食亦佳。其根色微紫，类薇而细，亦救荒之野菜也。

茼蒿　一名蓬蒿，以形气相同，故名。茎叶肥绿甘脆滑腻，起苔高二尺余，开花深黄色，状如单瓣菊花，一花结子百十粒，成球，宜水地，最易繁茂。

芹　一名水英，一名楚葵。《尔雅》楚葵注：今水中芹菜。《群芳谱》有水芹、旱芹。水芹生江湖陂泽之涯，旱芹生平地，有赤白二种。本境芹菜多生山上，土人呼为野芹。其苗滑泽，其茎有节有棱而中空，其叶对节而生，采取用盐醋拌食最佳，气清芬，醒人眉目，解郁闷之气，乃菜中之雅品也。

地豆　一名朱薯，一名番薯，《群芳谱》[①] 所谓甘薯是也。蔓生，茎叶延

---

① 明代王象晋创作的介绍栽培植物的著作。

十数丈，节节生根，其根扑地，如山药甘芋之类，形圆而长，肉紫皮白，质理腻润，气味甘滑，可以益气力健脾胃。此物耐寒易生，辽东种者极多，土人用以煮饭及蒸食，名为地豆，从俗也。

披辣　茎叶与萝卜等，而纷披扑地不可食，可食者惟根，形圆色白，味辣质硬，不及萝卜之甘脆，土名披辣，或即芜菁之别种欤。

云豆　蔓生，开紫花，结荚，长者至四五寸，嫩时炒食煮食均可。子色黎黑，而大如拇指，煮饭食甚美，较偏豆、眉豆之属肥而大。土人名为云豆，亦不知种自何来。《拾遗记》：乐浪之东有融泽生挟剑豆，其荚形似人挟剑，横斜而生。《群芳谱》谓挟剑豆即刀豆。长白古乐浪所产云豆，故类此。

瓜果类

西瓜　蔓生，叶尖而花，花后结实，味甘多液。胡峤《陷虏记》云；峤征回纥得此种，故名西瓜。《本草》云：可解暑气，故夏令人多食之。有用其皮瓤杂入酱豉中，味殊甘美。瓜子亦果品，以子大而仁满者佳。长白节候不齐，熟时已及秋中，形质较内省少小，而味亦稍逊云。

甜瓜　一名甘瓜，性寒滑，不宜多食，以甜而脆者为佳，可生食，未能熟食。亦蔓生，茎叶与黄瓜相仿。

松子　《本草》苏颂曰：松岁久则实，中原虽有，不及塞上之佳。马志曰：海松子之状如小栗，三角，其仁香美，东夷当果食。李时珍曰；海松子出辽东及云南，其树与中国松树相同，惟五叶一丛者，球内结子如巴豆大，而有三棱，至马志谓如小栗，殊失本体。按：长白松树，树极多，而结子颇少，土人云惟红松结子形如莲子，仁极香脆。

榛子　树低小如荆，丛生，而枝干疏落，质颇坚硬，开花如栎花，成条下垂长二三尺，叶之状如樱桃，多皱纹，边有细齿，子形如栗子，壳厚而坚，仁白而脆，味甘香，无毒。其皮软者其中空，谚曰十榛九空。长属盛产此味，每岁三倍于松子。

山梨　野生，即诗所谓甘棠也，北人谓之杜梨，南人谓棠梨，《尔雅》注疏云；其在山之名曰樆，人植曰梨。长白此树多生山上，土人谓之山梨。其树如梨而小，叶似榛子叶而大，亦有圆者，三叉者，边皆有锯齿，色黪白，结实如楝子，霜后可食，但味颇酸涩少汁，且梨小而子大。此其野生之本质然也，如用佳种接之，当可化莠为良云。

张凤台：《长白汇征录》，李澍田：《长白丛书》（初集），长春：吉林文史出版社，1987年，第132—137页。

《长白汇征录》卷五《物产》

木类

松　《群芳谱》：松，百木之长，犹公，故字从公。磥砢多节，盘根樛枝，皮粗厚，望之如龙鳞，四时常青不改，柯叶三针者为栝子松，七针者为果松，又有赤松、白松、鹿尾松，秉性尤异。按：长境森林，松居多数，土人象形命名，率无所考，然皆具有取义，其色黄而有纹者谓之黄花松，色白而有光彩者谓之白松，胶多味恶名为臭松，质坚色赤名为红松。最上等而少见者，为石砬中所出抱松，此松坚硬如金石，有纹盘旋，如刺绣，其枝曲，其针短，其体干微小，不过拱把之大，盖生于嵯峨山半间，为巉岩怪石所障蔽，郁不得伸，如槁如槁，如死灰，几无生理，仰赖春雨秋阳之涵滋，发而为偃蹇，奇特之灵质，名为抱松，取其为山石拱抱，旷世挺生，而非木之本性也。此外如裸松，沙松，赤柏松，鱼鳞松，五叶二叶，各松皮相悬拟，名色亦别云。

柞　《释名》：即凿木。以其木坚细，可为凿柄。陈藏器曰：柞木生南方，今之作梳者是也。李时珍曰：此木山中往往有之，高者数丈，其木及叶皆针刺，经冬不凋，五月开碎白花，不结子，本理坚细，色微白，皮味苦辛，无毒，入药品。长地此木高十数丈，大而且多，松树之外，柞木占一部分焉。

椴　皮厚，质坚，叶最大，有类团扇者。《群芳谱》云；其皮可以当麻，取制鱼网，牢固异常。本境椴木大者数围，其作用不亚于松，有用皮葺房以代瓦者。

桦　桦木似山桃，皮上有紫黑花，可燃作烛炬。桦，古作槬。李时珍云：画工以皮烧烟熏纸。又云桦木生辽东及临洮诸地，其木色黄，有小斑点，皮厚而轻，匠家用衬靴里及刀靶之类，谓之暖皮，其皮并可入药品，性温暖，无毒。

楸　《本草》李时珍曰：即梓之大者也，生山谷间，与梓树本同末异。《尔雅》：椅梓，郭璞注，即楸也。诗云：北山有楰，陆机注疏谓，楰即楸。江东人谓之虎梓或谓苦楸。《齐民要术》以白色有角者为角楸，又名子楸，黄色无子为椅楸，又名荆黄楸，俱以子之有无为别。按：此树长白土人名刺楸，皮色黄白，上有斑点，高十数丈，木湿时甚脆，干时则坚，可为什器。

榆　一名零。《本草》：榆荚飘零，故曰零榆，一名蕴茎。《尔雅》注：即今之刺榆。《群芳谱》：榆有数种，今人不能别，惟知荚榆、白榆、刺榆、榔榆而已。其木坚细，未叶时枝上生瘤，累累成串，及开则为榆荚，嫩时色青，老时色白，形圆如小钱，故又名榆钱，中有仁，微苦。叶长尖，似山茱萸叶。长地榆树枝千弯曲，无甚伟大者。

柳　《本草》：柳，一名小杨，一名杨柳。陈藏器曰：江东人通名杨柳，北人都不言杨。李时珍曰；杨枝硬而扬起，故谓之杨。柳枝弱而垂流，故谓之柳。盖一物而二种也。按柳树易生之木，折枝植地，颠倒皆生，俗云倒植则枝条下垂，谓之杨柳。亦不尽然。其树于天气稍暖，则生柔荑，层层鳞起，如粟之附穗，老则败落，散而为絮。性质宜水不耐干燥，木理细腻柔脆，未能经久，盖其生长最速故也。长地严寒，木质之坚不及南省，柳质尤逊。

黄杨　木质细致，颇难生长，每岁只长一寸，闰月年反缩一寸，谓之厄闰。《尔雅》谓桐与茨菰皆厄闰，不独黄杨。其叶圆大而有尖，光润而厚，色青微黄，未叶先花，累然如柳絮，但长大色成红紫，其老而落也，亦如柳絮之弱不禁风。《群芳谱》云：取杨木应于阴晦夜无一星时取之，木方不裂。《木草》：杨木坚细，作梳，剜印最良。

抱马子树　木理坚硬，入土不朽，以火炙之，砰然有声，如爆竹。叶似桃柳，叶色微黑，土人谓其叶味香微苦，可作茶，曰抱马子，亦从俗名之也。

荆　《本草》：杜荆，又名黄荆，又名小荆。李时珍曰：古者，刑杖用荆，故字从刑。按：荆丛生而疏，作科不作蔓，枝节坚劲，叶如麻，开花成穗，红紫色，结子如胡荽子，落地即生，多有采荆作薪者，诗云：错薪束楚即此也。

棘　棘心赤而外有刺，其刺有直者，有弯曲成钩者，枝干花叶俱如枣，结实形圆而小，味甘而酸，俗名酸枣，丛生成科，其木颇坚。长境多山，此物最夥耳。但屈曲未易成材，山间陌上，往往有之。

夜光木　树老根朽，水浸之久，夜则有光，土人谓之夜光木，或曰雷击木。潮湿处多有之，河边尤夥。

花类

冰花　地冻初开，天气稍暖。此花翘楚群芳，挺然开放，单瓣短须，状类杭菊，赤日当午则槁，早晚独盛，为时不久，未见其子。其根盘结多毛，茎色青紫，高五六寸，弱不禁风，长境盛产此花，土人名为冰凌花。按：与款冬花之赋性相同，而形质异。

淡泊花　花容雅淡，似黄似白，五瓣丛生，微有幽香，根深尺许，茎细如针，花谢后即为众草所没，隐约难窥矣。

紫囊　草本，丛生，叶大而尖，花色紫而中空如囊，大如鸡卵，微有皱纹，上有口，口上有一瓣倒覆口旁，复列两小瓣如牙，花心吐一蕊如舌累，累下垂，耐久无香。又一种开花如豇豆壳，形亦似之。

青袋　花形长方，中空如袋，每茎数花，大如拇指，最娇嫩，折之则槁，根短小，而茎高二三尺，亦草木之奇品也。

野丁香　长地多丁香，酷类丁香，而香味稍薄，由于天然，故名曰野。

山梨花　即杜梨。结实入果品，花白而香，多生山畔，但枝干短小，未见高大成材者。

芍药　叶似牡丹而狭长，开花有红黄紫数色。刘攽《芍药谱》云：花之红叶黄腰者号金带围。崔豹《古今注》云：芍药有二种，有草芍药、木芍药。按：本境野生草本，花单薄而色多粉白，仲夏始开，抑辽东地气使然耳。

玫瑰　灌生，细叶，茎紫色，多刺，花类蔷而色淡紫，青橐，黄蕊，娇艳芬芳，花谢后结实如海棠果，皮薄，子多，味甘，稍涩。按：本境野生质味虽不及内地美，山阳水淀在在多有，如采取以制糖、制油、制胰皂之属，亦当居出产之一。纷纷堕地，长人无掇取者，惜哉！

山丹花　一名红百合，即百合之类也。但其根体小而瓣少，味不甚纯。其叶长尖，颇似柳叶，开红花，六出无香。按《群芳谱》云：百合有三种，苗高三尺，干粗如箭，叶生四面如鸡距，开白花，长五寸许，六出四垂，其根如蒜瓣，而味甘腻者，百合也。一种干高四五尺，开红花带黄，上有黑斑点，花瓣反卷，叶形长尖，根亦似百合，而不堪食用者，名为卷丹，与本草所载山丹一种相类。本境所出，长人呼为百合，亦取其色相耳。

步步登高花　花如鸡爪，色红而艳，叶长尖，旁有锯齿，茎长尺许则开花，花谢后茎出花心复出，稍高则开花，仍旧花萎茎生，茎长花放，待茎高数尺，而花亦续开五六层矣。至秋则结子如芥，以此命名，亦从俗之称也。

草类

乌拉草①　蓬勃丛生，高二三尺，有筋无节，异常绵软，凡穿乌拉鞋者，

---

①　靰鞡草。

将草锤熟垫藉其内，冬夏温凉得当。故谚语云：关东有三宝；人参、貂皮、乌拉草。其功用与棉絮同，土人珍重之，辽东一带率产此草，出自白山左近者尤佳。

安春香　茎高尺许，叶似柳叶，供香可供祭祀，俗呼安息香。生山岩洁净处，产长白山上者尤异。

七里香　枝叶似安春香，惟叶大而厚，生于长白山上，别处无所见。

倒根草　白山左近沟渠中有草红色，根浮水上，叶褊而长在水下，名倒根草。长人谓性温行血，分治红白痢并一切吐泻等症。此草尚待研究，未敢列入药品。

松香草　味香，研为末，配做香料，可敌藏香之味，产东山一带。乌拉总管每年照例入贡。

通烟袋草　节细而长，性绵而直，吸烟草者，借以通袋管，故名。长人名为通烟袋草。

张凤台：《长白汇征录》，李澍田：《长白丛书》（初集），长春：吉林文史出版社，1987 年，第 137—142 页。

《鸡林旧闻录》

参性热，一苗高数寸，苗头平分数茎，每茎五叶，形如掌，六茎为最多，根株亦最佳；间有一二茎，挖出至美之根者，是必原根（俗谓“芦头”），以受伤多年，侧生一苗者也。土俗名采参为“放山”，又称“挖棒槌”。缘满清禁采时代，忌讳参字然耳。考道、咸以前，限禁甚严，例出吉省出发专票，领票往采，仍必以挑官参为名，今犹有某票房之说。嗣后弛禁，改征参税，始任人采挖矣。放出者分三期：四、五月为“放芽草”，因百草甫生，参芽萌苗，便寻认也；六、七月为“放黑草”，则丛草浓绿，最费辨认；八、九月为“放红头”，因参苗顶心结子，浅红易识认也。及参籽落后，又曰“放刷帚头”。毕事下山曰“辍棍”。当进山时，有把头者领数人至山，四望森林，不见天日，而把头则视某山树头独新秀浮绿者以行。至则又验其草木枝叶坚茂者即曰：“有山”。益非此土性不克生长参苗，其占候察验，纯出乎心得也。时即剥树皮为屋，称曰“窝棚”。把头令其伙排列，各间一丈，执一棍，名“索罗木棍”，以棍将草左右撩拨，挨步注视，瞥见参苗即大声相呼，各人齐至，详细搜觅。缘有苗必不止一处，偶有孤苗挺生者，千百中什一耳。挖参时，量参草之大小，四周辄刈草成围，而后向内刨挖，一面起土，一面用骨簪拨辨草茎，恐妨参之根须也。挖出之参，杂以青苔，惠以松树皮，俗呼曰“棒槌甬子”，背负下出制售。亦有下出后移植参营者，名曰“移山参”，坚壮者亦为佳品。

参营，俗名“棒槌营”，种参区也名曰“秧子参”。参营成立，已历有年所。道、咸以前，亦在禁例，往往宫役带兵清沟，用火焚毁。征税后，已无此患矣。其种植时，先于森林中择一土性相宜处，刊木起土尺许，搅之松细，阔五尺，长三丈为一畦，预将参籽窖地一年，名为“发籽子”。次年，将籽漫撒畦中，覆以土灰。出苗后三四年，至秋九、十月，又移植他畦，锄畦成垄，排列插莳，复用七尺五寸高之板棚盖其上，往时多有用布者，今鲜矣。每年，择春、秋二季揭板，向阳三五次，并当连绵细雨时，放雨一二次，皆有程期，过则倒烂。又三四年白露节后，方起参制造，名为“做货”。做时，先将鲜参用沸水煮之半熟，再以小毛刷将其浮皮洗净，用白线小弓将参纹中尘土剔尽，而后用冰糖熬清汁将参浸灌一二日，上锅蒸熟，再上火盘烤干。亦有不煮水、不灌糖，而生刷、生蒸者，名曰丽参（即假高丽参之粗制法）参营历年栽植，次第制售。栽参一畦，俗称一架棚，山民业此者甚多。种参之中，洋参、高丽参之别，辨之甚微，大抵视根有多节，从茎之上必有细粒如珠及质坚纹细而已。每年输运出口，为吉林天产品之大宗。据营口税关报告，重量岁约三十万斤，价额在二十四五万两左右。

魏声龢：《鸡林旧闻录》，李澍田主编：《长白丛书》（初集），长春：吉林文史出版社，1986 年，第 59—60 页。

《鸡林旧闻录》

森林，满语名窝集。如以义释之，亦可谓树密为窝，可以居集，亦曰乌稽。吴汉槎有大乌稽、小乌稽诗是也。汉有南北沃沮地。可见森林弥满，汉时已然。沃沮者，兼指林中有水而言，殆即今之“哈汤”耳。沃沮、乌稽、窝集，音转而实同，今则以窝集称之。吉林全省有四十八窝集，大者亘千余里，小者亦百数十里。蔽日干天，人迹罕到，分为长白山、小白山两系。其长白山系，在松花江上流，头道江、二道江之地，老林绵亘千里，在前清严禁采伐。头道江以下则采伐者沿松花江而下，运售良便，故经营者日盛。其小白山系，在拉林河上游，四合川附近，南抵张广才、老爷二岭，东迄三姓、宁古塔，西至宾州、五常，东北界俄领黑龙江州。以交通不便，中国人采伐者甚鲜，而俄人则以伐供东清铁道用木为名，于光绪二十三年后，组成伐木公司，得擅其利。其产树，如果松，杉松、黄花松、紫白松、香柏松、榆树、楸子、椴木等，皆硕大坚致之材。其他杂木，尤不可胜数。吉省东北两边，距江河或火车道较远处，古所谓窝集之地尚延亘不断，枝柯纠结，翳障天日。下则水潦纵横，草叶腐积，盛夏草长，交通为绝。林中产生一种马蝇，万千成团，大者如蝼蝈，小者亦如蜜蜂，喙长四五分，形同鸟喙，尖锐如利锥，追逐骡马，螫吮其血，毛片为红。故马行经此，头摇耳扇，蹄蹴尾拂，终日不休息，盖畏此荼毒也。而蚊虻之多，更如烟尘。骡马被蜇既甚，至惫不能举其体，顷间蝇虫丛集成高丘，则葬身其内矣。人行故必携障面之皮靥，仅露两目。

魏声龢：《鸡林旧闻录》，李澍田主编：《长白丛书》（初集），长春：吉林文史出版社，1986 年，第 64 页。

《吉林汇征》第七章《地质·物产》

物产

桦　皮斑文，色殷紫如酱中豆瓣，故曰桦酱瓣。状似白杨，皮似山桃，有花纹，紫黑色，可裹弓及鞍镫诸物，山中皆有之，而嫩江混同江之间尤多。乌拉有桦皮屯设壮丁采皮，亦作箭竿。其木瘿文极细。夏间剥其皮入污泥中谓之糟。糟数日乃出而曝之，地白而花成形者贵。特设桦木厂，有章京，有笔帖式，有打桦人，每岁打桦皮入内务府，辽东桦皮遂有市于京师者。有以桦皮作船，大者能容数人，小者挟之而行，遇水辄渡，游行便捷。又以桦皮盖窝棚，并有剥薄皮纫缀为油布大雨不濡）。

椴　叶大，黑皮，纹细微赤者，曰紫椴。人参生于其下。王渔洋《池北偶谭》载高丽采参赞云：三丫五叶，背阳向阴，欲来求我，椴树相寻。椴音贾，叶似桐。质白者曰糠椴，其皮可制绳引火枪，军中需之。椴类银杏可为器，其皮可代瓦，浸水久之可索绹。又有一种白椴木，叶大如团扇，初生时可蒸冷淘，霜后则鲜赤如枫。其皮可治绳为鱼网之用，乌喇网大鱼常用之）。

香树　茎直，丛生，花黄，长白山最多，可焚以祭神，土人取作香。生近山崖者有节，名竹根香。根往年作箭骲头。安春香生山岩洁净处，高一尺许，叶似柳叶而小，味香，可供祭祀。长白山所产尤异常香，俗呼为安息香。又七里香，枝叶似安春香叶而厚，惟产于长白山，他处不见）。

六棱木　枝干皆六棱，最坚实）。

暖木　或云即黄蘗木，皮温厚可垫鞍镫心及包弓靶，细者可为鞭杆。又乌拉出小暖木，形类杉松，木质尤坚)。

楛　一名雉尾荆，色赤，可为矢。世传肃慎氏楛矢或即此。据杨宾《柳边纪略》云，楛木长三四寸，色黑，或黄，或微白，有文理，非铁非石，可以削铁，而每破于石，居人多得之虎儿喀河，相传肃慎氏矢以此为之。好事者藏之家，非斗粟匹布不可得，楛矢自肃慎氏至今凡五贡中国。勿吉室韦之俗皆以此为兵器。或曰铁镞，或曰楛砮。历代史传言之娓娓，余所见直楛耳，无有所谓镞与砮也，按：《满洲源流考》引元戚辅《辽东志略》云，肃慎东北山出石，其利如铁，取以为镞，即石砮也。而杨宾以为楛木，盖误以石砮为楛矢耳)。

榛　树低小如荆，丛生开花如栎，其实作苞三五相黏。一苞一实，生青熟黑。壳厚而坚，仁白而圆，香美甲于他省)。

冻青　寄生树上，叶微圆，子赤，凌冬不凋，青葱可爱)。

草荔枝　丛生，朱颗味甘，似普盘而无子，内地所无。乌拉门则有之)。

乌拉草　出近水处，温软细长，三棱实其中。摘而挞之以木椎数十下，则软于绵。用以絮皮鞋内，虽行冰霜中，足不知冷。谚云：吉林有三宝，人参貂皮乌拉草。又名护腊草，履也。塞路多石碛，复易沮洳，不可以履。缝革为履名乌喇，乌喇坚足不可裹。泽有草柔细如丝，草无名，因用以为名)。

郭熙楞：《吉林汇征》，李澍田：《长白丛书》（五集），长春：吉林文史出版社，1993年，第223—224页。

《吉林汇征》第七章《地质·物产》

参　吉林人参，前清时采禁甚严，由官设票房领票往采，无票则为私挖，有干例禁，故土人私挖者隐语曰挖棒棰。后改参税，此禁稍弛矣。参性热，往往产山深不见日光处，一苗高数寸，苗头平分数茎，每茎五叶，以六茎为最多，根亦最佳，间有一二茎，其根至美，是必原根，俗呼为芦头，以曾经受伤从旁侧生苗干者也。采参者名放山，每年放山三次，三四月为放草，因百草初生参芽甫茁也，五六月为放青参，苗成朵而尚青，八九月为放红，以参苗结子浅红易认也。参籽落后又曰刷帚头，采后下山曰辍棍，皆土人隐语也。采参者或数十人一群，一群之中有把头，能辨山脉，识参苗，其占候察验纯乎心得，入山中剥树皮为屋名窝棚。把头令其伙排列，各间一丈地，执一棍，名簦罗棍，以拨撩草挨步注视，见有参苗，则量参之大小，刈草成围，而后挖用骨簪拨辨草根，恐妨参之根须也。挖出后裹以松皮，名曰棒棰桶，背负下山。参以野茎为最佳，次则移山参。移山者见山中参苗移置他处而灌溉也。再则有种参，种参但莳其子，其法预将参籽窖一年，再择一土性相宜之地，搅之须细缦，撒畦中覆之土灰，出苗后三四年又复移植一畦，排陇插莳用七尺五寸之高板棚覆其上，春秋二季揭板曝三五次，当阴雨连绵亦放两三次，经三四年始采收制造，名曰做货。做时先将参用沸水煮半熟，以小毛刷将其浮皮洗净，用白绫小弓将参纹中尘土剔尽，后用冰糖熬清汁浸没参一二日，上火盘烤干，亦有不煮不浸而生刷蒸者，名曰丽参，即假高丽参之粗制法，大抵移山参，其佳者与野参同功，种参则不及，同属一物低昂远判。审其贵贱，但辨其根有多节质之坚致而已，吉林出口参，据营口税关云，每年统计贵贱平均约值出二十五万余斤，价值三十四五万余金焉。

郭熙楞：《吉林汇征》，李澍田：《长白丛书》（五集），长春：吉林文史出版社，1993 年，第 232—233 页。

《珲春县志》卷二十《物产》

林产

珲春县境森林以春化乡红溪河上游为最密，约计数千方里，德惠乡次之。林木之种类，最繁者则有杉松、果松、赤柏松、杨枢榆、山榆、茨楸、椴木、楸木、黄榆、鱼鳞松、柳、桦、柞等类。每年砍运之木材约四五万株，销于本地者居十分之二，销于朝鲜者十之五，销于天津青岛者十之三，因未为发达也，其最大原因即在运输上受阻而已。

植物

材木属

果松　此松结子，为前清贡品之一，郝氏懿行[①]：宁古塔人云，江边榆、松二树楛枝坠水化为，可作箭镞，因之称为石砮。朝鲜人呼果松为五叶松。

杉松　《说文》作粘。《尔雅释木》郭注：似松无子。

油松　此松脂多。《摭遗注》：琥珀，松脂入地，千年所化。

---

① 即清代训诂学家郝懿行。

赤白松　理细，气香，为木之贵者。

黄花松　黄花松，日本名落叶松。

鱼鳞松

臭松

柏　《六书精蕴》：柏，险木也。

山槐

杨槐

按：以上各种均产县属春化、德惠等乡。

桑

按：此种产县属守善乡。

家榆

按：此种产于县属各乡。

山榆

枢榆　枢榆一名刺榆。《诗》曰山有枢者此也。

按：以上二种产于县属春化、德惠乡。

青杨　叶大而圆。前清采作箭架入贡。

白杨　如青杨，叶微小，皮白，性不燥烈。前清入贡。

黄杨　木坚难长。

榉　榉柳之一种，今呼枢柳。

柽　柽即河畔赤茎柳。

金丝柳　金丝柳即垂柳。

花柜柳

按：以上各种产于县属各乡。

白椴

紫椴

纹椴　叶大、皮黑。

按：以上三种产于县属兴仁、纯义、崇礼、勇智、敬信、春化、德惠各乡。

核桃木

柞　柞一名凿子木，有大叶、小叶两种。高大、坚实，中为车材，皮黄充贡，可染色。就山中砍倒，迨三年后可养成木耳。

栎　栎即柞之大者，一名栩或杼及茅桃，又名橡子树。

波罗木　波罗木即栎之小者，亦曰槲，又名波罗烘子。

青刚柳　青刚柳亦栎类。

扭筋子　扭筋子即杻，《尔雅》谓之檍。

黄波罗

刺楸

核桃楸　类似核桃树，其木可作枪杆及船桨。

色木

冬青　寄生树下，叶微圆，子赤，凌冬不凋，青葱可爱。

杏木

梨木

棠李木

山楂木　山楂木，实小者曰山梨红。

荆条　荆条亦名笤条。

茶条

老鹳眼　老鹳眼一名鼠李。

李木

榛木

稠李木　稠李木，满语谓英阿树。

樱桃树

按：以上各种产于县属各乡。

抱码子

火绒　火绒生木瘿中，取之可盈掬。

按：以上二种产于县属春化、德惠乡。

桦　《北史·室韦》，用桦皮著屋。按：桦皮山桃有花纹紫黑色，可裹弓及鞍镫。前清采桦木作箭，箭木纹极细。可作碗，镟器多用。宋洪皓羁留冷山，常以桦皮习书授读。

雒常　《晋书》肃慎氏：有树名雒常，可为衣。

按：以上二种县属产甚稀。

果木属

松子　《契丹国志》：女真多产松实。《本草》：松子出辽东。前清采取入贡。

按：植物学谓之松球。

榛子　味美气香。相传经荒火烧者尤佳。前清采取入贡。

胡榛子

按：以上各种产于县属春化、德惠各乡。

山楂　有大小二种，大种较优。

梨　山梨味酸，鸭梨味甜。《渤海传》①果有乐游之梨。考植物学谓之梨果。

桃　有大小二种，小种较优。

李　家种者较山李为优。

杏　有珍核、夹包二种。珍核味较优。

按：以上各种县属各乡均产。

葡萄　鸡心葡萄味甘美，山葡萄色黑味酸。

按：此种县属崇礼、勇智、敬信、春化、德惠各乡均产。

核桃　有长形、短形二种。

按：此种县属各乡均产。

桑椹

按：此种产县属首善乡。

灯笼果　外垂蜂囊，中含赤子如朱缨。俗呼红娘子，或称姑奶子。

按：此种产于春化、德惠等乡。

欧李

樱桃　有白红二种，味甘酸。

菱　菱一名菱角。

按：以上三种县属各乡均产。

莲实

按：此种产于县属敬信乡。

---

① 即《新唐书·渤海传》。

郁李

棠李

按：以上二种产于县属各乡。

草莓　草莓满语谓伊尔哈穆昆，俗名高丽果，又名桃花水。

托盘

按：以上二种产于县属春化、德惠等乡。

甜甜　甜甜满语谓狗摩摩。

按：此种产于县属各乡。

圆枣子

按：此种产于县属崇礼、勇智、春化、德惠等乡。

苹果

按：此种产于县属首善及敬信乡。

玫瑰果　玫瑰果实大者俗名海胖胖，实小者俗名刺木果。

稠李子　稠李子满语谓英阿。

按：以上二种县属各乡均产。

瓜属

西瓜　有白沙瓤、红沙瓤、黄沙瓤三种。此外有俄国种。

玉瓜　分红、白、青三种。

胡瓜　有大白胡、小白胡二种。

香瓜　有大瓤、小红瓤、大白籽、小白籽、大青皮、小青皮、虎皮翠、蛤蟆苏、羊角蜜、卸花甜、顶皮红、自来香、芝麻粒、大白面、小白面，啦嘛黄十数种，瓜味香甘，夏季人喜生食。

丝瓜　有大丝、小丝二种。

打瓜　有白皮、青皮、花皮三种，白皮瓜子较佳。

癞瓜　有红花皮、白花皮、青花皮三种。瓜小味甘，可供玩品。

黄瓜　分线黄、棒捶黄、小茨黄三种。种来自西域，亦有出自朝鲜者。

冬瓜　有大小二种。

按：以上各瓜县属各乡均产，但种类不全。

……

花属

草本

五色梅　花五瓣，似梅，五色俱备。

蝴蝶梅　花形如蝴蝶，故名。

金线梅　花色黄，花瓣沿边如金线围绕。

薄荷梅　未详。

白玉梅　花白如玉，瓣似梅。

金盅花　花黄如菊，秋深尤茂。

银盏花　花白色，形如小盏。

按：以上数种各乡家园中有种植者。

凤仙　俗呼指甲萃。性能透骨，子入药。

鸡冠　其形如鸡冠，有红、白、黄三种。

绣球花　丛生如球，喜生阳地。

石柱花　一名蕈石柱。

灯笼花　花形如灯笼，故名。

啦叭花　花形如啦叭，故名。

茉莉　一名胭粉豆，有红、白、黄三种。

芙蓉　有红、白二种。

珍珠花　花形如珍珠，故名。

散缎花

步步高　花有红、黄、紫、绿、白诸色，诸色中有深有浅，盛开时五光十色，烂熳夺目。

向日葵　一名转心莲。独茎，顶开花，大如碗，结子可食，多食亦醉人。又一种名秋葵。

江西腊　花似菊，仅红、白二色，不及菊之雅洁。

高丽菊　枝叶类万年菊，单瓣，色黄。

生菜莲　一名小罂粟花。

铁瓣菊

牵牛　蔓生，花色不一。

石竹　枝如竹子，入药，名瞿麦。

萱花　亦曰萱，一名鹿葱。喜生阴地，花之出四垂，干则为金针菜。

万年菊　花叶类草芙蓉，色黄枝柔，蒙密延蔓。

木本

杏花　春夏之交始开，较南地稍迟，地寒故也。

桃花　有红、白、粉诸色。又有碧桃一种。

梨花　色白气香。

按：以上三种县属各乡均产。

迎春　较南地迟开。

茨梅　花似梅，无香。

按：以上二种产首善乡。

李花　《松漠纪闻》，宁江州多草木桃李之类。惟至八月则倒置园中，封土数尺，覆其枝干，季春出之，厚培其根，否即冻死。春暮放花，蕊细如雪，种亦不一。

丁香　紫白二色，生山上。原名野丁香。

石榴　有红、白、黄三种，不多见。

海棠　有春、秋二种，花色娇艳。

月季花　亦名月月红。

仙人掌　又有仙人球一种。

山茶花　花似玫瑰，红者居多。

玫瑰　红花微香，可入食品。黄花微小，俗呼刺玫，野产花多单瓣，又名山刺玫。

按：以上各种县属各乡均产。

宿本

芍药　《大金国志》：女真地向多芍药花，皆野生。好事之家采其芽为菜，以面煎之，凡待宾斋素则用之，金人珍惜不可常设。今山中多产此花，并有红色者，分单瓣、双瓣二种。

牡丹　《契丹国志》：渤海富室，经往植于园池。植牡丹多至二三百年本。今珲春为渤海故地，此花已不多见。

洋牡丹　东洋种，一名东洋莲。

秋菊　种类繁多，各色俱备。

玉簪花　白如簪入秋始放。

荷包花　花形如夹包，故名。

莲花　即荷花。

达子香　野产。

串枝莲　野产。

按：以上各种县属各乡均产。

草属

苎麻　土人需此为绳，常种田埂中，清户部准以麻交税。《后汉书·濊传》：种麻，养蚕，作绵布。

靛　一名蓝草，可以染布，靛花入药，名青黛。

芸香草　叶类豌豆。

锉草　可治木器。清内务府入贡。

苇　生于湿地。

羊草　生山原间，长尺许，茎末圆劲如松针，黝色油润，饲马肥泽。居人于七、八月刈积之，经冬变。

香蒲　若于笋茸入药，名蒲黄。又有葛蒲，生湖泊中，俗曰臭蒲。

水葱　生水中，如葱而长。又名翠管，可为席。

芄兰　蔓生，叶绿而厚，断之如汁，子长寸许，俗名雀瓢。

萍　浮生水面，紫背者可入药。

狼尾草　形似狼尾，故名。

章茅　可苫屋。

藻　叶大者曰马藻，叶细者曰水蕴。土人呼水蕴曰杂草。冬取食之，名冻东菜。

黄背草　层层有节，可代章茅，亦曰黄茅。

小青草　味苦，生田间，以之充茗。

红根草　叶瘦而长，柔韧，可为绳，旧例采贡。

燕麦　粒如麦而小。《尔雅》谓之雀麦。

莎草　味辣气香，土人喜食，谓可御寒。

星星草　一名秋仁，一名雁来红，俗名老来变。春长紫叶，至秋则渐红如花。

马兰　似蒲而小，花蓝无香。可染色，根可为刷。《礼月令》[①]：荔，挺出即此。子人药，名蠡宝。

白草　可织帽。

荇　叶圆，紫赤，茎如钗股。

如意草　一名箭头草。开紫花，茎实下垂似如意。

蓬　《尔雅·释名》云啮雕蓬、荐黍蓬。今人呼为蓬子蒿。

菰　一名蒋，俗呼茭草，结实曰菰末。

扁担草　生田间，可饲马。

芦　一日萑。《诗》，八月萑苇。一名葭，《诗》：蒹葭苍苍。《尔雅》注曰苇。一物而三名也。

荻　《尔雅》谓之兰。

塔子头　洼地丛生，其根裹土壅如小塔。

乌拉草　满语谓佛目，见《清文补汇》。即《诗经》手如桑荑之荑。

朱约之、崔龙藩监修，何廉惠、梅文昭、魏声和总撰：《珲春县志》，安龙祯等整理：《珲春史志》，长春：吉林文史出版社，1990 年，第 671，681—685，694—698 页。

《珲春县志》卷二十《物产》

蔬属

白菜　有大青斑、小青斑、大沃心、小沃心、大绣球、小绣球、千层塔、核桃纹、山东白、牛庄白十种，味甘茎嫩，惟大青斑为延珲特产，产极多，人多用为渍菜。

芹菜　有大叶、小叶二种。县境六道沟均产。又有白玉芹一种。

韭菜　礼名丰今，有宽叶、细叶、春韭、秋韭诸种。惟细叶韭珲境出产甚多，山韭独茎一叶。《诗》六月食郁即此。

香菜　有春、秋香、大叶、小叶四种。

芥菜　有大花叶、小花叶二种。又芥菜头一名葑，俗呼芥菜疙疸。县境均产。

---

① 是古代中国一部具有深刻意义的礼仪文献。

菠菜　相传唐太宗时，尼罗国所献，今呼为菠菜。有大叶、细叶、西洋、东洋四种。

生菜　一名萵苣。有大皱纹、小皱纹、大光叶、小光叶四种。此菜养分甚佳。

油菜　似小白菜，作油青色。有大科、小科二种。又有东洋一种，产六道沟日人之农业试验场。

藤蒿菜　又名同蒿。有大叶、小叶二种。

苋菜　有肥茎、瘦茎二种。馀同上。

萝卜　《尔雅》又曰：芦肥子，入药为莱菔子。今以圆而皮红者为大萝卜，长而色白或绿者为水萝卜，又一种色黄身尖者为胡萝卜。

大根　有六十日大根、圣获院大根、樱岛大根，原出产日本。今延吉六道沟日人之农业试验场产。

芜青　有大叶、小叶二种。

葵菜　《北史·勿吉传》，菜则有葵，按葵种即《诗》所称烹葵是也。产甚稀少。

甘蓝　有羽衣、芜青二种，一名疙疸白菜。

蒜头　相传小蒜中州种，清季入贡。大蒜张骞自西域携归，今有白皮、紫皮、独头三种。又有一种为日本蒜头，今珲春境亦有栽种者。

大葱　有阳脚、白露、火葱三种，金时海兰路葱入贡。

茄子　有大长、牛心、地球形三种。

辣椒　有羊角、柿子、鹰爪诸种。又有一种为日光椒种，出日本。

菜豆　此有黄鹑、白鹑、长蔓、短蔓、猪耳、花雀蛋、无纤维、多纤维、扁粒、长粒、嫩夹、老秋、长线、短线十数种。

耳豆　粒小叶厚且嫩，味甚佳，其夹形如猪耳故名之。

葫芦　似南瓜而味不同，有大小二种，又有早晚二种，并有长把、短把二种。

牛旁　有大叶、小叶二种，俗名猪耳朵。有大浦、砂川二种，出日本。

地豆　俗名土豆子。分红皮地豆、江南块地豆二种，产于江南，早熟红皮。

茴香　《本草》作蘹香、有大茴、小茴两种。内生虫可治疝。小茴一名莳萝，种出西域。

马齿苋　《本草》一名五行菜。以其叶青、梗赤、花黄、根白、子黑，味微酸，治痢疾，多野产。

木耳　《盛京通志》，宁古塔木耳质厚，味胜他产，清采入贡。珲春森林中亦产，清季入贡。

石耳　生山石中，胜木耳，性较木耳凉。

蓼　种类不一，有紫蓼、赤蓼、青蓼、水蓼、木蓼、马蓼、香蓼，《礼记》：鸡猪鱼鳖，皆实蓼于腹中，而和羹脍，盖香蓼也。

蕨　一名乌昧草。茎色青紫，如小儿拳。清季于初生时即采入贡，此野产也。

藜　即藋之红心者，茎长于藋，可为杖，系野产。

灰藋　俗名灰条菜。亦野产。

芋　俗名芋头。生食或作酱菜。出产无多。

薯蓣　味甘，有红白二种，近年多有种者。

山药　亦可入药，近今菜园间有种者。

黄花菜　一名金针菜，又名萱草，即忘忧草。《宁古塔纪略》谓宁古塔产者极多而肥，今珲春出产甚稀。

蘑菇　质厚味美，有榆蘑、榛蘑、花蘑、白蘑之别。滑季岁采入贡。产诸森林中。

朱约之、崔龙藩监修，何廉惠、梅文昭、魏声和总撰：《珲春县志》，安龙祯等整理：《珲春史志》，长春：吉林文史出版社，1990年，第692—694页。

《大中华吉林省地理志》第四十一章《植物》

吉林植物，莫贵于老山人参，猎夫樵子旷途无意中得之，略似人形，谓之曰棒槌。若未成老参，移植家中，谓之移山参，由家庭园圃栽种者，则谓秧子参，又有所谓冲参者，亦产于山，而次于老山参，盛京通志则以时分之：初夏得者曰芽参，花时得者曰朵子参，霜后得者曰黄草参，参须、参叶、参子、参膏，无不珍之。乌拉草最多，虽关东皆产，然吉林为乌拉国，所产特佳，土人冬日装入靴鞋，则脚底生春，南方人来，用乌拉草为床垫、椅垫，其暖性更暖如棉也。

林传甲：《大中华吉林省地理志》第四十一章《植物》，李澍田：《长白丛书》（五集），长春：吉林文史出版社，1993年，第316页。

《珲春县志》卷二十《物产》

药物

药草属

人参　《契丹国志》：女真地饶山林，土产人参，宁江州榷场以人参为市。《一统志》：盛京、吉林乌拉诸山产焉。《旧志》：凡初夏得者曰芽参，花时得者曰朵子参，霜后得者曰草参。参籽、参叶、参须、参膏无不珍之。种参次之。高丽人参赞曰：三丫五叶，背阳向阴。欲来求我，椴树相寻。颇得其形似。按：吉林地方行放乌苏哩、绥芬、英莪岭东山、罗拉密、玛延河等处参票。乾隆三十八年定例，于盛京五部侍郎、府尹等官内钦派一员，协同办理，停派京员前往。每次年请放参票，各将军等于刨夫回山后察看多寡情形定拟具奏。由部给参票、红票，分水陆路给发，并给腰牌，于紧要隘口验放。又乾隆十九年有御制人参诗。据药行调查，上年珲春县境约产十斤。每斤价约一百六十元，行销吉林各地，参呼之曰货，又曰根子。肉红而大者曰红根，半皮半肉者曰糙重，空皮曰泡，视泡之多寡，定货之成色及价之高低，凡成人形则价极高，凡作山业者，山东、山西人最多，每年三四月间往山作业，九十月间始归。凡刨参者率三五人为伍，中推一人为长，号曰把头，指挥三四人剥树皮为窝棚，又令一人采樵，夜则燎火自卫。晓食毕各携小刀一、火石包一、四尺长木钻一、皮带一，随把头至岭，受方略，认路径，乃分走散木中，寻参子及叶。得则跪而刨之。把头立山头上，时时作声以呼其下，否则迷不能归矣。日暮归窝棚，各出所得交把头，乃为洗剔而煮，贯一缕悬木而干之，迨食粮尽，均分而还。近则为此业者鲜矣。

黄芪　年产约五万金。每万斤价约三十六金。行销祁州。

木通　一名通脱。年产约三千斤，每万斤价约三十金，行销本省。

管仲　俗呼关东菜，又名凤尾草。年产额及价格同上，行销本城及吉林。

独叶苓　年产约一万苗，每百苗价五金，此为珲春特产，行销吉林。

发汗草①　年产约一万苗，每百苗价三元，行销吉林。

---

①　即细叶七星剑。

按：以上各种产于春化、德惠等乡。

苍术　苗曰枪菜，年产约三万斤，每百斤价约十五元，行销本地。

五味子　《金史地理志》，大定府出五味子。辽东产者子少肉厚，年产约一百斤，值约五十金，行销本地。

苍耳子　《诗》曰卷耳即此也。年约产三万斤，每百斤价约一十金，行销本地。

地丁　年产约三百斤，每百斤价约十五金。行销同前。

公英　有紫花、黄花二种，又名蒲公英。年产约一千斤，每百斤价约十五金，行销同前。

车前　好生道旁，布叶如轮，又曰车轮菜。年产约二千斤。每百斤价约三十金，行销本地及吉林。

桔梗　古名荠苨，即明叶菜。年产约二万斤，每百斤价约二十五金，行销地同前。

天仙子　年产约五十斤，价约十金。行销本地。

卷柏　一名石花，俗名长生不死草。年产约一千斤，每百斤价约十金。行销本地。

龙胆草　年产约三百斤，价约三十金，行销本地及吉林。

红花　年产约百斤，价约百元，行销本地。

山药　年产约五千斤，每百斤价约三十金，行销本地。

覆花　年产约二百斤，每百斤价约二十金，行销本地。

金佛草　年产额、价值、行销地均同前。

蓖麻子　年产约五百斤，每百斤约三十金，行销本地。

升麻　年产约二千斤，每百斤价约三十五金，行销本地。

火麻子　产额、价值、行销地均同前。

瓜蒂　年产约百斤，价约四十元，行销本地。

防风　《宋会要》新罗出防风，年产约五千斤，每百斤价约二十五元、行销本地及吉林。

细辛　年产约一万斤，每百斤价约五十金，行销本地及吉林。

柴胡　年产约一万斤，每百斤价约百二十元，行销本地同前。

小茴香　年产约五百斤，每百斤价约二十元，行销本地。

威灵仙　根丛须数百条，长者二尺余，色黑，俗名铁脚年，产约百斤，价约二十金，行销本地及吉林。

平贝母　年产约五千斤，每百斤价约二十元，行销吉林。

青箱子　年产约百斤，价约三十金，行销本地。

红鸡冠花　年产约五十斤，价约三十金，行销本地。

白鸡冠花　年产约五十斤，每百斤价约百二十元，行销本地。

百合　根如蒜头，有瓣，又一种卷丹，子生叶间。又山丹，似百合而小，亦名红百合，根可食，盖一类三种。年产约一万斤，每百斤价约三十金，行销本地及吉林。

山豆根　年产约五百斤，每百斤价约四十金，行销地同前。

赤芍　即芍药根。年产约五千斤，每百斤价约三十金，行销地同前。

地榆　年产约三百斤，每百斤价约四十金，行销地同前。

牛蒡子　年产约一千斤，每百斤价约三十金，行销本地及日本。

远志　年产约一千斤，每百斤价约五十金，行销本地及吉林。

豨莶草　年产约三百斤，每百斤价约十元，行销本地。

黄柏　年产约六千斤，每百斤价约二十元，行销本地及吉林。

黄芩　年产约二万斤，每百斤价约四十元，行销地同前。

坤草　即益母草。年产约二万斤，每百斤价约十元，行销地同前。

泽兰　茎方节紫叶，似兰草而不甚香。根名玉环草。年产约二百斤，每百斤价约二十元，行销地同前。

具麦　年产约四百斤，每百斤价约三十金，行销地同前。

扁蓄　赤茎节，好生道旁，俗呼猪牙草，年产约三千斤，每百斤价约二十元，行销地同前。

薄荷　叶似荏而尖长，香味不如南产。年产约三千斤，每百斤价约十五元，行销地同前。

大、小蓟　年产约五百斤，每百斤约五金，行销地同前。

紫苏　年产约一千斤，每百斤价约十五金，行销地同前。

漏芦　年产约百斤，每百斤价约三十金，行销地同前。

芦根　年产约二百斤，每百斤价约二十金，行销地同前。

茺蔚子　年产约二百斤，每百斤价约六十金，行销本地。

鸭蛋子　年产约五十斤，每百斤价约五十金，行销本地。

苦参　年产约八千斤，每百斤价约三十金，行销本地及吉林。

马勃　年产约百斤，每百斤价约三元，行销地同前。

葶苈子　年产约一千斤，每斤价约四十金，行销本地。

党参　年产约一千斤，每百斤价约三十金，行销本地及吉林。

本荆芥（附穗）　年产约五千斤，每百斤价约十五金，行销本地。

藜芦　年产约百斤，每百斤价约五十金，行销本地。

紫参　年产约百斤，每百斤价约四十金，行销本地。

斩龙剑　年产约百斤，每百斤价约六十金，行销本地及吉林。

薤白　年产约二千斤，每百斤价约二十金，行销本地。

哈蚂草　年产约五十斤，每百斤价约三十金，行销本地及吉林。

蜈蚣草　年产约三千斤，每百斤价约三十金，行销地同前。

水红子　年产约二百斤，每百斤价约五金，行销本地。

马兜苓　年产约二千斤，每百斤价约六十金，行销本地及吉林。

侧柏叶　年产约百斤，每百斤价约二十金，行销本地。

莱菔子　年产约五百斤，每百斤价约四十金，行销本地。

杏仁　年产约四百斤，每百斤价约四十金，行销本地。

马齿苋　年产约三百斤，每百斤价约五金，行销本地。

蒲黄　年产约百斤，每百斤价约三十金，行销本地。

白鲜皮　年产约二百斤，每百斤价约三十金，行销本地及吉林。

青蒿　年产约二千斤，每百斤价约十金，行销本地。

狼毒　年产约百斤，每百斤价约十五金，行销本地。

鬼箭羽①　年产额及价值、行销地同前。

玉竹　年产约三百斤，每百斤价约二十金，行销本地。

地肤子　年产约千斤，每百斤价约三十金，行销本地。

穿山龙　年产约百斤，每百斤价约十五金，行销本地。

茵蔯　年产约五百斤，每百斤价约五金，行销本地。

按：以上各种县属各乡均产。

---

① 即卫矛。

艾叶　年产约五百斤，每百斤价约五金，行销本地及吉林。

芡　一名鸡头米。年产约百斤，价约二十金，行销地同前。

藕节　年产约百斤，每百斤价约十金，行销地同前。

荷叶（附茎花）　年产约百斤，每百斤价约十金，行销地同前。

莲蕊（附房心）　年产约六十斤，每百斤价约三五十金，行销地同前。

石莲子　年产约二十斤，每百斤价约百元，行销本地。

按：以上各种产于敬信乡。

木贼　年产约千斤，每百斤价约三十金，行销本地。

石苇　年产约二百斤，每百斤价约三十金，行销本地。

马兰子　年产约百斤，每百斤价约十金，行销本地。

按：以上三种县属各乡均产。

急性子　年产约二百斤，每百斤价约三十金，行销本地及吉林。

青瓤豆　年产约三百斤，每百斤价约二十金，行销地同前。

重楼　年产约二百斤，每百斤价约五金，行销地同前。

血见愁　年产约五十斤，价约二十金，行销地同前。

鹤虱　年产约百斤，价约十金，行销地同前。

桑寄生　山中各树多有寄生，惟桑上者入药，年产约二百斤，每百斤约二十金，行销地同前。

老鹳草　年产约五百斤，每百斤价约二十金，行销地同前。

紫背浮萍　年产约百斤，价约四十金，行销地同前。

胡芦色　年产约百斤，价约三十金，行销地同前。

谷积草　年产约百斤，每百斤价约二十金，行销地同前。

按：以上各种县属各乡均产。

朱约之、崔龙藩监修，何廉惠、梅文昭、魏声和总撰：《珲春县志》，安龙祯等整理：《珲春史志》，长春：吉林文史出版社，1990年，第687—692页。

三、水族和矿物

《长春县志》卷三《食货志》

渔牧

《周礼·地官》：司徒置川衡，掌巡川泽之禁令；置泽虞，掌国泽之政令，为之厉禁。吾国之保护渔牧，促进生产，伊古尚矣。长邑川泽甚鲜，渔业消沉，惟洼中高为潴水泊，其鱼类产况素乏考察，然与内河阻绝，生孳不繁。伊通河水湍悍，鱼产尤属寥落，则又瞠乎其后矣。县境为金之泰州，曩系游牧地带。自有清移民就垦，户口蕃衍，昔之荒原广野，胥成禹甸昀昀，盖由牧猎时代进为农桑时代，实人群演进之公例也。第本邑密迩蒙旗，仍能吸收畜产，若城南关马市，千百云屯，每届春秋，商贩麇集，特是求过于供，生产日衰，数十年后恐有冀北群空之感矣。

张书翰、马仲援修，赵述云、金毓黻纂，杨洪友校注：《长春县志》，长春：长春出版社，2018年，第148页。

《长春县志》卷三《食货志》

矿

前清光绪七年八月，将军铭安附奏：据同知李乔林、佐领占祥等查明陶家屯（距城东南十四里）煤窑堪以开采，即饬总理煤厘事务富尔丹、掌工司关防协领金福，酌核招得商人张福永承领陶家屯煤窑。旋于九年正月，据张福永呈报无煤，奏请封闭（《吉林通志》四十一）。

按：旧制，本省奏准商领开采煤窑，按年春秋两季派官二员，分往江东、江西两路各窑，抽收煤税。照依官发卖帐簿核算，每钱一吊抽收税钱一十文。其每季抽收厘税数目移交户司归库（工司官册）。

盐业

本省运销食盐，向由营口、貔子窝沿海一带晒盐收买输入，供给食户，归政府专卖，杜禁私贩。光绪三十四年创设吉林全省官运总局于吉林省城，宣统三年十月移驻长春。民国二年一月，改为吉林采运局。民国四年一月，吉黑两省盐归并办理，改称吉黑榷运局，内设文书、会计、督销、采运各科，缉私队二营，查禁私贩。储盐场屋称为盐仓管辖长春、吉林、滨江、延吉、伊通、扶余、兰江（即依兰县）、珲春、怀德、磐石、长岭、绥化、黑河、范家屯、五站（即绥芬河）、昂昂溪、安达等处盐仓。局址驻在地：长春商埠东门外。

张书翰，马仲援修；赵述云，金毓黻纂；杨洪友校注：《长春县志》，长春：长春出版社，2018年，第148、150—151页。

《民国农安县志》卷二《物产》

鳞之属

白鱼、鲟鳇、鲤鱼、鲫鱼。

按：白鱼，一名鳝子鱼，俗名岛子，长二三尺，蹶嘴，色青白，体扁，鳞细，肉中有细刺，又称白花鱼，为松江特产，清代入贡。鲟鳇，一名鳣，俗称黄鱼，多鳞，大者重数百斤，长一二丈，脊有骨甲，鼻长，口近颔下有触须，与淡黄色之肉层相间，以产松江者为著，亦清贡品。清时，有德惠县马某者，在邑东北江滨立黄鱼圈，一每获黄鱼辄宿之于圈，冬售获利无算。光绪初年，忽来一满人，名佚，年十七，无人下榻，马慨然留之，俾充厨役，一日有兵官数人至谓接侯爷，迎满洲人以去，临行谓马曰："老丈今冬务以车载黄鱼晋京相见，有日也。"马曰："诺。"及冬，马果如约。满人迎马至邸。询之，则清贵胄袭二等侯爵某也。归以告，由是马某之名大噪，人争呼之为马七爷。每冬必载黄鱼晋京一次。人皆云马七爷晋京进贡去矣。

又七区簸罗泡子。自清光绪三十四年乾后，水涨即产鲤鱼，未知何理。民国十四年五月二十八日，有驻扎东北陆军骑兵旅长赵趾祥，乘舟游泡中，命渔撒网举之得鲤。仅三次得四十余尾，约重一百三十斤。据现调查：该泡每日产鱼约值吉钱万余吊。

虫之属

蝙蝠、蜂、蝶、蚁、蛙、蜻蜓。

按：蝙蝠，各志多列禽类，殆以其有两翼而飞也。今考其字旁从虫，应属虫类。

西门外古塔上，最多每当日夕绕塔横飞，亦奇观也。

郑士纯修，朱衣点纂：《民国农安县志》，凤凰出版社选编：《中国地方志集成·吉林府县志辑②》，南京：凤凰出版社，2006年，第53—54页。

《民国农安县志》卷二《物产》

矿物

煤

凡材物生于地下须采掘而得之者，皆曰矿。矿物之可燃烧者，是为煤。古代植物埋没地下分解而成炭质，色黑质坚如石，亦谓之石炭。农安地势坦平无高山大川，以理推之，依古以来应无陵谷变迁之事。故矿产殊少，即有矿罕有煤。不意此次调查竟有煤层之出现。

第七区

涌泉山中居民姚某掘井得煤数十斤。蒙人侦知欲开采，姚以有碍于风水也，拒之议乃寝。

第八区

伏龙泉西北，谢家沟子居民姚鸿泰，掘井三丈深，见有煤苗黄褐色，燃之起蓝色火光。得二十余斤，水即涌出，往下不能掘。十四年，蒙古派员偕周把头至此验之。掘如前得零星煤质，不足开采去。

以上新调查。

特产

第八区簸罗泡子出产天然加里，制以炭酸，可达西药之苏达，一名曹打。西人游此地者莫不注意此产。（许爱田稿）

第四、第五两区，哈里海城子迤北，高家店西北一带，每值春秋朝地面生有白质。即有人持箕帚收之运之家中积足，和以灰糟，好以釜熬之贮以盆，俟其澄清即成坨，加硫磺若干即成火药。其力非常猛烈，名之曰“硝”。民国七年，城里设有硝磺局。每斤收买吉大洋三角五分，出售七角。不准私自买卖，以重军火亦农安之特产也。

郑士纯修，朱衣点纂：《民国农安县志》，凤凰出版社选编：《中国地方志集成·吉林府县志辑②》，南京：凤凰出版社，2006 年，第 54—55 页。

《抚松县志》卷四《人事》

渔猎

抚松地处长白山西麓、松花江上游，向为人迹罕到之区，森林满野，河水横流。不惟飞禽走兽到处皆是，而水产亦较他处丰富，实因数百年来内无居人，故生物得畅遂于其间也。设治以前，有人迹自渔猎始，嗣因渔猎，各户稍集，逐渐开辟。迨有清宣统年间始行设治，二十年来，县城附近人烟渐稠，辟草莱，垦土地，飞潜动植亦因而锐减。其距城较远之处，以渔猎为生者，仍复不少。县属漫江及白山泊子一带，尚有猎户散居其间四十余户，而漫江、紧江及头、二道松花江并松香河之两岸住户，亦多以渔为生；而猎户以树皮、木材苫盖房屋，高不过七八尺，可居一二人，俗名抢子，亦名蹚子窝棚。有百年以上之户，俗称其人曰“老东狗子”：食物以鱼兽各肉为大宗，间食小米子，均由百里外背负而来，生计极称简单。各户互订界限，不得擅越，如原户他徙，即将所居木房地点出兑于新户继续营业，情与上古游牧时代相同；且迷信山神，木房之东均立山神庙，俗称老爷府，四时香烟不绝，祈祷之事日日有之。此种渔猎生活亦抚松居民之特性也。兹将其所用器具及其所得生物、渔猎时期分别述之如左。

一、渔户器具

亮子、钓钩、旋网、鱼炮、牖艭。

二、水产种类

鲤鱼、细鳞、白鱼、粘鱼、重唇、鳝鱼、鲫勒、柳根、草根、马口、鳖、拉蛄、蛤蚂、蚌类、珠子、水獭。

三、猎户器具

地窖、地枪、围网、木碓、挑刀、蹚子。

四、禽兽种类

貂、狐狸、貉狸、熊、鹿、虎、豹、貍子、獾子、狍子、灰鼠、狼、黄狼、野猪、獐子、山羊、墨狗子、野鸡、树鸡。

五、渔猎时期

甲　采珍珠　俗称打珠子。秋七八月间，头、二道松花江及松香河之采珍珠之举，于夜间行之。因蚌类夜出觅食，易于被人所得，其壳内时有珍珠，大小不等，价值颇昂。

乙　捉蛤蟆　亦秋季行之，可晒之使干，运销京津一带。

丙　打鹿胎　春二、三月行之，将鹿胎制成药膏，可治妇科诸症。

丁　打鹿茸　夏四五月间，猎户争打鹿茸，以其时之迟缓，有灯碗子，拨岔胡子、四平头、马安子、蜡片、血片、糟片等名目，价值极高，为滋养之品，运销沈阳、营口。

戊　跟貂　冬季有雪时行之，因有踪可觅故也。皮价颇高，运销哈尔滨，为皮类最珍之品。

己　熏獾子　獾子多穴居，用木柴，由洞口熏之即出。

庚　打灰鼠　灰鼠食松果，秋季果熟，出而觅食，均易得也；有成皮、大花板、油胡鲁等类。

辛　打黄狼　俗称元皮，尾长五寸，毛粗，满虎口，谓魁皮、裂笔。皮暖，较貂皮为次。

壬　杀仓子　熊至冬季，藏于空木中，不饮不食，只以舌咶其掌，俗称蹲仓子。猎户于此时得熊，即称杀仓子。

癸　遛蹚子　将小径用大木障隔，引兽类触于所设猎具。每日巡视一次，俗称遛蹚子。

张元俊监修、车焕文总编：《民国抚松县志》，凤凰出版社选编：《中国地方志集成·吉林府县志辑⑤》，南京：凤凰出版社，2006 年，第 432—433 页。

《光绪辑安县乡土志·矿务》

管子曰：上有丹砂者，下有黄金。盖丹砂，即黄金之矿苗也，非识其苗，虽有五行百产之精，亦将湮没于地，而宝藏莫见。辑安矿产有金银砟等，或已开而旋辍，或经日人探采，而尚未开办者，苟办理得法，则五金之产矿税之饶利权悉归已有。今以提倡无人竟使货弃于地，惜哉！因将各保矿产列表如左。

保名	地名	矿名	矿地数目
冲和保	凉水泉子	银矿	一处
冲和保	旗杆顶子	金矿	一处
冲和保	大阳岔	炸矿	一处
蕴和保	上羊魚头矿洞子	铅矿	一处
蕴和保	下羊魚头	银矿	一处
永聚保	长冈	金矿	一处
永聚保	小苇沙河	炸矿、金矿	一处
民聚保	小蚊子沟	金矿	一处
民聚保	梨树沟	金矿	一处
同聚保	霸王朝山城沟	银矿	一处
同聚保	报马川	线金矿	两处

吴光国修，于会清纂编：《光绪辑安县乡土志》，凤凰出版社选编：《中国地方志集成·吉林府县志辑⑦》，南京：凤凰出版社，2006 年，第 275—276 页。

《大中华吉林省地理志》第八十八章《渔猎》

吉林山高水长，长白山脉为行猎最大之围场。前清以骑射得天下，康熙、乾隆之盛，虽天子犹亲御弧矢，是以尚武之风，沿边一致，俄人慑于积威，相安者几二百年。刷后国威渐替，等于守府，围场业已放荒，行猎之人，或渐进于农。今山中野兽多，大抵皆猎夫营业，非昔日将军盘马，百校前驱，如孔子所谓猎较也。渔业产地，则自松花江以放乎东海，昔年皆我渔场，今沿海失地，主权不属。昔年沿江网房多，获鱼亦多。渔户仅存十之一二，盖从前白鱼圈、黄鱼圈迎流截鱼，无异竭泽，今利薄而人改业矣。

最近捕鱼之状况

拉网　普通长十余丈，宽一丈，一端挂于岸，一端载重沉于江，徐徐收网即得鱼。

冻网　一名串领网，长五丈。凿江冰为长沟，顺流下网。冰合，引至无冰处，即得鱼。

渔叉　木竿带钩，掷水取鱼。

铁铰子　用于鱼多之处。兜围四周，抬起得鱼。

挡亮子　柳条编成，置水中流，取退水鱼。

渔罩　上大下小，取浅水鳅鳝。

天然之渔场

松花江　产鳃、鲫、鲢、鲑、鲶、鲈、干条、鳌花、草根、胖头、黄鱼等，而白鱼最著名。

牡丹江　产鲤、鲫、鲑、鲶、细鳞、怀子等鱼。五子户附近为渔业根据地。

图们江　产鲑、鳟等鱼。

绥芬河　产鲑、鳟、鲶、细鳞、胖头等鱼。

兴凯湖　产鲤、鲶、鳇、干条、捣子、怀子、黄鱼等。

乌苏里江　产鲤、鲫、鲑、怀子、细鳞、胖头、草根、黄鱼等。

最近行猎之状况

猎人　除三姓各种人以为世业外，各县猎夫有农隙营业者，专业猎户较少。

猎地　省城附近大山，各县近城之山，皆少有。深山积雪居人少者，皆可行猎。

猎法　新式洋枪，由日俄输入，自制火枪亦可用。用队趟取貂，陷阱制虎豹。

猎品　冬日野鸡最多，入市销售易。其得珍贵皮张者，其利倍于农商，故多冒险。

猎团　红团专于春残取鹿茸。战团集多人，合围掩群、穷团陆兽踪追蹑二三焉。

林传甲：《大中华吉林省地理志》，李澍田：《长白丛书》（五集），长春：吉林文史出版社，1993年，第384—385页。

下　编
吉林“旧志”中经济史料研究

第四章　吉林“旧志”中经济史料概论

吉林地区具有一定数量的旧方志，保存了清代至民国时期吉林各县的珍贵史料。虽然体例版本各有不同，但基本都收录了大量有关社会经济内容的史料。对这些内容进行考察，并结合民族交往交流交融的政策，可为吉林省社会经济发展提供有益的启示和借鉴。

一、中国地方志在“三交史”研究中的位置

中国地方志是中国传统文化的优秀遗产，具有重大的文化学术价值，是后人了解与研究中国古代社会的重要文献材料。① 章学诚认为方志为“一方之全书”，“举凡舆图、疆域、山川、名胜、建置、职官、赋税、物产、乡里、风俗、人物、方技、金石、艺文、灾异无不汇于一编”②。根据《现代汉语词典》，“方志”的概念是：“记载某个地方的地理、历史、风俗、教育、物产、人物等情况的书，如县志、府志等，也叫地方志。”③ 表明中国地方志是以记载县、府等基层行政单位的志书，中国地方志书的纂修更多侧重于一地之史的记录。“在中央者谓之史，在地方者谓之志。故志即史，如某省志即某省史。

---

① 王爱荣：《媒介融合业态下大型文献丛书影印出版的品牌生产线建设——以凤凰出版社《中国地方志集成》出版为中心》，《经济管理文摘》，2019 年第 16 期。

② 张国淦：《中国古方志考》，北京：中华书局，1963 年，第 2 页。

③ 商务辞书国际编辑部：《现代汉语词典》，北京：商务印书馆国际有限公司，2018 年，第 219 页。

而某县志亦即某县史也。”[①] 而方志中，以州县的方志为要。章学诚在《州县请立志科议》说“史事责成，当始于州县之志”[②]。中国地方志更关注一地治理的内容，其记载内容既体现了人类对自然的敬畏，也突出体现了人类对自然的改造。其文献资料的客观丰富性和独特的人文历史性，是各学科研究者能各取所需的知识宝库，也是普通读者了解一地的历史地理人文的一手材料。[③] 出版这些公共图书馆或民间收藏中的资料，无疑会极大推动学术研究，促进社会文明进步，具有不可估量的社会效益。

在 2014 年 5 月召开的中央第二次新疆工作座谈会上，习近平总书记提出：“要加强民族交往交流交融”，“推动建立各民族相互嵌入式的社会结构和社区环境”[④] 的指导意见。在 2014 年 9 月 28 日至 29 日召开的中央民族工作会议暨国务院第六次全国民族团结进步表彰大会上，习近平总书记强调“加强各民族交往交流交融，尊重差异、包容多样，让各民族在中华民族大家庭中手足相亲、守望相助”[⑤] 这为研究方志中的民族和社会经济史料提供了指导。在民族交往交流交融的概念中，经济关系是其中重要的组成部分。参考《〈中华民族交往交流交融史料汇编〉编纂体例》中对“经济关系”概念的阐述，表明社会经济为能体现各民族交往交流交融的农业、手工业、商业、货币金融、城市、市镇等资料，经济活动中的生产、交换、流通、分配、消费，经济制度、经济部门、经济开发等，以及侧重于经济方面的朝贡、商贸互动、对外贸易等内容。可见，经济关系是一个地区社会经济发展水平的重要体现，对方志内容进行有效利用对研究经济和历史具有价值。据此，将吉林旧志中农业、工业、商业、财政、交通、人口和物产等内容归入“社会经济”部分进行整理。同时，根据《中华民族交往交流交融史料汇编编纂体例》“分类辑录”的要求，将史料类型分为以经史子集为代表的传统文献、出土文献（文物资料、考古报告）、

---

① 李泰棻：《方志学》，上海：商务印书馆，1935 年，第 1 页。

② 章学诚：《州县請立志科议》，《档案工作》，1961 年第 5 期。

③ 李秋洪：《地方志工作的哲学思辨》，《广西地方志》，2021 年第 1 期。

④ 《习近平在第二次中央新疆工作座谈会上强调坚持依法治疆团结稳疆长期建疆团结各族人民建设社会主义新疆》，《人民日报》，2014 年 5 月 30 日。

⑤ 《中央民族工作会议暨国务院第六次全国民族团结进步表彰大会在北京举行》，《人民日报》，2014 年 9 月 30 日。

地方史志、档案公文、报刊资料、社会调查资料、民间文献、民族文献和域外文献等 9 种，其中地方志为第三类史料类型，属于传统文献的内涵。因而整理和研究地方志也是贯彻总书记“民族交往交流交融”政策的重要组成部分，这也是本文形成的重要宗旨所在。

二、吉林旧志的版本、体例和特点

吉林“旧志”指 1949 年建国以前吉林省的地方志书，其中学界出版的《中国地方志集成》最具代表性。《中国地方志集成》是一套国内外选收方志最完整、覆盖面广、实用性强的大型方志丛书。20 世纪 80 年代后期，随着全国新修方志的全面展开，江苏古籍出版社（今凤凰出版社的前身）、上海书店和巴蜀书社三家出版单位在全国各大图书馆和的协助和支持下，启动了影印出版 1949 年以前各类旧志的项目，做成了一部《中国地方志集成》丛书。从 1991 年起，《中国地方志集成》以省为单位分辑，方志以逐《府县志辑》的形式逐年推出，共出版了 25 个省的《府县志辑》和一个《乡镇志专辑》。《中国地方志集成》的编印具有较高的水准，编印质量高于其他地方志“选印”“丛书”。对方志底本的选择和编印全部经过仔细甄别，选择涵盖时间长、记述方面广、包容材料多的志书影印。“如有残缺，力争从他本复制补齐；模糊不清之处，尽量加以修描；未刊稿本的修改批注字迹、各种图表等一概存真；印制质量力争达到较高水平，务求所收志书能完整清晰地展现于读者面前。”① 《中国地方志集成》项目因此得到了中国地方志指导小组的支持和指导，入选国家重点出版项目。

本文以《中国地方志集成·吉林府县志辑》所收录的方志为对象，兼有《长白丛书》《中国边疆研究文库·初编·东北边疆卷》等文献收录的少数旧志进行史料概述。《中国地方志集成·吉林府县志辑》共有 10 册，51 部吉林地方志文献。本书选择《中国地方志集成·吉林府县志辑》收录的方志列表如下：

---

① 凤凰出版社编选：《中国地方志集成·吉林府县志辑①》，南京：凤凰出版社，2006 年，第 6 页。

表 1　《中国地方志集成·吉林府县志辑》收录旧志表

《中国地方志集成·吉林府县志辑》	
第一册	《民国长春县志》（张书翰，马仲援修；赵述云，金毓黻纂）
	《光绪打牲乌拉乡土志》（打牲乌拉总管衙门纂修）
第二册	《民国农安县志》（郑士纯修；朱衣点纂）
第三册	《民国珲春县乡土志》（林珪修；徐宗伟纂）
第四册	《民国辉南风土调查录》（王瑞之编）
	《民国安图县志》（马空群，陈国钧等修；孔广泉，臧文源纂）
第五册	《光绪通化县乡土志》（清佚名编）
	《民国临江县志》（刘维清，张之言修；罗宝书，邱在官纂）
	《民国抚松县志》（张元俊修；车焕文纂）
第七册	《光绪辑安县乡土志》（清吴光国修；清于会清纂）
第九册	《光绪奉化县志》（清钱开震修；清陈文焯纂）
	《民国梨树县志》（佚名纂）

根据表中内容，本文共对《中国地方志集成·吉林府县志辑》中的12部方志涉及社会经济方面的史料进行摘录。同时，本书还从《长白丛书》补充了（清）魏声和等《珲春县志》、（清）阙名《珲春琐记》、（清）袁昶《吉林志略》、林传甲《大中华吉林省地理志》等4部旧志，共16部吉林旧方志。

根据统计，这些吉林旧方志出版情况如下：

表 2　吉林旧志出版情况表

序号	旧志名称	原有版本	公开出版	再版
1	《民国长春县志》	民国三十年（1941年）铅印本、抄本和1960年吉林省图书馆油印本	长春出版社2002年版	长春出版社2018年版
2	《光绪打牲乌拉乡土志》	光绪十七年（1891年）抄本，民国十八年（1929年）钢笔抄本，1960年吉林省图书馆油印本	吉林文史出版社1988年版	吉林文史出版社2022年版

续　表

序号	旧志名称	原有版本	公开出版	再版
3	《民国农安县志》	民国十六年（1927）铅印本和1960年吉林省图书馆油印本		
4	《民国珲春县乡土志》	民国二十四年（1935年）油印本，1960年吉林省图书馆油印本	吉林文史出版社1990年《珲春史志》版	
5	《民国辉南风土调查录》		《中国地方志集成·吉林府县志辑④》	
6	《民国安图县志》	民国十八年（1929年）铅印本		
7	《光绪通化县乡土志》	1912年油印本		
8	《民国临江县志》	民国二十四年（1935年）铅印本，1960年吉林省图书馆油印本		
9	《民国抚松县志》	民国十九年（1930年）铅印本	抚松县长白山文化研究会出版2017年版	吉林文史出版社2021年
10	《光绪辑安县乡土志》		《中国地方志集成·吉林府县志辑⑦》	
11	《光绪奉化县志》		《中国地方志集成·吉林府县志辑⑨》	
12	《民国梨树县志》	民国三年（1914年）铅印本	民国二十三年（1934年）续修铅印本，1960年吉林省图书馆油印本，	吉林文史出版社2021年周宝文译注版

根据表中内容，12部旧方志中有4部多次再版，占比为33. 3%，体现出旧志具有一定的社会影响力。吉林旧志多为清末、民国时期所撰，并在1960年由吉林省图书馆进行油印本并收藏。这些方志主要有康熙刻本、木犀轩藏清抄本、道光间刊昭代丛书本、光绪间刊仰视千七百二十九鹤斋丛书本、小方壹斋舆地丛钞本、民国间商务印书馆铅印丛书集成初编本，以及辽海丛书本、

1985年黑龙江人民出版社龙江三纪本、长白丛书本和中国边疆研究文库东北边疆卷等10余种。吉林地方志的编纂较其他省区相比，相对普遍时间较晚。在我国文化发达的省份地方志的编纂一般都比较早，有的可以追溯到汉唐时期，甚至更早。如山东、陕西等省份，据1958年朱士嘉所编《中国地方志综录》记载，二省历代官修地方志多达数百种，其中包括省志、府志、州志、县志和乡土志。① 至清代，吉林省才开始编纂地方志的工作，道光四年（1824年）吉林堂主事萨英额有感于："天下府、州、县莫不有志，盛京有通志，黑龙江有志又有记，吉林为我朝发祥根本之地，并无记载，岂非阙典?"② 以此开始着手编纂《吉林外记》。民国后，由于各方面条件的成熟和吉林文化人士自我意识的不断觉醒，终丁迎来了地方志编纂的高潮。这个时期吉林省各个县基本都编纂了地方志，开始了县县有志的新局面，同时，这个时期编纂的志书在内容和体例上也更加完备，选取的资料也比较翔实和丰富，涌现出了《农安县志》《永吉县志》等比较有代表性的作品。

吉林旧志体例样式以纲目体为主，少数采用三宝体、章节体。纲目体是指全书先以事类或者政区为标准设置大纲，每纲再分诸多纲目以纲统目的结构方式。纲目体多以事类为纲，以政区为纲者多为全国性的总志或一省通志，然后分类叙述或以类立目。三宝体是指志书总体上按土地、人民、政事三门设置纲目，以此为基础形成全书结构。"三宝"一词出自《孟子·尽心章》"诸侯之宝三：土地、人民、政事"③。以此为标准编纂的方志体例被称为三宝体。章节体，是指借鉴西方以章节为篇目结构的著作体裁形成的方志。根据白寿彝主编的《史学概论》，表明章节体的方志形成于二十世纪初，"这种体裁比起旧的纪事本末体，有更大的容纳量和更系统的组织形式，但还未能取代纪传和编年等体裁的优点"④。章节体是以大类为章、小类为节的结构，具体事物为目，以章统节、目，形成严密的逻辑关系，突出了科学性和整体性。这种体例结构是

---

① 韩爱平：《吉林地方志文献研究》，硕士学位论文，长春：东北师范大学历史文化学院，2009年，第24页。

② 萨英额：《吉林外记》，姜维公、刘立强主编：《中国边疆研究文库初编·东北边疆卷》卷十，哈尔滨：黑龙江教育出版社，2014年6月，第13页。

③ 万丽华、蓝旭译著：《孟子》，北京：中华书局，2016年，第334页。

④ 白寿彝：《史学概论》，北京：中国友谊出版公司，2012年，第88页。

近代的舶来品，民国年间开始采用，但未来得及普及。在今天的修志过程中，愈益显示其强大的生命力，逐渐得到了推广运用。[①] 地方志无论是对地域认同，抑或是对民族认同的记载，延续的都是中华民族的历史记忆。现存的吉林地方志文献，一百一十多种，六百余卷。虽然从时间上，吉林地方志的编纂开始较晚，但由于旧志多为一县之地的方志，史料比较可信，反映了清代和民国时期吉林省的一些基本情况，对吉林省的历史、沿革、风俗、文化、文教卫生、金融财政、物产资源、工商业发展等方面都有比较详细的记载。同时由于吉林地区为满、汉、蒙、回、朝等多民族杂居之地，因而多以民族和民俗等为门记载内容，这为我们更好地研究吉林和东北地区的社会经济和民族交往交流交融提供了参考。

三、吉林旧志中体现社会经济的门类

根据《中国地方志集成·吉林府县志辑》所收录的吉林旧志，可见具有多种门类涉及社会经济的内容，将其统计并列表如下：

表 3　吉林旧志经济门类表

门类 旧志	物产	实业	交通	财赋	户口	民治
《民国长春县志》	食货	实业		财税		
《光绪打牲乌拉乡土志》	物产		津梁			学校、祠祀、风俗
《民国辉南风土调查录》	物产	实业	道路	财赋	户口	民治
《民国农安县志》	物产	实业	交通	田赋、税捐		
《光绪奉化县志》	物产		津梁	税则	户口	
《民国安图县志》	物产、特种物产		道路、电话	财政	人口	

① 王晓岩：《方志体例古今谈》，成都：巴蜀书社，1989 年，第 82—83 页。

续 表

门类 旧志	物产	实业	交通	财赋	户口	民治
《民国临江县志》	物产		交通	税收	户口	
《光绪辑安县乡土志》	物产	实业、农政、矿物	道路	税产		人类
《民国珲春县乡土志》		实业	关津、桥梁	财赋	民族	
《珲春县志》			交通			
《民国梨树县志》	物产	实业	道路、交通	财政	民族、户口	
《光绪通化县乡土志》	物产		地理、道路		人口	
《民国抚松县志》	物产	农业	交通	财赋		
《珲春琐记》	物产					
《吉林志略》	物产					
《大中华吉林省地理志》				经济		

根据表中内容，可见吉林旧志有关社会经济的门类主要有物产、实业、交通、财赋、户口和民治等多种，其中物产具有动物、植物、矿物等多个子门类，实业具有农业、工业、商业、矿业、渔牧业等多种，交通包含道路、津梁、地理等，财赋包括财政、财税、税产等有关赋税的内容，户口包括人口、民族等，民治包括民治和人类等多种子门类。这些吉林旧志中，有关经济门类的内容并不全面，有的只有一部分门类，只有《民国辉南风土调查录》拥有全部门类，占比 6.3%。表明吉林旧志在门类设置上尚未形成统一的标准，同时对经济内容的重视程度不如行政类等其他门类，体现出以往方志编纂中重人文轻经济的残留思想。[①] 但已经对经济事项单独设置门类了，表明吉林旧志在编纂思想方面的进步。同时这些内容在字数上没有严格要求，吉林某县的方志某

① 周慧：《从方志发展看方志创新》，《中国地方志》，2014 年第 12 期。

个门类多在1000至10000字之间，并且在某个门类之下，还对内容进行细分，具有多个不同的子目。其中可见“物产”、“交通”和“财赋”子门类最多，“物产”门类有13个，占比81.3%，“交通”12个，占比75%，“财赋”11个，占比68.8%。在清代和民国时期，由于历史原因，吉林地区成为满、汉、蒙、回、朝等多民族杂居之地，由于政治、军事、商业、社会、宗教等因素引发了人口流动、群体迁徙。各民族之间促进通过物质生活层面的交通、婚姻、家庭、娱乐、习俗、节日、交际等形成社会共同性的交往和交流，同时受到包括出仕、调任、贬谪、调军、行商、坐贾、流民、流寓等各群体的多种流动形式的推动，不断促进社会不同民族和群体之间的交往、交流和交融。从历史的发展看，社会各阶层之间的流动性整体呈现出不断增加的态势，不断冲击着传统社会设定的或固化的各阶层间的壁垒。[①] 中国古代社会群体的社会流动性，往往是以中原王朝为中心展开的，[②] 但在清末和民国时期，如吉林这样的边疆特殊地区，族群之间的社会流动性表现得较为突出。随着交往和交流的增多，各民族互相学习、帮助，形成互助合作的社会风气。根据吉林旧志中物产、实业、交通、财政等内容，具有经济关系层面的交往性质，不同民族之间都具有类似的实业、交通、财税、户口和民治等等内容，体现出具有经济方面的交融，民族之间的融合。吉林地区的各族人民通过社会生活和社会流动等方面实现民族交往交流交融，以此形成了“休戚与共、荣辱与共、生死与共、命运与共”的中华民族共同体，有力推动了吉林地区的社会文化发展和繁荣。

四、吉林旧志经济关系内容的价值

吉林旧志中所包含的经济资料，内容丰富，范围广泛，如实反映区域经济发展情况，具有较高的经济信息价值。方志记载的物产、矿藏、交通、实业等方面的资料，具有很强的经济性，是发展农业、工矿业、商业、物流和信息等

---

① 彭勇：《试论中华民族交往交流交融史研究的路径和方法》，《中华民族共同体研究》，2023年第4期。

② 张冠梓：《试论古代人口南迁浪潮与中国文明的整合》，《内蒙古社会科学（文史哲版）》，1994年第4期。

产业的基本依据。吉林旧志是以当地某县为一个整体去记载客观事物（或现象）的发展变化及其规律的，目的是便于人们更好地了解地情，把握规律，为经济社会发展服务。[①] 其中，了解和考察区域经济的发展和不足等问题时，主要会涉及一些重要的经济指标，根据旧志的记载，学者可以从方志中的物产、实业、交通、税收等门类中抽出相关资料加以排列对比、说明，以形成对当地经济门类和产业的优势和不足等方面的认识，以利于政府部门在统筹协调发展决策中作参考。可见，通过对旧志的解读和整理，有利于对当地进行系统调查研究，以此了解本地整体社会经济发展状况及其失衡问题，从而找出阻碍当地经济发展的症结。此外，还有助于制订宏观调控规划，颁布和施行制衡的政策、法规、措施等，并促进协调服务，全面开发。

① 施均显：《广西地方志与区域经济发展关系研究》，《第三届广西青年学术年会论文集（社会科学篇）》，2004年10月。

第五章　疆隅淹没辽金界，虎穴鹰巢处处多

——萨英额《吉林外记》记

《吉林外记》是清代吉林旗人萨英额撰写的吉林方志，道光七年（1827年）八月编成，其成书与清朝中后期特殊的历史背景有关。

一、《吉林外记》的成书背景

萨英额，汉姓张，字吉夫，《吉林通志》等书又写作萨迎阿、萨英图。关于萨英额的生平，《吉林通志》卷一百十四《人物志》中记有其简要情况："萨英额，姓张氏，字吉夫，吉林人，隶满洲正黄旗，道光初任堂主事。"《吉林外记》篇尾署名桐城萧穆的《新刊〈吉林外记〉跋》中记载萨英额"自其高祖由京升吉林正黄旗佐领，至今五世为吉林人"①，其他事迹不详。

关于《吉林外记》的成书背景和缘起，萨英额在为该书所作的自序中有所提及："天下府州莫不有志，盛京有通志（指《盛京通志》），黑龙江有志又有纪（指方式济的《龙沙纪略》）。吉林为我朝发祥根本之地，并无记载，岂非阙典？谪居吉林人员内不乏名家，何难濡笔？"可见《吉林外记》的成书是在盛京和黑龙江都已经有了自己的方志文献，而作为清朝发祥之地的吉林，却无方志可供参考的情况下开始编纂的。同时萨英额认为吉林居住着很多文人名家，写作方志并非难事。"第人地两生，不知风土人情，山川、地名又多系国

① 姜维公、刘立强主编：《中国边疆研究文库初编》卷十《吉林外记、黑龙江外记》，哈尔滨：黑龙江教育出版社，2014年6月，第155页。

语，以汉文字音求解，鲜不豕亥，此富崧岩大宪之所以不委诸外员，而命（萨英额）作记也”，明确是“富崧岩大宪”要求萨英额作《吉林外记》的。“富崧岩大宪”即吉林将军富俊，他生于1748年，卒于1834年，姓卓特氏，字松岩，蒙古正黄旗人。[①] 他自嘉庆八年（1803年）至道光六年（1826年）间，曾四任吉林将军，“大宪”是对富俊的尊称，清代总督（巡抚）、布政使、按察使合称为三大宪[②]，以此凸显他作为吉林将军的地位。

富俊在为《吉林外记》撰写的序中，谈到了自己对吉林的重视：“天下各省、郡、县皆有志。吉林乌拉，扼三省之要冲，为两京之屏障，诚沿江近边一形胜要区也。”并阐述了要求作方志的原因：“余奉恩命，来镇兹土。下车后，即寻志书观览，佥称吉林向无志。因思盛京、黑龙江皆有志，吉林独无志。其山川道里仅附见于《奉天通志》，不全不备，颇以为憾。”[③] 可见编写吉林方志的初衷是为了弥补历史上的缺憾，并有提供能够满足了解吉林所需文献的意思，这应是《吉林外记》得以成书的背景之一。因为萨英额长期居住在吉林，通晓满、汉文，故较其他谪居吉林的“名家”更适合撰写《吉林外记》。[④] 富俊对萨英额“宪谕谆谆，责成甚切”[⑤]，非常看重该书的写作。萨英额接受任务后“不便固辞，有负大宪问政观俗、做人雅化之意。”而他对写作《吉林外记》也是抱着负责任的态度进行的，“于是退食之暇，搜罗采访，集腋成裘，虽文采不足观，而事必征实，言皆有据。”他在主观上还希望《吉林外记》的成书能够与《盛京通志》等志书不同，“并考志内所载，略其所详，详其所略，共成数篇，分别条类呈正。”[⑥] 以此阐述其编纂方志的宗旨。

---

① 《吉林将军富俊墓碑》，皮福生：《吉林碑刻考录》，长春：吉林文史出版社，2006年12月，第386页。

② 俞鹿年：《历代官制概略》，哈尔滨：黑龙江人民出版社，1978年10月，第320页。

③ 富俊：《〈吉林外记〉叙》，柳成栋，宋抵：《东北方志序跋辑录》卷三《吉林方志》，哈尔滨：哈尔滨工业大学出版社，1993年12月，第298页。

④ 赵瑞：《〈吉林外记〉解题》，姜维公、刘立强主编：《中国边疆研究文库初编》卷十《吉林外记、黑龙江外记》，哈尔滨：黑龙江教育出版社，2014年，第2页。

⑤ 姜维公、刘立强主编：《中国边疆研究文库初编》卷十《吉林外记、黑龙江外记》，哈尔滨：黑龙江教育出版社，2014年，第13页。

⑥ 姜维公、刘立强主编：《中国边疆研究文库初编》卷十《吉林外记、黑龙江外记》，哈尔滨：黑龙江教育出版社，2014年，第13页。

二、《吉林外记》的内容、编纂时间和版本

《吉林外记》全书共十卷，约九万字。卷一载御制诗歌；卷二述疆域形胜、山川、城池；卷三述满洲蒙古汉军、建置沿革、驿站、船舰桥梁；卷四述职官、兵额；卷五述俸饷、仓储及相关事宜；卷六述学校、学额、儒林文苑、祠祀；卷七述田赋、公署、物产、人物；卷八述时令、风俗、贞节、杂记；卷九述吉林、宁古塔、白都讷等吉林省古迹；卷十述双城堡、伯都讷屯田。其间对满族的发祥地、城乡、山川、交通、人物、制度等记载尤详，对中朝、中俄关系亦有涉及。正文前有萨英额写的自序，书后附有桐城萧穆在光绪二十一年写的《新刊（吉林外记）跋》文一篇。本书与嘉庆年间西清所撰《黑龙江外记》在发行上相辅而成①，对研究吉林地区满、蒙古、赫哲等民族的社会历史及地理考订有着重要的参考价值。

关于《吉林外记》的成书时间，应该也比较晚，是在《盛京通志》和《龙沙纪略》成书之后。而其具体成书时间，不同的书记载不同，如《吉林新志》说它“创始于道光初年”，《吉林方志大全》则记为道光六年（1826 年）。而《吉林通志》中的凡例记为道光四年（1824 年），其是源自光绪十七年（1891 年）吉林将军长顺奏请修撰《吉林通志》时所说，此后大多数史书都沿袭了这个说法。但《吉林外记》的内容中有很多在道光五年、六年和七年的事情，在卷四“职官”条中就有“吉勒通阿（道光五年任）”②、“精钦保（满洲正白旗人，乾清门行走，道光五年任）”③ 的记载，此外，在卷三“建置沿革”中有“道光六年，宁古塔防御十二员内，移驻拉林四员”④ 之语，卷四“职官”中

---

① 赵瑞：《〈吉林外记〉解题》，姜维公、刘立强主编：《中国边疆研究文库初编》卷十《吉林外记、黑龙江外记》，哈尔滨：黑龙江教育出版社，2014 年，第 2—3 页。

② 姜维公、刘立强主编：《中国边疆研究文库初编》卷十《吉林外记、黑龙江外记》，哈尔滨：黑龙江教育出版社，2014 年，第 61 页。

③ 姜维公、刘立强主编：《中国边疆研究文库初编》卷十《吉林外记、黑龙江外记》，哈尔滨：黑龙江教育出版社，2014 年，第 62 页。

④ 姜维公、刘立强主编：《中国边疆研究文库初编》卷十《吉林外记、黑龙江外记》，哈尔滨：黑龙江教育出版社，2014 年，第 49 页。

有伊通巡检贺选“道光六年任”[①] 的记载，还有道光七年（1827年）的记载，“双城堡、伯都讷屯田”条：“道光七年，愿来京旗户数，即派文武员弁于二月初旬，赴威远堡界，接到京旗八十五户，询明凡系父兄子弟亲宜，安置一屯，以便互相照料耕作。”[②]“伯都讷”条：“（道光）七年认佃一千五百六十五户，分拨四十六屯。”[③] 而据考，作者萨英额在序言篇尾所记时间为道光七年（1827年）八月，这与时任吉林将军的富俊改授协办大学士的时间吻合，因而其确切成书时间应即为道光七年（1827年）八月[④]，这个结论应是比较符合事实的。

《吉林外记》现存版本主要有光绪二十一年（1895年）桐庐袁氏《渐西村舍汇刊》刻本、光绪二十三年（1897年）上海著易堂《小方壶斋舆地丛钞》铅印本、光绪二十六年（1900年）广雅书局《广雅书局丛书》本、光绪二十六年冠以《吉林统志》之名的抄本、光绪二十九年（1903年）金匮浦氏刻《皇朝藩属舆地丛书》石印本、民国二十四年至民国二十六年（1935—1937年）上海商务印书馆《丛书集成初编》铅印本、民国二十八年（1939年）上海印书馆铅印本、1960年据光绪二十六年刻本油印本、1974年台湾成文出版社有限公司影印本、1981年台湾文海出版社影印本、1982年吉林据大连光绪二十六年（1900年）抄本静电本等版本传世。[⑤] 其中吉林市博物馆藏《吉林外记》流传较为广泛。[⑥] 2014年，由姜维公、刘立强主编的《中国边疆研究文库初编》问世，其中卷十即为《吉林外记、黑龙江外记》，这是《吉林外记》现存最为完善的版本。

---

① 姜维公、刘立强主编：《中国边疆研究文库初编》卷十《吉林外记、黑龙江外记》，哈尔滨：黑龙江教育出版社，2014年，第64页。

② 姜维公、刘立强主编：《中国边疆研究文库初编》卷十《吉林外记、黑龙江外记》，哈尔滨：黑龙江教育出版社，2014年，第152页。

③ 姜维公、刘立强主编：《中国边疆研究文库初编》卷十《吉林外记、黑龙江外记》，哈尔滨：黑龙江教育出版社，2014年，第153页。

④ 郭殿忱：《〈吉林外记〉成书及流布小考》，《社会科学战线》，1987年第1期。

⑤ 曹殿举：《吉林方志大全》，长春：吉林文史出版社，1989年7月，第23页。

⑥ 赵瑞：《〈吉林外记〉解题》，姜维公、刘立强主编：《中国边疆研究文库初编》卷十《吉林外记、黑龙江外记》，哈尔滨：黑龙江教育出版社，2014年，第7页。

三、《吉林外记》的价值和贡献

《吉林外记》虽然只有十卷，但却有其独特的价值，且对后世研究清代吉林做出了一定的贡献，因而具有较高的历史地位。

首先，它是吉林省最早的方志性质的文献，在记录吉林地方上有“开创”意义。我国古代关于东北方志的编纂较晚，较早的几部，如《辽东志》、《盛京通志》等，都是以辽宁为主，吉林“南迎长白，北绕松花，扼三省之要冲，为两京之屏障”，记述却不多。“吉林向无志，其山川道里仅附见于《盛京通志》，不全不备，颇以为憾。”[①] 《吉林外记》的成书填补了吉林志书编纂史上的空白。同时，它也为以后《吉林通志》《伯都讷乡土志》等志书的编纂奠定了基础[②]，起到了“引玉”的作用。

其次，作为一本志书，《吉林外记》的最大价值应是其记述了吉林地区的地理概貌、疆域形胜等自然环境，并且考察了吉林所属一些重要地方的地理沿革，有很多还是其他志书从未记载过的内容，为吉林地理的考察和补漏做出了贡献。《吉林外记》卷二《疆域形胜》记载了吉林地区的疆域四至：“其境南至讷秦窝集七百三十里，至长白山一千三百里；东至都岭河，宁古塔界四百里；西至威远堡，盛京界五百七十里；北至法特哈门、黄山嘴子，伯都讷界一百九十五里。远迎长白，近绕松花，扼三省之要冲，为两京之屏障，是吉林乌拉之形胜也。”[③] 这里不仅介绍了吉林全境，还强调了吉林“扼三省之要冲”的重要地理位置。此外，还对吉林境内比较有代表性的地点做了介绍，主要有“布特哈乌拉”、“伊通河”、“额穆赫索啰”等十五个地点。卷二《山川》对长白山有很多记载，首先对长白山的名字和方位做了梳理，“长白山，《山海》作不咸山，《唐书》作太白山。《明一统志》云：‘在故会宁府南六十里，横亘千里，

---

① 富俊：《〈吉林外记〉叙》，柳成栋，宋抵：《东北方志序跋辑录》卷三《吉林方志》，哈尔滨：哈尔滨工业大学出版社，1993 年，第 298 页。

② 曹殿举：《吉林方志大全》，长春：吉林文史出版社，1989 年，第 16—17 页。

③ 姜维公、刘立强主编：《中国边疆研究文库初编》卷十《吉林外记、黑龙江外记》，哈尔滨：黑龙江教育出版社，2014 年，第 31 页。

高二百里，其巅有潭，周围八十里。’”[①] 此外，还将署名为“遂安方象瑛渭仁”的《长白山记》加入文中，该文主要记载了康熙十六年（1677年）武默讷踏查长白山的过程和长白山的地点，“众惶惑虔诵纶音，礼甫毕，云披雾卷，历历可睹，莫不欢呼称异。遂攀跻而上，有胜地平敞如台，遥望山形长阔，近视颇圆，所见白光皆冰雪也。”[②] 该文可能是因为是对长白山比较有价值的记载而被收录于书中。此外，书中还对长白山及天池做了简要介绍：“（长白山）凭水而立，顶有池三四十里，无草木，碧水澄清，波纹荡漾。绕池诸峰，望之摇摇若坠，观者骇焉。”[③] 卷三《满洲、蒙古、汉军》中对吉林境内各族人民错屯而居的情况予以详细论述，其中还提及了民间的满洲习俗，“近数十年流民渐多，屯居者已渐习为汉语。然满洲聚族而处者，犹能无忘旧俗”[④]。此外，还对所居的满洲、蒙古等族做了新旧划分，并梳理了蒙古和汉军进入吉林的过程，使读者对吉林的实际情况有了直观的了解。《建置沿革》还对“吉林”名称的来历做了考察：“吉林，古肃慎氏遗墟，汉晋挹娄国，南北朝勿吉地，唐燕州黑水府，渤海大氏龙泉府，辽长春州，金恤品路，元合兰府水达达路，明设卫所。”[⑤] 由于概括精炼全面，这个说法经常为研究吉林历史的著作所引用。其他有关吉林各地历史沿革等的记载，亦是学者们研究当地历史不可缺少的重要史料。[⑥] 此外，有一些年代久远的资料，萨英额还对其真实性予以说明，“历时已远，册档不全，一时难考，”只好“姑照造报志书馆旧册开列，以俟后

① 姜维公、刘立强主编：《中国边疆研究文库初编》卷十《吉林外记、黑龙江外记》，哈尔滨：黑龙江教育出版社，2014年，第35页。

② 姜维公、刘立强主编：《中国边疆研究文库初编》卷十《吉林外记、黑龙江外记》，哈尔滨：黑龙江教育出版社，2014年，第36页。

③ 姜维公、刘立强主编：《中国边疆研究文库初编》卷十《吉林外记、黑龙江外记》，哈尔滨：黑龙江教育出版社，2014年，第37页。

④ 姜维公、刘立强主编：《中国边疆研究文库初编》卷十《吉林外记、黑龙江外记》，哈尔滨：黑龙江教育出版社，2014年，第43页。

⑤ 姜维公、刘立强主编：《中国边疆研究文库初编》卷十《吉林外记、黑龙江外记》，哈尔滨：黑龙江教育出版社，2014年，第45—46页。

⑥ 曹殿举：《吉林方志大全》，长春：吉林文史出版社，1989年，第17页。

之详查。”[①]

第三，清政府对吉林诸方面实施了有效的行政管理，这些书中都予以记述，这为以后维护清朝在吉林的统治提供了证据，这应是《吉林外记》的独特价值。首先，在政治和军事方面，“顺治元年，悉裁诸卫，设内大臣副都统及每旗驻防，康熙元年，将昂邦章京改为镇守宁古塔将军”[②]。吉林最高长官由“昂邦章京”升为“镇守宁古塔将军”，这表明清廷加强了对吉林地区的控制。在行政之外，还着重记载了清廷在吉林的军事驻扎情况。卷四《兵额》中列出了吉林、乌拉、伊通、额穆赫索啰等地的官兵额数，此外还有一些候补人员如七品监生、八品监生存在，同时记载了杂役人员如弓铁匠、水手、木舱绳匠的人数，这对于研究清代吉林地区的军事建置及防卫情况有很大的参考价值。另外，卷四还详细记载了自康熙以来历年的将军、吉林副都统、宁古塔副都统等人的姓名、籍贯和任职时间，为研究吉林地方历史提供了宝贵资料。

最后，在疆域和管理之外，《吉林外记》在经济、司法、教育、物产、古迹以及民俗等方面都有记述。清政府曾在吉林采取屯田政策，“因思东三省原系国家根本之地，而吉林土膏沃衍，地广人稀，其间空旷之地，不下千有余里，悉属膏腴之壤，内地流民并有私勤耕植者”[③]。其中记载的很多资料为他书所无，因此对我们研究东北地区的开发史，有一定参考价值。再次，在司法教育方面，清政府在吉林设置了户司、兵司、刑司、工司等专门机构。从书中还可以看出当时刑罚的执行情况。“私入围场，偷打牲畜十只以上者，杖一百，流三千里；二十只以上者，发乌鲁木齐等处种地；三十只以上者，发乌鲁木齐等处给兵丁为奴。”[④] 惩罚比较严酷，体现出清廷对吉林实行的是严刑峻法的政策。卷六《学校/学额/儒林文苑/祠祀》不仅记述了各地学校和学额的情况，

① 姜维公、刘立强主编：《中国边疆研究文库初编》卷十《吉林外记、黑龙江外记》，哈尔滨：黑龙江教育出版社，2014年，第49页。

② 姜维公、刘立强主编：《中国边疆研究文库初编》卷十《吉林外记、黑龙江外记》，哈尔滨：黑龙江教育出版社，2014年，第46页。

③ 姜维公、刘立强主编：《中国边疆研究文库初编》卷十《吉林外记、黑龙江外记》，哈尔滨：黑龙江教育出版社，2014年，第134页。

④ 姜维公、刘立强主编：《中国边疆研究文库初编》卷十《吉林外记、黑龙江外记》，哈尔滨：黑龙江教育出版社，2014年，第76页。

而且把尊经阁藏书目录和吉林将军富俊奏请颁发书籍的目录均抄录于书中。这种做法虽不是萨氏首创，但也可说明他对修志是重视的。书中还记载了吉林各地历年考取的进士、举人、贡生的名讳及其所任官职，这足以说明当时中原儒学在东北各族人民中有了深远的影响。[①] 对吉林的物产、古迹和民俗风情，《吉林外记》用了不小的篇幅予以叙述。吉林的貂鼠、狐、貂熊、东珠、乌拉草、七里香、蕨菜、蘑菇、海参等多种动植物的记载用以填补资料之不足。而“大金得胜陀颂碑”的发现，是《吉林外记》最早记载，并广为人知，“将军富俊奏准，伯都讷闲荒招佃认垦取租，勘丈至五家子站北荒，见此得胜陀碑，颂今钞录入记，始知故老遗传有所本矣。”[②] 由于他的抄录，使淹没于荒烟蔓草间六百余年的金碑得以为后人所知，并引起了中外史学界的重视。对此，萨英额功不可没。《吉林外记》还记述了吉林各地的民俗风情。“吉林，性直朴，习礼让，务农敦本。以国语、骑射为先，兵挽八力，枪有准头，骁勇闻天下。自嘉庆五年（1800 年），添设满合考试，文风丕振。”[③] 此外，还具体记载了一些百姓的生活状况，为今天的人们了解清代吉林提供了参考。

综上，萨英额的《吉林外记》“考订详明，纂述简要，秩然犁然，有裨政治。”[④] 记载了清朝初期至中叶吉林地区较多的民族和地方史料，对于今天研究清代前期吉林及东北地区的疆域沿革、历史、地理、政治、经济、文化等问题具有很大的作用，对今天中俄、中朝关系的研究也有一定的启示。

---

① 曹殿举：《吉林方志大全》，长春：吉林文史出版社，1989 年，第 18—19 页。

② 姜维公、刘立强主编：《中国边疆研究文库初编》卷十《吉林外记、黑龙江外记》，哈尔滨：黑龙江教育出版社，2014 年，第 124 页。

③ 姜维公、刘立强主编：《中国边疆研究文库初编》卷十《吉林外记、黑龙江外记》，哈尔滨：黑龙江教育出版社，2014 年，第 113 页。

④ 富俊：《〈吉林外记〉叙》，柳成栋，宋抵：《东北方志序跋辑录》卷三《吉林方志》，哈尔滨：哈尔滨工业大学出版社，1993 年，第 298 页。

第六章 《长白汇征录》国内研究综述

《长白汇征录》是长白山地方志的拓荒之作，最早对长白山地区的风土地理等珍贵信息进行记载，弥补了长白山地志内容的缺憾。同时，该志书还记录了朝鲜难民的拓荒和日本势力侵入长白山地区的史实，为后世所重视。本文在对《长白汇征录》的成书背景研究的基础上，对学界对其内容、作者、版本和价值的研究做一综述。以期辨明学界的研究脉络，为今后做深入研究提供参考。

一、《长白汇征录》的写作背景

《长白汇征录》是长白府第一部地方志，是长白府知府张凤台呈给朝廷的关于建设长白山地区的奏折合集，它的成书有着独特的历史背景。时值日俄加紧对中国东北地区的侵略，清政府面临的政治危机、边疆危机和民族危机日趋严重。特别在十九世纪末二十世纪初，日本资本主义发展至帝国主义阶段，开始加紧对朝鲜和中国进行侵略，并不断制造边疆危机。① 日俄战争后，日本乘胜加紧侵略东北地区南部，派出大量军队进入长白山地区。日军很快控制了鸭绿江中上游地区，疯狂掠夺森林资源，在使整个辽东半岛成为日本的势力范围后，开始逐渐向长白山地区渗透。② 在这种情况下，清政府为抵制日本侵略，维护边疆稳定，于1908年设置长白府，张凤台受命为首任知府。③ 他在任期间，在对长白山地区实地调查的基础上，综合丰富的史实和所见所闻，著成

① 宋志勇，田庆立：《日本近现代对华关系史》，北京：世界知识出版社，2010年。

② 黄为放、梁超前、高莹：《踏察长白三江源 填补缺典三百年——刘建封〈长白山江岗志略〉记》，《大连大学学报》2018年第5期。

③ 李乐营、王景泽：《长白府设置的背景及意义》，《中国边疆史地研究》2004年第2期。

《长白汇征录》一书。主要记述了长白府加强行政建设，控制开发边疆，设立行政管理机关，招民实边，加强韩侨管理等一系列政策和措施。这些措施，在一定程度上抵制了日本侵略势力的渗透，维护了国家的利权，① 可见它的成书具有一定的社会基础。

《长白汇征录》成书之后，逐渐受到学术界的重视。1987 年，《长白丛书》将《长白汇征录》收录进来，并由黄甲元、李若迁进行点校整理，这是对该书的第一次系统整理。同时，有学者对《长白汇征录》的内容做了专门研究，另有部分学者在研究中朝边界、民族迁移等问题时引用该书的史料，因而应对学界《长白汇征录》的研究情况做一综述并加以总结。

二、《长白汇征录》的整理与研究

学界对张凤台和《长白汇征录》进行了大量的研究，对该书进行了多角度的探讨。总体来看，这些成果多为论文形式，且为介绍性质，专门的著作并不多。通过在各种文献数据库搜索到的资料进行分析整理，本文对张凤台以及《长白汇征录》的研究大致从以下三个方面梳理：第一，《长白汇征录》的整理研究。第二，《长白汇征录》版本研究。第三，《长白汇征录》价值研究。

（一）《长白汇征录》的整理研究

由黄甲元、李若迁校注，被李澍田主编的《长白丛书》收录，并在 1987 年吉林文史出版社出版的《长白汇征录》② 为学界最早的整理本。该版本与刘建封的《长白山江岗志略》及李廷玉等撰的《长白设治兼勘分奉吉界线书》三书合订一本，此版本流通较广，各高校图书馆、公共图书馆等多藏有。③ 该书校勘的底本为宣统元年（1909 年）出版，宣统二年（1910 年）重印的《长白汇征录》。所说校勘是指校对字词、查证引文、改繁体字为简体字等。第一，对文字化繁体为简体，改异为正，明显错讹的地方都经过改正。第二，分段加

① 耿志刚：《浅析张凤台的〈长白汇征录〉》，硕士学位论文，延吉：延边大学历史系，2007 年。

② 张凤台撰，黄甲元、李若迁校注：《长白汇征录》，长春：吉林文史出版社，1987 年。

③ 曹殿举：《吉林方志大全》，长春：吉林文史出版社，1989 年。

标点。在校勘基础上，根据文章内容，重新分段，加标点。第三，注释。对书中提到的一些地名、族名、国名、物名和难词难句分别作了必要的注释。注释中不多引文，做到了简明扼要。注释采用"章尾连续编号"①，各卷重复出现的只注一次。

该整理本是第一本也是目前仅有的整理本，对《长白汇征录》通过他校法进行校勘，并作了详细的注释附于书后，对《长白汇征录》的研究和流传都有不可忽视的重要意义。但是该版本也存在一些问题，如原书中重要的《穆石辩》并没有附于书中，而是参见刘建封的《长白山江岗志略》中的《穆石辩》，并且没有发现这两个《穆石辩》的不同之处。② 另外，耿志刚在前人的整理基础上提出了自己的看法，但未对《长白汇征录》里的具体内容进行校对。

针对目前的状况，应对各版本中出现的不同记载逐一指出，并对《穆石辩》的不同之处进行比较研究，并做针对性的分析和考察，以便做进一步研究。

（二）《长白汇征录》的研究

在整理之外，《长白汇征录》的内容也是研究的重中之重。目前，只有耿志刚的《浅析张凤台的〈长白汇征录〉》一文对《长白汇征录》的内容进行了专门探讨。

关于《长白汇征录》的内容和主要特点，耿志刚在文章中首先简要介绍了一下《长白汇征录》8 卷的内容，主要为疆域、山川、兵事、风俗、物产、药品、文牍、杂识等，主要是记录了长白山地区的实地情况。首先，耿志刚对内容进行分析概括，认为有五个方面：第一，加强地方行政建设。主要论述了在张凤台的筹办下，长白府划清了省界、府界和县界，在此基础上建立了长白府的行政管理制度，并加强了军政和教育，设置了巡警和学堂。第二，移民实边。本部分主要论述了张凤台在日本和俄国的移民压力下，"也把移民垦荒作为重要工作项目"，开始大规模筑路、修桥、修旅店。第三，加强对越垦朝鲜人的管理。主要论述了张凤台在治理长白府时期，对越垦韩民的治理情况，并

① 张凤台撰，黄甲元、李若迁校注：《长白汇征录》，长春：吉林文史出版社，1987 年。

② 耿志刚：《浅析张凤台的〈长白汇征录〉》，硕士学位论文，延吉：延边大学历史系，2007 年。

肯定了张凤台的治理措施“维护了国家主权，巩固了边疆。”第四，开发边疆经济。作者从活跃工商业和激活金融两个方面，论述了张凤台的治理措施。肯定了张凤台的治理“促进农业、手工业、商业的全面发展”。第五，保护国家利权，抵制日本侵略。在这部分中，作者主要从保护森林开采权和江权角度入手，分析张凤台的治理措施“在一定程度上抵制了日本的侵略，加速了东北经济发展的进程”①。其次，对《长白汇征录》的撰写特点进行分析，提出了《长白汇征录》编排体例得当，编排方法科学。在内容上，作者认为《长白汇征录》有资料丰富、选材严谨、内容时代性强等特点。在这些之外，该文也存在一些可改进之处。首先，文章对于《长白汇征录》的自然地理、历史沿革、物产和药品方面均无涉及。同时，张凤台在探讨长白山地区历史沿革时，多有记载错误。如要解决这些问题，应结合同时代的《长白山江岗志略》等著作，对当时长白山地区的自然地理状况及物产等方面内容进行分析研究。并结合现代历史学研究成果，挖掘其史料来源，为进一步研究奠定基础。

总体来看，耿志刚主要从政治、经济、外交等方面来研究《长白汇征录》的内容，并从编撰和内容两方面来分析该书的主要特点。文章以历史文献学的研究方法，从政治、经济、文化等方面对《长白汇征录》进行了较为全面的梳理。此文虽为研究《长白汇征录》之首创文章，但文中对长白山历史回顾及自然地理的记述仍有错误。

此外，还有一些对吉林省地区的方志集录涉及到了对《长白汇征录》内容的考察。曹殿举主编的《吉林方志大全》中，对《长白汇征录》有专章考察。该书主要对《长白汇征录》的“著者及成书过程”“内容及价值”“版本及其他”三个方面做了研究。② 其中的“内容及价值”部分论述最为系统，主要对《长白汇征录》的各卷内容予以详细列出，并指出了其具备的几点可取之处，比如第一手资料、古今相通、旁征博引、无征不信、保存大量档案资料、专设“杂识”等，并对每部分予以详细说明。最后，对该书的长处和短处做了总结，认为长处在于考据山川有余，短处在于记载政史不足等。还有一些著作专门收

---

① 耿志刚：《浅析张凤台的〈长白汇征录〉》，硕士学位论文，延吉：延边大学历史系，2007年。

② 曹殿举：《吉林方志大全》，长春：吉林文史出版社，1989年。

录了各地方图书馆藏的地方志，其中也包括了《长白汇征录》，比如李澍田《东北史志文献要略》[①] 等，但论述相对简略。

三、《长白汇征录》作者研究

学界在研究《长白汇征录》的同时，也注意到了对该书作者张凤台的研究。这主要体现在著作中，多为介绍张凤台的生平。其中在不同的书籍中的记录内容上，各有侧重，体现出论述重点和方向的多样性。

《长白汇征录》的作者张凤台（1857—1925 年），字鸣岐，河南安阳崇义村人。光绪三十四年（1908 年），东三省总督徐世昌、巡抚唐绍仪举授其为长白府设治委员。长白设治公所成立后，张凤台为首任设治委员（知府衔）。他在任期间曾向徐世昌提出《善后十策》，为开发长白山地区提出了宝贵意见。张凤台主政长白府期间，本着“面向华夏，服务桑梓”[②] 的精神，广征博采，苦干不辍，编著了《长白汇征录》（原名《长白征存录》）。该书共 8 卷，记载长白府疆域、山川、兵事、风俗、物产、药品、文牍、杂识等，该书最早的版本，即宣统二年（1910 年）出版的铅印本，吉林省图书馆特藏部有收藏。

学界对张凤台的研究主要有书籍和论文两类。从书籍方面看，在《中国地方志词典》（1986 年出版）中的“修志名家”和“方志学家”条下，有对张凤台的简要介绍，记载“张凤台生年不详，卒于民国十四年。”对其官职记录清晰，“历任直隶元城、吴桥、束鹿县知县、官制局参议、长春府、长白府、兴京府知府、河南省民政长、参政院参事、河南省省长等职”[③]。同时介绍了张凤台的主要著作，包括《鹿岩乡土志》，督修《林县志》。《安阳县文史资料第 3 辑》[④] 收录了张平的《长白知府——张凤台》一文。对张凤台的介绍更为详细，记载了张凤台的生平，并对他在长白府所实施的政策也有详细介绍。记录的张凤台的著作还有《万国公法提要》《三怡堂丛书》，校刊整理了《中州杂

---

① 李澍田：《东北史志文献要略》，吉林：吉林师范学院，1983 年。

② 张凤台撰，黄甲元、李若迁校注：《长白汇征录》，长春：吉林文史出版社，1987 年。

③ 黄苇：《中国地方志词典》，合肥：黄山书社，1986 年，第 318 页。

④ 中国人民政治协商会议河南省安阳县委员会文史委员会：《安阳县文史资料第 3 辑》，1992 年。

俎》等，可以了解到更多关于张凤台的信息，这应该是研究张凤台的第一篇文章。在《长白朝鲜族自治县志》第二十四篇人物传略中为张凤台立传，内容大致与张平的文章相似，但对张凤台擢升长春知府的时间不同，本书记载为“光绪三十四年，荣升为奉天省长春府知府”[①]。这与张平“光绪三十三年（1907年）5月，荣调东北擢升长春府知府”[②] 的记载不同，时间上相差一年，有待考证。《中州文献总录（下册）》[③] 对张凤台的记载比较简略，重点记述其在河南的履历，但对张凤台的著作除了以上几种之外，还补充了《公余辨证录》一书。《河南大学百年人物志》的记载与之类似，一些记载则更为详细，如张凤台“1894年毕业于明道书院，在河南贡院考中举人。”“1923年任直鲁豫巡阅使、中州大学教授、河南道馆总裁，在中州大学主持编撰河南通志”[④] 等。从论文方面看，申少春《论民国初年两位安阳籍省长倾心修方志的贡献》重点论述了张凤台在民国初年担任省长期间，在纂修方志方面的成就与贡献。文章评价张凤台“喜好方志之学，宦辙所至，留心当地风情，搜集当地乡土资料，在日理公务之暇，提要钩玄，挥毫立说。”认为《长白汇征录》“内容丰富，不泥旧墨，为后人研究长白提供了珍贵的参考”[⑤]。其他与张凤台有关的文章则做了简要介绍，相对欠缺深入研究。

近年来，系统研究张凤台的文章只有耿志刚的硕士论文，文章从张凤台担任长白府知府（1908年）开始，选取了几个时间点来进行记述，如1910年从长白府离任，1912年任河南省财政司长等，主要是以其任职的转变来撰写其生平。但文章对张凤台在长白府期间的记述略显简略，同时缺乏对张凤台与《长白汇征录》结合研究，因而仍有进一步深入空间。如要解决目前发现的问题，需从以下两个方面入手，一是对张凤台的生平做详细考证，尤其是在长白府任职期间的生平事迹，并将张凤台与《长白汇征录》结合研究，考证其成书的思

① 长白县志编纂委员会：《长白朝鲜族自治县志》，北京：中华书局，1993年。

② 中国人民政治协商会议河南省安阳县委员会文史委员会：《安阳县文史资料第3辑》，1992年。

③ 吕友仁：《中州文献总录》，郑州：中州古籍出版社，2002年。

④ 刘卫东：《河南大学百年人物志》，郑州：河南大学出版社，2012年，第293页。

⑤ 申少春：《论民国初年两位安阳籍省长倾心修方志的贡献》，《安阳大学学报》2002年第3期。

想与目的；二是将张凤台的著作补充进来，从其著作中考察他的治边理念。

在作者之外，学界的研究还涉及到了《长白汇征录》的版本问题，但只有2007年延边大学耿志刚的硕士学位论文《浅析张凤台的〈长白汇征录〉》[①]予以专门探讨。该文将《长白汇征录》的版本单独列为一节来进行介绍，主要统计了《长白汇征录》现存的6个版本，包括出版时间、版本项、面数高广、从书名、备注等项，并分别列出了各个版本的收藏地。耿志刚表明他的文章是以1987年吉林文史出版社出版的《长白汇征录》为研究对象进行讨论和分析的，并提出《长白汇征录》其他5个版本都是以1910年铅印本为底本的。他所依据的版本为排印版，是由黄甲元、李若迁点校，点校过程中作了校勘，并概况了原书的校勘特点。但是，该文对《长白汇征录》的版本研究也存在一些不足，比如统计不够全面，有一些版本遭到遗漏。此外，该文缺少对版本之间的比较研究，这些应为今后学界亟待加强的方面。

四、《长白汇征录》的价值研究

学界在对《长白汇征录》多个方面的研究取得一定成果后，开始关注该书的价值。综合来看，学界主要从其对长白山地区的历史沿革、地志资料、对中国东北地区的省界、国界的划定等历史、地理，以及抗击帝国主义侵略等方面给予了评价。

首先学界高度评价了该书的史料价值。栾英良《灵石蕴玉　嘉木清华——读刘彦臣先生〈长白山木石文化〉》简单评价了《长白汇征录》，认为该书“至今仍为研究长白山文化不可或缺的重要文献”[②]。王慧《现存志料、采访册、调查记等文献概述》认为该书“重在考查疆域、历代沿革、建置，依据实地考察之资料，或加按语以纠偏，从而廓清了‘山水源脉、国郡边界’”[③]。傅朗云在《开发乡帮文献、宏扬地方文化——评〈长白丛书〉初集》中评价该

① 耿志刚：《浅析张凤台的〈长白汇征录〉》，硕士学位论文，延吉：延边大学历史系，2007年。

② 栾英良：《灵石蕴玉　嘉木清华——读刘彦臣先生〈长白山木石文化〉》，《通化师范学院学报》2009年第1期。

③ 王慧：《现存志料、采访册、调查记等文献概述》，《学术探索》2014年第7期。

书“综述一方百科知识”①。衣保中《弘扬区域文化的大型文献丛刊——〈长白丛书〉综评》中评价该书为张凤台“密林探险，实地考察，征文考献”② 而写出。

此外，还有从地理探查等角度对《长白汇征录》的价值做了评价。《中华古文献大辞典·地理卷》认为该书“因取实地调查材料援引古书而纂成该书”③。指出该书是为研究长白山地区历史及边界的翔实史料，书中有关道路、山水，以实地勘查数据为准，尤其详绘鸭绿江心各硝（即暗礁）图，保留了重要水文史料。其他如考释好太王碑文，分类记载六十余种物产、中草药，载录沿江边防哨卡，皆为重要史料。同时，也指出了《长白汇征录》在考订汉乐浪郡及辽、金都市时亦有舛误。《四库大辞典·史部·地理类》简要介绍书中内容，并评价该书“取材极谨严，不少来自实地调查，约占十之四五，援引古籍十之二三”④，《续修四库全书提要》亦认为“论东北舆地者，不可不资于是书也”⑤。

耿志刚的《浅析张凤台的〈长白汇征录〉》对《长白汇征录》做较为系统的评价，其对该书的史料价值予以探讨的同时，还对《长白汇征录》在十九世纪末二十世纪初抵抗日帝侵略的政治作用进行探讨。首先，耿志刚对《长白汇征录》的史料价值给予了很高评价，他从反映东北社会变迁的角度，从政治、经济、文化教育三个方面探讨其史料价值，同时认为《长白汇征录》是反映长白府对朝鲜垦民的政策，以及长白山文化的宝贵资料。对于《长白汇征录》的史料局限性，耿志刚主要从书籍作者张凤台的主观认识上来评价，认为有三点认识上的局限性。第一，张凤台对朝鲜垦民的认识是错误的。认为张凤台没能看到长白府的朝鲜垦民受着双重剥削和压迫的现实，没有把朝鲜垦民看成是积极抗击日本帝国主义侵略的重要力量。同时，没有有效地利用朝鲜垦民广大人

① 傅朗云：《开发乡帮文献　宏扬地方文化——评〈长白丛书〉初集》，《古籍整理研究学刊》1987 年第 2 期。

② 衣保中：《弘扬区域文化的大型文献丛刊——〈长白丛书〉综评》，《中国典籍与文化》1993 年第 3 期。

③ 王兆明，傅朗云：《中华古文献大辞典·地理卷》，长春：吉林文史出版社，1991 年。

④ 李学勤、吕文郁：《四库大辞典》，长春：吉林大学出版社，1996 年。

⑤ 王云五：《续修四库全书提要》，台北：商务印书馆，1972 年。

力资源，大力开发建设长白府。第二，张凤台对日本侵略具有软弱和妥协性质，他没有发动民众反对日本侵略。第三，张凤台对“忠义军”有片面认识，认为张凤台没能看到忠义军具有“反俄爱国，抵制侵略的一面”①。耿志刚提到《长白汇征录》的“史料价值”和“局限性”，这两点是前人所未提及的，但如前文所述，其关注点多在军政设置与移民问题等方面，对全书自然缺乏总体评判。

综上所述，本文在《长白汇征录》的成书背景之上，对学界对《长白汇征录》的整理及内容的研究、对《长白汇征录》作者张凤台和版本的研究、对《长白汇征录》的价值研究等做了统一叙述。可以看出，在前人的研究中，对《长白汇征录》各方面都取得了一定的成果，但对一些问题的研究仍显不够深入，仍存在加强的空间。例如能对其中一些记载的不实之处，特别是对长白山的历史追溯、《辽史》《金史》的引用、研究中出现的错误等内容进行及时加强和修正，对因作者本人的局限导致失载之处进行改正，并大量参考同时期的相关文献，可更全面深入认识该书的价值和贡献。此外，如能从自然地理、历史沿革、军政制度等不同角度入手，对《长白汇征录》中的内容进行重新研究，挖掘作者张凤台的写作意图与治边思想等，必将推动对该书的进一步深入研究，并最终给予其更为客观、合理的评价。

---

① 耿志刚：《浅析张凤台的〈长白汇征录〉》，硕士学位论文，延吉：延边大学历史系，2007年。

第七章 辽东第一佳山水，留到于今我命名
——刘建封《长白山江岗志略》记

《长白山江岗志略》是清末清政府派员勘察奉天吉林两省界线、并踏查松花、图们、鸭绿三江源头等的调查笔记，在当时的历史条件下，起到添补方志记载缺憾、维护边疆稳定的作用，因此对此书及作者刘建封做详细考察，是十分必要的。

一、《长白山江岗志略》的写作背景

《长白山江岗志略》成书于1908年，时值东北局势不稳，日俄窥边，疆土日蹙的历史条件下勘察、执笔的，[①]“虽然有可虑者，东北沿海各州，为俄割据矣，库页海滨全岛，被日先占矣……察其窥伺之心，直觉得寸进尺”[②]。而在刘建封之前，清廷曾13次派员勘察过长白山地区，[③]所派之员分别为武木讷、勒楚、穆克登、德玉、秦煐和吴禄贞等，但均未详尽。义和团起义和日俄战争后，长白山地区开始受到日本的觊觎，其勾结当地的胡匪，大规模掠夺当

---

① 汪玢玲：《一部研究东北地方史志的珍贵资料——〈长白山江岗志略〉新序》，《吉林师范学院学报（哲学社会科学版）》1987年第2期。

② 刘建封撰，孙文采注：《长白山江岗志略》，长春：吉林文史出版社，1987年，第294—295页。

③ 孙文采：《不求一时荣，但求千秋誉——刘建封对长白山的勘察与开发》，《社会科学战线》1994年第6期。

地的森林资源，并引发与当地人的武装冲突。[①] 清政府为了加强对长白山地区和鸭绿江流域的管理，于光绪二十八年（1902 年），在通化县和怀仁县，分别增设临江县（今临江市）和辑安县（今改集安市）。[②] 光绪三十三年（1907 年），清政府改革东北行政建置，黑龙江、吉林和奉天同时改建行省，长白山地区属奉天辖境，[③] 东三省总督徐世昌因临江县所属长白山地区“江道五百余里，鞭长莫及”，划临江县以东长生、庆生二堡及吉林长白山北麓龙冈之后，添设长白府于塔甸（今吉林省长白朝鲜族自治县），[④] 奉天省委派前长春知府候补、直隶州知州张凤台为设治总办，临江县令李廷玉为帮办，筹办长白设治事宜。[⑤] 此后的 1909 年，清廷批准锡良等奏请增设安图、抚松两县于长白山地区。[⑥] 这些行政建置的增设，强化了清廷的控驭能力，使长白山地区昔日“有土无守、有边无治”[⑦] 的状况，开始得到改变。

二、刘建封生平经历

刘建封（1865—1952），别名刘大同，号芝叟、疯道人、天池钓叟等。山东诸城县临吾乡芝畔村人。清末附生，是清末东三省总督徐世昌、锡良属下的奉天候补知县。

刘建封幼时俊拔颖慧，“八岁通诗经，弱冠补郡痒生。”[⑧] 光绪二十年

① 李乐营：《长白府设置的背景及意义》，《中国边疆史地研究》2004 年第 2 期。

② 陶勉：《清代封祭长白山与派员踏查长白山》，《中国边疆史地研究》1996 年第 3 期。

③ 谭其骧：《中国历史地图集》，北京：中国地图出版社，1982 年。

④ 陶勉：《清代封祭长白山与派员踏查长白山》，《中国边疆史地研究》1996 年第 3 期。

⑤ 长白县志编纂委员会：《长白朝鲜族自治县志》，北京：中华书局，1993 年，第 257 页。

⑥ 李花子：《清代长白山踏查活动及对三江源的记述》，《韩国研究论丛》2011 年第 1 期。

⑦ 李乐营：《长白府设置的背景及意义》，《中国边疆史地研究》2004 年第 2 期。

⑧ 安龙祯、孟昭秋：《刘大同集》，长春：吉林文史出版社，1993 年，第 4 页。

(1894年)离燕京至辽东,任奉天候补知县十二年。1905年加入中国同盟会。[①]在光绪三十四年夏四月(1908年4月),刘建封奉东三省总督徐世昌之命“委勘奉吉两省界线,兼查长白三江之源”[②]。同年5月28日他带领测绘五员,队兵十六名,悬书界牌,跋山涉水,详查长白山江岗全貌。范围是“西以头道花园河为起点,东以红旗河尾闾为止点,南至团头山,北至松花江之下两江口”[③]。长白山区地势险峻,气候恶劣,“白日匿影,罡风砭肌,惊沙坐飞,雨雹时至”[④],而相较以往著书记载长白山者,“大抵如盲者之论日,聋者之说钟”[⑤]。但他没有退缩,“长白山朝廷所注意,督帅所留心,如不调查详确,恐负此行”[⑥]。在踏察中,刘建封身先士卒,怒马当前,“不能骑马就攀藤扪石,又不能,则雀跃蛇行以进,遇到阴霾必联臂应声”[⑦]。尽管刘建封不畏艰险,在前往长白山踏察中,还是不幸坠马,幸好“危而复苏,设帐调养三日”[⑧],他因此还作诗自嘲,“白山有幸留知己,坠马河边死又生”[⑨],但很快“复率猛士健仆,头笼碧纱,腰系皮垫,直抵山巅,登临天池”[⑩]。刘建封踏察长白山,

---

① 王鹤宾:《东北人物大辞典(第二卷)上册》,沈阳:辽宁古籍出版社,1996年,第475页。

② 刘建封撰,孙文采注:《长白山江岗志略》,长春:吉林文史出版社,1987年,第291页。

③ 刘建封撰,孙文采注:《长白山江岗志略》,长春:吉林文史出版社,1987年,第291页。

④ 安龙祯、孟昭秋:《刘大同集》,长春:吉林文史出版社,1993年,第337页。

⑤ 刘建封撰,孙文采注:《长白山江岗志略》,长春:吉林文史出版社,1987年,第290页。

⑥ 刘建封撰,孙文采注:《长白山江岗志略》,长春:吉林文史出版社,1987年,第291—292页。

⑦ 安龙祯、孟昭秋:《刘大同集》,长春:吉林文史出版社,1993年,第293页。

⑧ 刘建封撰,孙文采注:《长白山江岗志略》,长春:吉林文史出版社,1987年,第292页。

⑨ 中国人民政治协商会议山东省安丘市委员会学宣文史委员会:《安丘文史资料15》,安丘一中印刷厂印刷,1999年,第137页。

⑩ 刘自立、安龙祯、孟昭秋:《刘大同集》,长春:吉林文史出版社,1993年,第290页。

不畏艰险，每个地点都亲自踏查，力求详尽。其中的鸭绿江上游地区“陵谷崎岖，并无鸟道，实为人力所难通”[1]，刘建封竟走了三百三十多里才抵达。在第二次登临天池的过程中，刘建封记载道：“自沈阳至长白山东之红旗河，往返数千里，其艰险未有如此之甚者。”[2] 作为一个候补知县，他对踏察工作认真负责，一直到现在也被誉为“长白山地名普查的楷模”[3]，为后人所铭记。

这次考察长白山历时超过四个月，确定了奉吉两省界线、两次到达长白山天池并为长白十六峰命名、考明三江之源（鸭绿江、图们江、松花江）、发现了穆克登碑，同时还“调查葡萄山、圣水渠、小白山一带，始将国界地点了然于胸中，而不能为传言所混淆矣”[4]。在这次踏查长白山的之后还“兹特于所见所闻，聊以笔记，汇成一编，名曰《长白山江岗志略》”[5]。宣统元年（1909年）因“谙练边情，勤奋耐苦”[6] 而被荐为安图县第一任知县。

《长白山江岗志略》是刘建封大量勘测报告的副产品。其写作原因，刘建封在该书的“缘起”中表示：“于各篇‘报告’之余，独于白山之上，天池之旁，三岗之重峦叠嶂，三江之支派分流，以及草木鸟兽、沙石虫鱼之类，略而不载。聊以笔记，汇成一编，名曰《长白山江冈志略》，以补三百余年之缺典，为将来修东三省志者为一助，是所默祷。”[7]《长白山江岗志略》作为刘建封本人所做的长白山地区的踏查笔记，是为刘建封的心血精华，为了解长白山地区

---

① 刘建封撰，孙文采注：《长白山江岗志略》，长春：吉林文史出版社，1987年，第365页。

② 刘建封撰，孙文采注：《长白山江岗志略》，长春：吉林文史出版社，1987年，第315页。

③ 汪玢玲：《一部研究东北地方史志的珍贵资料——〈长白山江岗志略〉新序》，《吉林师范学院学报（哲学社会科学版）》1987年第2期。

④ 刘建封撰，孙文采注：《长白山江岗志略》，长春：吉林文史出版社，1987年，第292页。

⑤ 刘建封撰，孙文采注：《长白山江岗志略》，长春：吉林文史出版社，1987年，第293页。

⑥ 汪玢玲：《一部研究东北地方史志的珍贵资料——〈长白山江岗志略〉新序》，《吉林师范学院学报（哲学社会科学版）》1987年第2期。

⑦ 刘建封撰，孙文采注：《长白山江岗志略》，长春：吉林文史出版社，1987年，第293页。

自然资源、风土人情、民间传说、开发当地做出了不可替代的贡献。

三、《长白山江岗志略》内容、版本和体例

《长白山江岗志略》是在刘建封踏查长白山后三、四个月内成书的,[①] 全书十万多字,包括“序言”“缘起”“长白山记”和“长白山江岗志略”等部分,其中“长白山江岗志略”中有“穆石辨”文一篇,内容以随行笔记为基础,用时两个月完成。是最早的一本关于长白山的山水与风物志书,全书介绍了长白山地区二百四十多个地点,[②] 并为之命名,而且考证了大多数地名的来历、更替及含义,并阐述了命名的根据。内容涉及了长白山的历史文化、地理风貌、物产矿产、民间传说、省界国界、边疆纠纷等。

(一)历史和文化

长白山地区有着悠久的历史,“长白山古不咸山也,帝舜时为息慎氏所居,唐人名为徒太山,亦名为保太白山,《辽志》及《金史》始名为长白山”[③]。而长白山的历史最早可追溯至盘古,“汝所谓铁树者,乃铁珊瑚也。生山上者,为盘古所载”[④]。其后还有秦代、汉代、南北朝、唐代以及清朝先祖的历史遗迹存在,长白山主峰以东布库里山下,有池曰布尔湖里,俗名元池,传说有天女降池畔,“吞朱果生圣子,后为三姓贝勒,实我朝发祥之始”[⑤],刘建封在书中将红土山和圆池比作清朝先祖诞生地布库里山和布尔湖里,这在清代属首次[⑥]。长

① 安龙祯:《一位知县的壮举——长白山地名普查的楷模刘建封》,《延边大学学报(社会科学版)》1983年第4期。

② 孙文采:《不求一时荣,但求千秋誉——刘建封对长白山的勘察与开发》,《社会科学战线》1994年第6期。

③ 刘建封撰,孙文采注:《长白山江岗志略》,长春:吉林文史出版社,1987年,第297页。

④ 刘建封撰,孙文采注:《长白山江岗志略》,长春:吉林文史出版社,1987年,第327页。

⑤ 刘建封撰,孙文采注:《长白山江岗志略》,长春:吉林文史出版社,1987年,第339页。

⑥ 李花子:《清代长白山踏查活动及对三江源的记述》,《韩国研究论丛》2011年第1期。

白山地区的古迹逸闻，都表明当地有着丰富的历史文化，同时也证明此地各民族在历史上与中原有着千丝万缕的联系，是中华民族不可分割的一部分。

（二）地理条件

在描述长白山历史之外，刘建封在书中着重陈述了长白山地区的独特地貌。“按长白山出自东北海隅，其中干为合欢岭，为大林秸垛山。南行为孝子山，为义埠。折而西为龙山，又西南为长岭。湾而东北为鸡冠山，插入天池，是为长白山。”① “山上土少沙多，中有天池，环池多奇峰。其气象之雄厚，山势之峥嵘，实为东半岛第一名山，我朝发祥之主峰也。”② 长白山上有天池，“天池在长白山巅为中心点，群峰环抱，西南东北长约二十九里，池之中，水性甘冽，碧净无尘，冬不结冰，夏不浮萍。”③ “池水四围，白沙环绕，绉纹如线。”④ 此外又对天池周围的十六座山峰予以命名。而刘建封前后两次下临天池，第一次是于 1908 年 6 月 28 日，当时“天气忽阴忽晴，雾起，眼前无一物所见”⑤。十天后，即 1908 年 7 月 7 日，刘建封不畏艰险，率人再登山顶，并命名天池十六峰，同时兼测白山天池之高深。⑥

刘建封还通过实地踏查，查明了松花、图们和鸭绿三江的源头所在。松花江“实为三江之冠”⑦，有南北两个源头，分别“周长白山左右”，其中北源水

---

① 刘建封撰，孙文采注：《长白山江岗志略》，长春：吉林文史出版社，1987 年，第 300 页。

② 刘建封撰，孙文采注：《长白山江岗志略》，长春：吉林文史出版社，1987 年，第 297 页。

③ 刘建封撰，孙文采注：《长白山江岗志略》，长春：吉林文史出版社，1987 年，第 304—305 页。

④ 刘建封撰，孙文采注：《长白山江岗志略》，长春：吉林文史出版社，1987 年，第 307 页。

⑤ 刘建封撰，孙文采注：《长白山江岗志略》，长春：吉林文史出版社，1987 年，第 307 页。

⑥ 孙文采：《不求一时荣，但求千秋誉——刘建封对长白山的勘察与开发》，《社会科学战线》1994 年第 6 期。

⑦ 刘建封撰，孙文采注：《长白山江岗志略》，长春：吉林文史出版社，1987 年，第 360 页。

出自天池，“曰乘槎河，实松花江之正源也”①。鸭绿江“江水西南流，长约千三百里”②。刘建峰三次踏查其源头，并弄清了每段流域的里程和流向。③ 还弄清了图们江的位置和流向，“大浪河，东与红丹河合流处，始名图们”。“东北流经二所、三所、长派各个地方，折而东南流，成半圆形，至珲春城南，又东经韩界庆兴府东北之西罗水地方，入于海。”④

刘建封的踏查使长白山原本比较繁复的山脉、水系关系变得简单明了，⑤为了解当地情况提供了可供参考的依据。

（三）物产和矿产

刘建封在书中还注意到长白山地区具有的丰富的动物、植物等物产和形形色色的矿产资源，并大量记载了这些资源的情况。

长白山地区有大量鸟类、兽类及鱼类等动物栖息。鸟类有大头鸟和四翼鸟等，“山产大头鸟。嘴短毛白，身长三寸，惟头大于身。山产四翼鸟。头圆尾细，前两翼长，后两翼短，淡黄色，形同蛱蝶，声似黄鹂。人有见其雄雌双飞者”⑥。此外还有金鸡、白鹤、野鹤、海燕、孔雀、蝙蝠、飞鼠数十余种禽类。⑦ 兽类富产虎、熊、鹿、貂等。“熊虎沟，为熊虎相斗之处。”⑧ 熊胆有铜、

① 刘建封撰，孙文采注：《长白山江岗志略》，长春：吉林文史出版社，1987 年，第 355 页。

② 刘建封撰，孙文采注：《长白山江岗志略》，长春：吉林文史出版社，1987 年，第 362 页。

③ 刘建封撰，孙文采注：《长白山江岗志略》，长春：吉林文史出版社，1987 年，第 365 页。

④ 刘建封撰，孙文采注：《长白山江岗志略》，长春：吉林文史出版社，1987 年，第 367 页。

⑤ 李花子：《清代长白山踏查活动及对三江源的记述》，《韩国研究论丛》2011 年第 1 期。

⑥ 刘建封撰，孙文采注：《长白山江岗志略》，长春：吉林文史出版社，1987 年，第 298 页。

⑦ 张钧、张弛：《刘建封与〈长白山江岗志略〉》，《图书馆学研究》1992 年第 6 期。

⑧ 刘建封撰，孙文采注：《长白山江岗志略》，长春：吉林文史出版社，1987 年，第 348 页。

铁、草之分，铜胆呈金黄色，为上乘；铁胆、草胆次之。[①]“鹿颇多，有花鹿、马鹿、燕脖之分，猎者有打胎、打茸、打尾之别。”[②] 其胎、茸、尾皆珍品。“貂有白板、紫鞹、花板、油红、亮青、豆青、大黑、金膝、老干等名。每年或得十数张至二三十张不等。”[③] 此外还有獐狍、紫貂、黑毛兽、三足兽等百余种。长白山地区有富儿、松香、二道白等河，“见水中火光点点，按火光探采，果得蛤蚌，视之皆珠，大者如鸽卵”[④]。“双脊鱼，色紫无鳞，背双脊，尾亦双尖。”[⑤] 另外还有白缝、鲫鱼等十数种。[⑥] 鸭绿江上游的暖江“源出大旱河。又南与葡萄河合流，即名鸭绿，产鲋鱼、细鳞”[⑦]。

富产的植物主要有人参、黄芪等。天池附近的人参“龙爪、跨海、牛尾、菱角、金蟾、闹虾、雀头、单跨、双胎各种俱全”[⑧]。光绪元年（1875 年），一山民在富儿岭发现的一芪高数丈，“万金易售也”[⑨]。

此外，在长白山石庙子、夹皮沟、金厂岭、大滩坪、二十四道沟地区产金，其中牡丹岭金尤多，“满地金屑，大者如豆”[⑩]，二道沟等地产银。此外，

---

① 刘建封撰，孙文采注：《长白山江岗志略》，长春：吉林文史出版社，1987 年，第 399 页。

② 刘建封撰，孙文采注：《长白山江岗志略》，长春：吉林文史出版社，1987 年，第 342 页。

③ 刘建封撰，孙文采注：《长白山江岗志略》，长春：吉林文史出版社，1987 年，第 329 页。

④ 刘建封撰，孙文采注：《长白山江岗志略》，长春：吉林文史出版社，1987 年，第 347 页。

⑤ 刘建封撰，孙文采注：《长白山江岗志略》，长春：吉林文史出版社，1987 年，第 298 页。

⑥ 张钧、张弛：《刘建封与〈长白山江岗志略〉》，《图书馆学研究》1992 年第 6 期。

⑦ 刘建封撰，孙文采注：《长白山江岗志略》，长春：吉林文史出版社，1987 年，第 361 页。

⑧ 刘建封撰，孙文采注：《长白山江岗志略》，长春：吉林文史出版社，1987 年，第 322 页。

⑨ 刘建封撰，孙文采注：《长白山江岗志略》，长春：吉林文史出版社，1987 年，第 420 页。

⑩ 刘建封撰，孙文采注：《长白山江岗志略》，长春：吉林文史出版社，1987 年，第 418 页。

十五道沟西北入鸭绿江产白金、万宝岗东南距长白府八里产铁、白山西南汤泉沟产煤，长白山暖泉在二道白河上游，河边出数泉，水暖可浴、产硫磺。[①]

（四）传说和风土

《志略》中记载了长白山当地的大量传说，展示了长白山地区精神领域的某些侧面[②]。比如韩人朴不完的凿地球传说[③]、山市传说[④]、东野遇读书老者传说[⑤]、巨人传说[⑥]等，有一些还有一定的科学价值。

在传说之外，《志略》还有一些记载对当地的风土人情有直接描绘。“漫江江边多肥沃之田。男人在田间耕作，妇女在江边洗衣。周围数百里外，毫无人烟。所谓‘走过大荒三百里，居然此处有桃源。’”[⑦] 凸显长白山独特的人文景观。

（五）边界事务

长白山地理位置重要，实为奉、吉、江三省之大门户，[⑧] 极易为列强染指。“中俄界碑，曾被俄人暗移。（土人云，由依马河北移至蚂蚁河南，暗侵中国领土1800余里。）图们江下游北岸，物产富饶，田皆膏腴，日韩垂涎已久，

---

① 刘建封撰，孙文采注：《长白山江岗志略》，长春：吉林文史出版社，1987年，第387—420页。

② 陶勉：《清代封祭长白山与派员踏查长白山》，《中国边疆史地研究》1996年第3期。

③ 刘建封撰，孙文采注：《长白山江岗志略》，长春：吉林文史出版社，1987年，第337页。

④ 刘建封撰，孙文采注：《长白山江岗志略》，长春：吉林文史出版社，1987年，第298页。

⑤ 刘建封撰，孙文采注：《长白山江岗志略》，长春：吉林文史出版社，1987年，第410页。

⑥ 刘建封撰，孙文采注：《长白山江岗志略》，长春：吉林文史出版社，1987年，第341页。

⑦ 刘建封撰，孙文采注：《长白山江岗志略》，长春：吉林文史出版社，1987年，第351页。

⑧ 张钧、张弛：《刘建封与〈长白山江岗志略〉》，《图书馆学研究》1992年第6期。

故先毁界碑以灭其迹。”① 日人以保护韩人为理由，为达到扩大其势力范围，先毁界碑，“又捏名间岛，以乱人意，其存心叵测，妇孺皆知”②。提醒世人要有警惕。

刘建封肩负朝廷的重托与黎民的厚望，有意在葡萄山遍查被韩人所毁中韩十字界碑的原址，虽然未得如愿，但是在长白山南找到了穆克登碑。“穆石见于长白山南，实我国不幸中之一大幸也。”③ 从而明确大浪河、圣水渠二水分流，为中韩国界。④

刘建封虽然出色地完成了踏查长白山的历史使命，但他却深感事犹未竟，“以我郊岐重地，竟任其信口雌黄，借以狡赖，有是理乎”⑤？并在书中提出了解决问题的建议，“倘使鸭、图两江以上，设官治民，平时加以教练，则生聚十年，训练十年，吾知日韩不敢北下而牧马，俄占自将完璧以还我。长白山为南北满政治之关键，盖可忽乎哉”⑥！

刘建封《长白山江岗志略》中记录了长白山地区的方方面面，揭开了她的神秘面纱，这不仅在当时具有重要的现实意义，对于今天更有不可忽视的历史价值。

对于其现存最早的版本，即民国初的铅印本的现存情况，国家图书馆藏有2012年全国图书馆文献缩微中心缩印的缩微版，另吉林省图书馆特藏部藏有1988年财政部印刷局据民国初的铅印本扫描的影印本。最新的版本是1987年，由吉林文史出版社出版的《长白丛书》系列，该书吉林师范学院李澍田主编，

---

① 刘建封撰，孙文采注：《长白山江岗志略》，长春：吉林文史出版社，1987年，第377页。

② 刘建封撰，孙文采注：《长白山江岗志略》，长春：吉林文史出版社，1987年，第377页。

③ 刘建封撰，孙文采注：《长白山江岗志略》，长春：吉林文史出版社，1987年，第381页。

④ 张钧、张弛：《刘建封与〈长白山江岗志略〉》，《图书馆学研究》1992年第6期。

⑤ 刘建封撰，孙文采注：《长白山江岗志略》，长春：吉林文史出版社，1987年，第376页。

⑥ 刘建封撰，孙文采注：《长白山江岗志略》，长春：吉林文史出版社，1987年，第295页。

由通化师范学院孙文采点校，并和张凤台等撰的《长白汇征录》及《长白设治兼勘分奉吉界线书》三书合订一本，共同出版成书。此版本流通较广，但是该版本也存在一些缺漏，如原书中重要的《长白山天池附近形势一览图》并没有附于书中。

《长白山江岗志略》全书十万多字，体例包括“序言”“缘起”“长白山记”及“长白山江岗志略”四个部分，其中在“长白山江岗志略”部分中夹有“穆石辨”一文，应是为了陈述长白山地区国界线问题而专门载入的。由“缘起”部分的记载：“（于各篇）前作已于报告书中详细呈明，独于白山之上，天池之旁，三岗之重峦叠嶂，三江之支派分流，以及草木鸟兽、沙石虫鱼之类，略而不载”①，以为遗憾，于是再作《志略》一书，表明其写作《长白山江岗志略》的起因是想把呈递给朝廷的报告书以外的笔记内容汇总成书，是各项报告的副产品，② 以向国人展示长白山地区的全貌。

四、学界研究现状

刘建封《长白山江岗志略》填补了历史的空白，在长白山的相关研究中是不可缺少的史料，已经引起学术界的重视。

统计学界的相关研究，直接涉及刘建封《长白山江岗志略》的论文有近二十篇，间接提及的有几十篇，这表明对该书的使用还不够充分，仍有深入挖掘的空间。对《长白山江岗志略》的相关内容涉及最早的是安龙祯《一位知县的壮举——长白山地名普查的楷模刘建封》③ 认为其是刘建封在对长白山地区实地踏查三、四个月后成书的，作者从地名研究的角度出发，指出其对长白山地区的动植物和矿产等资源的探索，以及大量地点的地名来历、更替及含义、命名的根据等具有极高的价值，是一部完整的长白山地名志书。汪玢玲《一部研

① 刘建封撰，孙文采注：《长白山江岗志略》，长春：吉林文史出版社，1987 年，第 292 页。

② 汪玢玲：《一部研究东北地方史志的珍贵资料——〈长白山江岗志略〉新序》，《吉林师范学院学报（哲学社会科学版）》1987 年第 2 期。

③ 安龙祯：《一位知县的壮举——长白山地名普查的楷模刘建封》，《延边大学学报（社会科学版）》1983 年第 4 期。

究东北地方史志的珍贵资料——〈长白山江岗志略〉新序》[①] 认为《长白山江岗志略》是刘建封踏查长白山报告的副产品，其撰写不受官样文章限制，一些内容还蕴含一定的科学价值，体现出强烈的爱国情操。张钧与张弛《刘建封与〈长白山江岗志略〉》[②] 对书中的内容做了分类叙述，并认为该书为一部具有丰富史料价值的古籍。孙文采《不求一时荣　但求千秋誉——刘建封对长白山的勘查与开发》[③] 认为刘建封表现出来的坚强毅力可供后人借鉴，而《志略》本身作为第一部长白山地志，可与《山海经》《水经注》相媲美。陶勉《清代封祭长白山与派员踏查长白山》[④] 其从历史背景的分析入手，对刘建封踏查长白山做了全面考察，认为踏查本身包括长白山地区的物产资源、疆域划分等经济、政治方面和民间传说等精神领域的内容，填补了历史的空白。李花子《清代长白山踏查活动及对三江源的记述》[⑤] 引用了一些《长白山江岗志略》的记载原文，并附上书中原图予以显示，认为他的踏查和命名使得天池十六峰及松花江水系使得分辨变得清晰，同时对中朝国界的确定、抵制日本的侵略也有积极意义。安龙祯《试谈长白山文化的渊源与发展》[⑥] 引用《长白山江岗志略》的原文来论述长白山的重要性，并提及刘建封对长白山的踏查及《长白山江岗志略》的成书过程，认为该书是拥有极高史料价值的科学著作。王猛[⑦]与其类似。

此外，还有一些论文在研究刘建封本人及其他作品中，对《长白山江岗志

---

① 汪玢玲：《一部研究东北地方史志的珍贵资料——〈长白山江岗志略〉新序》，《吉林师范学院学报（哲学社会科学版）》1987 年第 2 期。

② 张钧、张弛：《刘建封与〈长白山江岗志略〉》，《图书馆学研究》1992 年第 6 期。

③ 孙文采：《不求一时荣，但求千秋誉——刘建封对长白山的勘察与开发》，《社会科学战线》1994 年第 6 期。

④ 陶勉：《清代封祭长白山与派员踏查长白山》，《中国边疆史地研究》1996 年第 3 期。

⑤ 李花子：《清代长白山踏查活动及对三江源的记述》，《韩国研究论丛》2011 年第 1 期。

⑥ 安龙祯：《试谈长白山文化的渊源与发展》，《东疆学刊》2006 年第 1 期。

⑦ 王猛：《此处居然有桃源——〈长白山江冈志略〉展现长白山原始风情》，《东北史地》2008 年第 5 期。

略》有所提及。耿铁华《〈白山纪咏〉中的历史文化信息》① 以刘建封踏查长白山的另一部作品《白山纪咏》为研究对象，对其诗句中所记录的关于长白山等分类进行整理与研究，对于研究《志略》具有一定的参考价值。曹保明《走进百年记忆，抢救挖掘长白山非物质文化遗产》② 从记忆地理的研究方法入手，将《长白山江岗志略》的写作方法概括为按时间顺序把经过和感受清晰地记录下来，并认为该书的记忆方法有听说部分和亲眼所见部分两种，具有一定的传承性。张福有《刘建封踏查长白山的行径路线、主要成果及历史意义》③ 按照《长白山江岗志略》的记载，对刘建封当年的踏查路线的记载做了清晰的梳理，并对参加踏查的人员、时间和成果做了总结。在论文之外，还有一些报纸文章也涉及对《长白山江岗志略》的探讨。施立学《山转水回现民俗——重读刘建封〈江岗志略〉》④ 认为该书在山水文化、集市贸易、奇珍异兽等方面具有鲜明的特点。陈福顺与孙文采《刘建封四次勘测长白山》⑤ 认为刘建封著《长白山江岗志略》可能是三次勘测长白山的结果，并非是 1908 年第一次勘测之后即著成。

在一些著作中，还有专门探讨刘建封个人的贡献。李澍田主编、刘自力等整理的《刘大同集》⑥ 不仅收录了刘建封的诗集、文章、书法、画稿、摄影等作品，还包括《长白山灵迹全影》，弥补了缺漏。并从刘建封个人生平记事角度出发，肯定了刘建封《长白山江岗志略》在填补历史空白上的重要贡献。其中的缪志明《刘公桐阶卓行碑》赞颂与追忆了刘建峰的生平。刘建封传评编委会曾编《刘建封传评》⑦ 一书，主要以时间为顺序，对刘建封踏查长白山、安

---

① 耿铁华：《〈白山纪咏〉中的历史文化信息》，《东北史地》2008 年第 5 期。

② 曹保明：《走进百年记忆，抢救挖掘长白山非物质文化遗产》，《东北史地》2008 年第 5 期。

③ 张福有：《刘建封踏查长白山的行径路线、主要成果及历史意义》，《社会科学战线》2008 年第 11 期。

④ 施立学：《山转水回现民俗——重读刘建封〈江岗志略〉》，《吉林日报》2002 年 10 月 27 日。

⑤ 陈福顺、孙文采：《刘建封四次勘测长白山》，《吉林日报》2008 年 6 月 28 日。

⑥ 刘自立、安龙祯、孟昭秋：《刘大同集》，长春：吉林文史出版社，1993 年。

⑦ 《刘建封评传》编委会：《刘建封评传》，北京：中国文史出版社，2007 年。

图县诸多建树、诗画书法创作、玉和砚的收藏、刘建封家谱、葬礼主持人等分别做了介绍。张福有主编的论文集《长白山文化论丛》① 和《百年苦旅》②，分别是在刘建封逝世50周年和踏查长白山100周年而出版发行，书中对刘建封的作品和历史贡献做了梳理和总结，袁义③、吴文昌④和王珉⑤在论文中也做了类似的探讨。《安丘文史资料（第15辑）》⑥ 收录了刘建封的作品和探讨《长白山江岗志略》的论文，为全面、真实了解刘建封提供了充足的材料。

还有一些专门研究刘建封踏查长白山、担任安图县知县、参加革命和文化教育等的论文，主要有张乐圣《刘知县成为民主革命先驱》⑦、文楚《刘大同传奇一生》⑧、宫健泽、聂翔雁《刘建封与长白山》⑨、刘自力《怀念老爷爷刘建封》⑩ 蒋成义《刘建封与牙湖晚钓》⑪ 和刘禹、梁琴《刘建峰精神述略》⑫ 等。另有一些从书法和人参文化、命名情况及对安图的林业发展探讨了刘建封，如皮福生《刘建封书法艺术探微》⑬、陈福顺、孙玲玲《论清末民初刘建封对安图林业发展的贡献》⑭、金凤杰等《刘建封——长白山人参故事的第一

---

① 张福有：《长白山文化论丛》，长春：时代文艺出版社，2003年。

② 张福有：《百年苦旅》，长春：吉林人民出版社，2009年。

③ 袁义：《长白山世纪名印——“天地钓叟”》，《学问》2002年第10期。

④ 吴文昌：《开拓传承长白山文化的历史壮举》，《东北史地》2009年第4期。

⑤ 王珉：《积极从学术上推进长白山文化研究》，《东北史地》2009年第6期。

⑥ 中国人民政治协商会议山东省安丘市委员会学宣文史委员会：《安丘文史资料15》，安丘一中印刷厂印刷，1999年。

⑦ 张乐圣：《刘知县成为民主革命先驱》，《春秋》1995年第6期。

⑧ 文楚：《刘大同传奇一生》，《档案与史学》1996年第5期。

⑨ 宫健泽、聂翔雁：《刘建封与长白山》，《北华大学学报（哲学社会科学版）》2002年第2期。

⑩ 刘自力：《怀念老爷爷刘建封》，《学问》2002年第10期。

⑪ 蒋成义：《刘建封与牙湖晚钓》，《东北史地》2007年第2期。

⑫ 刘禹、梁琴：《刘建峰精神述略》，《东北史地》2009年第4期。

⑬ 皮福生：《刘建封书法艺术探微》，《学问》2002年第10期。

⑭ 陈福顺、孙玲玲：《论清末民初刘建封对安图林业发展的贡献》，《通化师范学院学报》2005年第5期。

搜集人》[1]、张波等《辽东人参、全球称最——刘建封与人参文化》[2] 和韩成权《刘建封与长白山十六峰命名》[3] 等。

此外，徐学毅《乘槎河的由来与考辨》[4]、安龙祯《长白山的五道坡口与八大绿洲》[5]、张福有《白山纪咏并注》[6]、王纯信《长白山漫江木屋探查、研究与保护》[7] 和李东日《安图县别名考及其文化意义》[8] 等在探讨长白山地区的发展时引用了《长白山江岗志略》的相关内容。

五、《长白山江岗志略》的贡献和价值

刘建封《长白山江岗志略》是历史上首次全面踏查长白山地区，并周行鸭绿、图们、松花三江之源，对当地的命名使地理方位清晰明了，“（天池十六峰）大者有六，曰白云，曰冠冕，曰芝盘。小者有十，曰玉柱，曰云梯，曰锦屏。”[9] 刘建封的命名总共有二百四十多个[10]，全书则以千计[11]。这些地名的命

---

① 金凤杰等：《刘建封——长白山人参故事的第一搜集人》，《人参研究》2007 年第 3 期。

② 张波等：《辽东人参、全球称最——刘建封与人参文化》，《人参研究》2009 年第 2 期。

③ 韩成权：《刘建封与长白山十六峰命名》，《黑龙江史志》2014 年第 17 期。

④ 徐学毅：《乘槎河的由来与考辨》，《学问》2001 年第 11 期。

⑤ 安龙祯：《长白山的五道坡口与八大绿洲》，《东北史地》2004 年第 2 期。

⑥ 刘建封作、张福有续：《白山纪咏并注》，《东北史地》2008 年第 5 期。

⑦ 王纯信：《长白山漫江木屋探查、研究与保护》，《通化师范学院学报》2013 年第 3 期。

⑧ 李东日：《安图县别名考及其文化意义》，《黑龙江史志》2013 年第 19 期。

⑨ 刘建封撰，孙文采注：《长白山江岗志略》，长春：吉林文史出版社，1987 年，第 297 页。

⑩ 安龙祯：《一位知县的壮举——长白山地名普查的楷模刘建封》，《延边大学学报（社会科学版）》1983 年第 4 期。

⑪ 汪玢玲：《一部研究东北地方史志的珍贵资料——〈长白山江岗志略〉新序》，《吉林师范学院学报（哲学社会科学版）》1987 年第 2 期。

名方法主要是根据山川形状象形、动植物特产和神话传说等，① 而其对天池十六峰及松花江西源的命名得以为后世所沿用，② 可谓影响深远。

刘建封作为一名奉天省的候补知县，在清末东北地区内外交困的情况下，不畏艰险，勇敢担负起踏查长白山的重任，其爱国奉献的精神昭然！刘建封不仅先后四次勘察长白山地区，查明山川与河流，还在书中对俄人威尼古氏的松花、鸭绿和图们三江之源在长白山最高峰的峰顶，和日人的长白山顶峰上为平坦高原③等错误观点予以批驳，为长白山的地理普查及山川命名作出了卓越的贡献，是长白山地名普查的楷模。④ 他将踏查笔记汇总成为《长白山江岗志略》，行文不受官样文章限制，并在字里行间中体现出了强烈的忧患意识和爱国主义精神，书中的一些民间传说和奇闻怪事，还对于现代科学研究有借鉴作用。这是迄今为止，最早的一本具有爱国主义思想、记述全面的，关于长白山的山水志书和风物传说集，⑤ 包括长白山地区的自然风貌、物产资源、疆域划分等经济与政治的内容，更包括精神领域的某些侧面。⑥ 刘建峰及其《长白山江岗志略》首次揭开了长白山这座“神山圣地”的神秘面纱，查清了鸭绿、松花和图们三江的源头，填补了清代三百年左右的历史空白。为研究长白山留下了一整套珍贵的史料，功在当代，利在千秋。

---

① 安龙祯：《一位知县的壮举——长白山地名普查的楷模刘建封》，《延边大学学报（社会科学版）》1983 年第 4 期。

② 李花子：《清代长白山踏查活动及对三江源的记述》，《韩国研究论丛》2011 年第 1 期。

③ 刘建封撰，孙文采注：《长白山江岗志略》，长春：吉林文史出版社，1987 年，第 301 页。

④ 安龙祯：《一位知县的壮举——长白山地名普查的楷模刘建封》，《延边大学学报（社会科学版）》1983 年第 4 期。

⑤ 汪玢玲：《一部研究东北地方史志的珍贵资料——〈长白山江岗志略〉新序》，《吉林师范学院学报（哲学社会科学版）》1987 年第 2 期。

⑥ 陶勉：《清代封祭长白山与派员踏查长白山》，《中国边疆史地研究》1996 年第 3 期。

第八章　辽东舆地必读之作

——曹廷杰《东三省舆地图说》记

《东三省舆地图说》是清末边疆史地研究的重要著作，成书于1887年。作者曹廷杰（1850年—1926年），字彝卿，号楚训，湖北枝江人。同治十三年（1874）入北京国史馆做汉誊录。光绪九年（1883）到吉林，在靖边军后路营中办理边务文案，于光绪十五年（1889）离开吉林。甲午战后，曹廷杰奉命复返东北，历任吉林边务文案总理、呼兰木税局总理、吉林知府、吉林劝业道道员、代理蒙务处协理等职。① 1920年离开吉林返回故里。1926年夏，病逝于返回东北的途中。

一、曹廷杰在吉林

19世纪70至80年代，沙俄陈兵乌苏里江，妄图入侵东北。清廷被迫在吉林三姓、宁古塔、珲春等战略险要加强防务。曹廷杰就在这样的历史背景下投身东北边防的，在重镇三姓任职期间，他积极投入对东北边疆史地的研究，利用“公余暇日”积极学习，“凡东三省地理险要与夫古人用兵成迹有关于今日防务者”②，无不详细考证，还大量进行实地考察。1884年冬至1885年4月，曹廷杰将所探访得到的资料先后编撰成《古迹考》与《东北边防辑要》两书初稿。《古迹考》系作者实地探查东北各地考古成果的汇集，后收入《东三省舆地图说》。

光绪十一年（1885）三月，吉林边务文案处通知宁古塔、三姓、珲春等地

① 兴夫、德标：《爱国学者曹廷杰》，《黑龙江史志》2002年第2期。

② 丛佩远，赵鸣岐：《曹廷杰集》前言，北京：中华书局，1985年，第2页。

防军加强边防，并要求派出得力人员深入俄境密探俄情，曹廷杰通过后路马步全军副将葛胜林的举荐，率领人员“轻骑减从，改装易服，佯作商贾”[①] 前往俄境调查敌情。光绪十一年（1885）四月二十七日，曹廷杰等进入俄境勘察，同年十月，曹廷杰将沿途所见所闻按条目整理，共计一百一十八条，并他亲手绘制地图七幅，编成《西伯利东偏纪要》一书，上呈吉林将军希元，后经希元从《西伯利东偏纪要》中摘出八十五条咨送军处备查，又摘最重要的三十五条送呈御览，并与黑龙江将军依克唐阿联名保奏曹廷杰进京向朝廷“面陈俄情”[②]，其面陈之内容即《条陈十六事》。

二、《东三省舆地图说》的贡献

光绪十三年（1887），曹廷杰在《古迹考》的基础上，又加入了《条陈十六事》《查看俄员勘办铁路禀》等多篇文章，出版了《东三省舆地图说》一书。其书正文五十四篇，[③] 包括《国初征服吉江二省各部考》《中俄东边界段说》《吉江二省旧地现属俄国东海滨省各处屯站数目》《窝稽说》《二圣墓说》《长白山说》《冷山考》《挹娄国、越喜国考》《黑水部考》《开元开原辨》《怀德县即信州考》《八面城即韩州考》《石碑岭说》《扶馀府、黄龙府、夫馀路、扶馀国考》《得胜陀碑说》《得胜陀瘗碑记》《金会宁府考》（海古勒、白城附）《渤海建国地方考》《肃慎国考》《阿卜湖考》《牡丹江考》《五国城考》《伯利考》《率宾国即绥芬河双城子地方考》《穆棱河即慕棱水说》《断牛说》《嫩江、陀喇河、喀鲁伦河、黑龙江考》（附临潢府考、长春州考）《赏乌绫说》《使犬部说》《赫哲喀喇说》《额登喀喇说》《贡貂诸部说》《传达里、济喇敏说》《济勒弥说》《特林碑说》（之一、之二）《库叶岛说》《虾夷岛说》《库叶岛考》《对马岛说》

---

① 杨旸主编：《明代东北疆域研究》，长春：吉林人民出版社，2008 年，第 245—253 页。

② 曹廷杰：《东三省舆地图说》，于逢春，厉声主编：《中国边疆研究文库·初编》东北边疆卷二，《东北边防辑要西伯利东偏纪要东三省舆地图说（外五种）》，哈尔滨：黑龙江教育出版社，2014 年，第 207 页。

③ 曹廷杰：《东三省舆地图说》，于逢春，厉声主编：《中国边疆研究文库·初编》东北边疆卷二，《东北边防辑要西伯利东偏纪要东三省舆地图说（外五种）》，哈尔滨：黑龙江教育出版社，2014 年，第 169—233 页。

《济州岛说》《郁陵岛说》《鸭绿江、佟佳江、高句丽、高丽考》（建国地方附）《辽水考》《松花江》《水陆险要》《电线兼驿》《驿》《威海》《烟台》《杂说十二条》《附录》（《条陈十六事》《查看俄员勘办铁路禀》）等，另有《补注图说》《考定里数》《图例》和希元的《题〈补注图说〉后》《图说正讹》以及《胡思敬戊申跋》等六篇，共计六十篇，近四万字。收录了曹廷杰有关东北地理、考古、民族等方面的学术札记，是一部学术价值很高的专著。[①] 全书内容可归纳为历史考证、地理考订和中俄形势分析三大部分。

（一）历史考证

曹廷杰十分重视历史问题的考证，同时又把历史和地理沿革及对当时形势的分析结合起来，这是他在学术上的创见。如《国初征服吉江二省各部考》[②]是从满族发祥地鄂多哩城的地理位置写起，然后考证先后被建州女真征服的各部名称及其所在地，历史研究与地理考订巧妙的结合。《渤海建国地方考》[③]则主要考证历史地理，其中记述渤海国历史的内容要多于地理。《嫩江、陀喇河、喀鲁伦河、黑龙江考》[④] 除了对四条河的位置、流向进行考证外，还叙述了生活在这些河流域的历史民族和及其建政权的更替等。

《贡貂诸部说》和《赏乌绫说》内容十分全面，对于东北地方政治史、经济史、民族史都有很高的参考价值。曹廷杰在《贡貂诸部说》中考证出："居宁古塔东北三千里。又有使鹿鄂伦春、使马鄂伦春二部，又索伦、毕喇尔、都喇尔、打狐狸各部，皆分见于官书图说，特部落远近未尽翔实。至混同江口之济勒弥及库叶岛中之库页、雅丹、嵩阔洛、社瓦狼（社瓦狼部落亦呼休文禄）

① 马大正：《东三省舆地图说》，《中国边疆史地研究》1993 年第 3 期。

② 曹廷杰：《东三省舆地图说》，于逢春，厉声主编：《中国边疆研究文库·初编》东北边疆卷二，《东北边防辑要西伯利东偏纪要东三省舆地图说（外五种）》，哈尔滨：黑龙江教育出版社，2014 年，第 176 页。

③ 曹廷杰：《东三省舆地图说》，于逢春，厉声主编：《中国边疆研究文库·初编》东北边疆卷二，《东北边防辑要西伯利东偏纪要东三省舆地图说（外五种）》，哈尔滨：黑龙江教育出版社，2014 年，第 190 页。

④ 曹廷杰：《东三省舆地图说》，于逢春，厉声主编：《中国边疆研究文库·初编》东北边疆卷二，《东北边防辑要西伯利东偏纪要东三省舆地图说（外五种）》，哈尔滨：黑龙江教育出版社，2014 年，第 195 页。

五部，则从未见诸记载。”[①] 此可谓历史考证、地理考订、形势分析浑然一体，堪称杰作。《黑水部考》作者则根据《太平寰宇记》及本人的实地考察，确定了古黑水部落的历史渊源及大概活动区域。

（二）地理考订

曹廷杰在《东三省舆地图说》中对诸多地理问题进行了考订，通过对古今地名的演变、语言文字的转译、居民迁徙带来的地名变化等因素的分析，最后得出结论，而且绝大部分考证工作均是为他分析当时形势、解决当时外交事务中出现的现实问题服务的。

《中俄东边界段说》、《吉江二省旧地现属俄国东海滨省各处屯站数目》是为解决中俄边界纠纷而作的，仅用四百余字就说明了二百年来中俄边界的历史问题，甚至被沙俄强盗侵占去的中国领土上的屯站数目，均一一记述，是沙俄侵略中国的铁证。

《长白山说》《冷山考》《怀德县即信州考》《八面城即韩州考》《开元开原辨》《扶馀府、黄龙府、夫馀路、扶馀国考》《穆棱河即慕棱水说》《阿卜湖考》《牡丹江考》《伯利考》等篇，或是从地名沿革立说，或是辨伪正名，或是考订古地名在今何地，或是考订今地名古为何地，均为地理考订的典范之作，有据有理，史料价值极高。

《窝稽说》称：“今辽水东北尽海滨诸地，凡林木丛杂，夏多哈汤，人马难以通行之处，皆称窝稽，亦曰乌稽，亦曰渥集、阿集。知两汉之沃沮，南北朝之勿吉，隋唐之靺鞨，皆指此也。”[②] 文中曹廷杰通过音译的方法，将“窝稽”一词同“沃沮”“勿吉”等专有名词联系起来，其研究方法是很有见地的。

《二圣墓说》和《五国城考》是为了考证宋徽宗赵佶死地和葬地的历史疑案而作。曹廷杰翻阅了多部史籍，并且亲自到了“二圣墓”以及张广才岭的

---

① 曹廷杰：《东三省舆地图说》，于逢春，厉声主编：《中国边疆研究文库·初编》东北边疆卷二，《东北边防辑要西伯利东偏纪要东三省舆地图说（外五种）》，哈尔滨：黑龙江教育出版社，2014 年，第 200 页。

② 曹廷杰：《东三省舆地图说》，于逢春，厉声主编：《中国边疆研究文库·初编》东北边疆卷二，《东北边防辑要西伯利东偏纪要东三省舆地图说（外五种）》，哈尔滨：黑龙江教育出版社，2014 年，第 177 页。

“金人令宋人修治以奔丧”的大道，证明了“‘二圣墓’即二圣所葬之处者，可以征信不疑”①，为日后学者研究这个历史问题提供了新的线索。

《渤海建国地方考》从渤海民族族源问题谈到渤海国的历史和五京十六府的方位距离，结合考古资料推论考订，具有新意。

《率宾国即绥芬河双城子地方考》篇所作的考订，已为后来陆续出土的考古文物所证实，今苏联的乌苏里斯克即金王朝国中之国的率宾国治所。

《辽水考》《松花江》《嫩江、陀喇河、喀鲁伦河、黑龙江考》《鸭绿江、佟佳江、高句丽、高丽考》等篇，考订了辽水、松花江、嫩江、陀喇河，喀鲁伦河、黑龙江、鸭绿江与佟佳江等河流的流向及地理位置。《库叶岛说》《虾夷岛说》《库叶岛考》《对马岛说》《济州岛说》《郁陵岛说》等篇则考订了库叶、虾夷、对马、济州、郁陵等海上岛屿的位置及战略价值，这些河流与海上岛屿的考证研究都与未来抗击沙俄的战略部署有关。

《使犬部说》《赫哲喀喇说》《济勒弥说》《传达里、济喇敏说》《额登喀喇说》等篇，是作者亲自考察黑龙江中下游地区，记录了各土著民族的基本情况。

《断牛说》结合《西伯利东偏纪要》有关内容进行考证，可纳入今天的民族考古学的范畴。

《水陆险要》《电线兼驿》《驿》《威海》《烟台》《杂说十二条》等篇记述了东北地区的江海险要港口、陆上重要城镇、驿站路线、地名及作者的一些见闻，对日后战事有参考作用。

（三）国内外形势分析

《条陈十六事》与《查看俄员勘办铁路禀》中虽有部分内容涉及到历史考证和地理考订，但主要内容侧重于对当时国内外形势分的析。

曹廷杰在《条陈十六事》中的第一件事便提出“图们江口地属要害，宜据约划归中国”②。根据咸丰十年（1860）《中俄续增条约》记载，“珲春河应即绥

---

① 曹廷杰：《东三省舆地图说》，于逢春，厉声主编：《中国边疆研究文库·初编》东北边疆卷二，《东北边防辑要西伯利东偏纪要东三省舆地图说（外五种）》，哈尔滨：黑龙江教育出版社，2014年，第178页。

② 曹廷杰：《东三省舆地图说》，于逢春，厉声主编：《中国边疆研究文库·初编》东北边疆卷二，《东北边防辑要西伯利东偏纪要东三省舆地图说（外五种）》，哈尔滨：黑龙江教育出版社，2014年，第207页。

芬河之讹”，且“顺绥芬河及海中间之岭至图们江口者，皆有实据”[①]。他要求将沙俄占据的蒙古街、阿济密、岩杵河、摩阔崴等地归还中国。他同时看到了俄国海上争霸的意图，“俄人之意，因西洋之波罗的海、地中海、红海、南洋之印度海均被泰西诸国禁阻，该国师船不能出口，难于海上争雄。故经营东方得海参崴码头，较该国各处海口冰冻期少，可以通行海面，故有‘宁弃该国京城，不弃海参崴’之语”[②]。同时他还看到了图们江口丢失的重要影响，“设使任其所欲，则东三省之地不能一朝居，即旅顺、烟台、大沽各口亦准以长策胜。朝廷大局，曷堪设想！今惟于图们江口决计照约划归中国”[③]。曹廷杰的这些判断具有很高的战略预见性。

第二件事谈论中朝“辅车相依”[④] 的关系。朝鲜对中国而言“有唇亡齿寒之虑”[⑤]，中国应支援朝鲜，加强两国战略合作，只有两国携手才能在帝国主义争霸远东的激战中取得处于不败，“及时一战，先发制俄，俄败而日人恐，日恐而高丽安焉”[⑥]，提出了超越时人的卓越见解。

---

① 曹廷杰：《东三省舆地图说》，于逢春，厉声主编：《中国边疆研究文库·初编》东北边疆卷二，《东北边防辑要西伯利东偏纪要东三省舆地图说（外五种）》，哈尔滨：黑龙江教育出版社，2014 年，第 208 页。

② 曹廷杰：《东三省舆地图说》，于逢春，厉声主编：《中国边疆研究文库·初编》东北边疆卷二，《东北边防辑要西伯利东偏纪要东三省舆地图说（外五种）》，哈尔滨：黑龙江教育出版社，2014 年，第 208—209 页。

③ 曹廷杰：《东三省舆地图说》，于逢春，厉声主编：《中国边疆研究文库·初编》东北边疆卷二，《东北边防辑要西伯利东偏纪要东三省舆地图说（外五种）》，哈尔滨：黑龙江教育出版社，2014 年，第 209 页。

④ 曹廷杰：《东三省舆地图说》，于逢春，厉声主编：《中国边疆研究文库·初编》东北边疆卷二，《东北边防辑要西伯利东偏纪要东三省舆地图说（外五种）》，哈尔滨：黑龙江教育出版社，2014 年，第 209 页。

⑤ 曹廷杰：《东三省舆地图说》，于逢春，厉声主编：《中国边疆研究文库·初编》东北边疆卷二，《东北边防辑要西伯利东偏纪要东三省舆地图说（外五种）》，哈尔滨：黑龙江教育出版社，2014 年，第 209 页。

⑥ 曹廷杰：《东三省舆地图说》，于逢春，厉声主编：《中国边疆研究文库·初编》东北边疆卷二，《东北边防辑要西伯利东偏纪要东三省舆地图说（外五种）》，哈尔滨：黑龙江教育出版社，2014 年，第 209 页。

三、四、五件事中专论东北强兵计划，曹认为东三省流民数量巨大，“可招集编伍以备冲锋出奇之用”①。他分析东北流民的现状是因太平天国捻军作乱，大量民众从山东等地来东北避祸，地方官不知因势利导，反而冠以匪名，使治安更加混乱。应该对流民加以整编，以备抗俄之用。

第六、七件事则讲军饷之事，曹廷杰认为“屯垦、采金以防饷匮，是又当务之急也”②，“吉、江二省金矿甚多，宜设法开采，贱入贵出，以富国强兵”③。同时，他认为金场居民有强烈的爱国心，应加以利用。

第八件事即“华人贸易俄地宜免税”④，曹廷杰认为华商有着较高的爱国情怀，“贡貂诸部入俄多年，至今眷念中国，不改俄装，皆赖华商维持”，放松对华商的政策，既可增加收入，又可了解敌情，边境必然“商路日广，俄情常通”⑤。

第九件事停赏乌绫，以节省国家支出。

第十件事是倡导吉、江二省自铸货币“制钱”⑥，以恢复本地经济，同时

---

① 曹廷杰：《东三省舆地图说》，于逢春，厉声主编：《中国边疆研究文库·初编》东北边疆卷二，《东北边防辑要西伯利东偏纪要东三省舆地图说（外五种）》，哈尔滨：黑龙江教育出版社，2014年，第210页。

② 曹廷杰：《东三省舆地图说》，于逢春，厉声主编：《中国边疆研究文库·初编》东北边疆卷二，《东北边防辑要西伯利东偏纪要东三省舆地图说（外五种）》，哈尔滨：黑龙江教育出版社，2014年，第212页。

③ 曹廷杰：《东三省舆地图说》，于逢春，厉声主编：《中国边疆研究文库·初编》东北边疆卷二，《东北边防辑要西伯利东偏纪要东三省舆地图说（外五种）》，哈尔滨：黑龙江教育出版社，2014年，第214页。

④ 曹廷杰：《东三省舆地图说》，于逢春，厉声主编：《中国边疆研究文库·初编》东北边疆卷二，《东北边防辑要西伯利东偏纪要东三省舆地图说（外五种）》，哈尔滨：黑龙江教育出版社，2014年，第216页。

⑤ 曹廷杰：《东三省舆地图说》，于逢春，厉声主编：《中国边疆研究文库·初编》东北边疆卷二，《东北边防辑要西伯利东偏纪要东三省舆地图说（外五种）》，哈尔滨：黑龙江教育出版社，2014年，第217页。

⑥ 曹廷杰：《东三省舆地图说》，于逢春，厉声主编：《中国边疆研究文库·初编》东北边疆卷二，《东北边防辑要西伯利东偏纪要东三省舆地图说（外五种）》，哈尔滨：黑龙江教育出版社，2014年，第218页。

要善于用人，“为政在力行，果以实心行实政，利且无穷，弊安从生哉”[①]。

第十一件事扩建吉林机械局，加大军火生产数量，以备战争之用。“奉天、黑龙江之军械火药仍多购自外洋，或取诸关内，资本既重，转运亦艰”，只有“奉、江二省分设修理军械局，庶几资本可省，转运不劳”，方为“有备无患之长策也”[②]。

第十二件事是“松花江可试造轮船，以利转运”[③]。“无事则利商利民，并可利国；有事则征兵转饷，无误事机”[④]，此事实为利国利民之举。

第十三、十四件事是建议将黑龙江将军衙署迁往瑷珲，吉林将军衙署迁往宁古塔（今宁安县）或阿勒楚喀（今阿城县），以利于军事统帅进行前敌指挥。

第十五件事是“台尼堪可复”[⑤]，“尼堪”是满语对汉人的称呼。这里的“台尼堪”是指吴三桂被消灭后，其部下被充军到吉、黑二省充当站丁之人。曹廷杰主张充分发挥这些人的作用，这些人既可传递消息，又是重要的兵源。

《查看俄员勘探铁路禀》是一份很有价值的史料，甲午战争之际，沙俄决心与日本争夺东北，加紧实现西伯利亚大铁路穿越东北的计划。1895 年 9 月，曹廷杰被派出查看沙俄铁路勘探队的情况，查看结束后，曹廷杰写成《查看俄员勘探铁路禀》，文中详述其率员随俄人查明筹建铁路勘测的情况，还结合所

---

① 曹廷杰：《东三省舆地图说》，于逢春，厉声主编：《中国边疆研究文库·初编》东北边疆卷二，《东北边防辑要西伯利东偏纪要东三省舆地图说（外五种）》，哈尔滨：黑龙江教育出版社，2014 年，第 219 页。

② 曹廷杰：《东三省舆地图说》，于逢春，厉声主编：《中国边疆研究文库·初编》东北边疆卷二，《东北边防辑要西伯利东偏纪要东三省舆地图说（外五种）》，哈尔滨：黑龙江教育出版社，2014 年，第 219 页。

③ 曹廷杰：《东三省舆地图说》，于逢春，厉声主编：《中国边疆研究文库·初编》东北边疆卷二，《东北边防辑要西伯利东偏纪要东三省舆地图说（外五种）》，哈尔滨：黑龙江教育出版社，2014 年，第 219 页。

④ 曹廷杰：《东三省舆地图说》，于逢春，厉声主编：《中国边疆研究文库·初编》东北边疆卷二，《东北边防辑要西伯利东偏纪要东三省舆地图说（外五种）》，哈尔滨：黑龙江教育出版社，2014 年，第 220 页。

⑤ 曹廷杰：《东三省舆地图说》，于逢春，厉声主编：《中国边疆研究文库·初编》东北边疆卷二，《东北边防辑要西伯利东偏纪要东三省舆地图说（外五种）》，哈尔滨：黑龙江教育出版社，2014 年，第 221 页。

得情报，分析出沙俄要独霸我国东三省的野心。禀文中，曹廷杰揭指出："俄人将辟铁路至海参崴，其志在朝鲜及东三省，并预计他日进兵之路"[①]，如果允许俄国修筑铁路，则沙俄必将"因许修路而再求割地"[②]，到时候"旗汉生灵数千百万遭其荼毒"[③]，清王朝"祖宗基业"也被"任其侵占"，"则三省大局尽入囊中"[④]。曹廷杰的判断是建立在大量资料基础上的，无疑是正确的，但是清王朝国力衰弱，"拒之固不能，听之又不可"[⑤]，他所提出的办法仅仅是以路轨宽窄不同限制俄车直接入境，这种办法无疑是行不通的。

三、《东三省舆地图说》的现存版本及价值

《东三省舆地图说》印刷之时有光绪十三年铅印本、光绪二十三年、二十九年石印本，现存版本也较多，主要有《皇朝藩属舆地丛书》本，《中华边防舆地丛书》本、《问影楼舆地丛书》本、强自学斋印本、上海图书馆藏本、《辽海丛书》本，其中以金毓黻点校的《辽海丛书》本流传最广。[⑥] 1985年，北京中华书局出版了由丛佩远、赵鸣歧著的《中国近代人物文集丛书·曹廷杰集》，

---

① 曹廷杰：《东三省舆地图说》，于逢春，厉声主编：《中国边疆研究文库·初编》东北边疆卷二，《东北边防辑要西伯利东偏纪要东三省舆地图说（外五种）》，哈尔滨：黑龙江教育出版社，2014年，第223—224页。

② 曹廷杰：《东三省舆地图说》，于逢春，厉声主编：《中国边疆研究文库·初编》东北边疆卷二，《东北边防辑要西伯利东偏纪要东三省舆地图说（外五种）》，哈尔滨：黑龙江教育出版社，2014年，第225页。

③ 曹廷杰：《东三省舆地图说》，于逢春，厉声主编：《中国边疆研究文库·初编》东北边疆卷二，《东北边防辑要西伯利东偏纪要东三省舆地图说（外五种）》，哈尔滨：黑龙江教育出版社，2014年，第225页。

④ 曹廷杰：《东三省舆地图说》，于逢春，厉声主编：《中国边疆研究文库·初编》东北边疆卷二，《东北边防辑要西伯利东偏纪要东三省舆地图说（外五种）》，哈尔滨：黑龙江教育出版社，2014年，第225页。

⑤ 曹廷杰：《东三省舆地图说》，于逢春，厉声主编：《中国边疆研究文库·初编》东北边疆卷二，《东北边防辑要西伯利东偏纪要东三省舆地图说（外五种）》，哈尔滨：黑龙江教育出版社，2014年，第227页。

⑥ 马大正：《东三省舆地图说》，《中国边疆史地研究》1993年第3期。

作者以嘉业堂抄校本为底本，参照以上诸版本，融合作者个人观点，对《东三省舆地图说》进行了整理，这是现存最完善的版本。

《东三省舆地图说》有其独特价值，它“是曹廷杰翻阅了大量文献、进行广泛深入地调查研究，并和当时国内名流切磋多年，一个问题、一个问题具体分析，随时记下心得，于甲午战后、沙俄大举入侵前写成的”①，具有浓厚的学术性，“为讲辽东舆地必读之作”②。在考证历史、地理问题的时候，均依据中国的历史文献和实地调查材料，运用多种研究方法，认真推敲、谨慎论证，许多观点至今为学术界认可，是研究东北地方政治史、经济史、民族史不可多得的宝贵资料。③ 书中也体现出明显的政治倾向性，即为清朝封建政权服务，但是客观分析起来，书中记述了沙俄入侵东北的诸多事实，呼吁中华民族奋发图强，抗击沙俄等帝国主义列强侵略，具有强烈的爱国主义色彩，④ 同时文中提出的发展科学技术、振兴实业、维新自强等思想在当时也具进步意义。

《东三省舆地图说》的现存版本内容差别很小，其中以金毓黻点校的《辽海丛书》本最为普遍，但原文未加标点。本书以《辽海丛书》为底本，同时参照丛佩远、赵鸣歧所著《中国近代人物文集丛书·曹廷杰集》的相关内容，对《东三省舆地图说》进行点校，力争所加标点更为准确。文中文字均为简体字，对《辽海丛书》中出现的异体字仍按照原字形在文中列出，对原文中出现的误字、别字以脚注的形式在文中标出。本书内容基本参照《辽海丛书》内容不变，但是根据《问影楼舆地丛书》的内容（此部分内容参考丛佩远、赵鸣歧所著《中国近代人物文集丛书·曹廷杰集》），增加《松花江》《水陆险要》《电线兼驿》《驿》《威海》《烟台》《杂说十二条》《胡思敬戊申跋》等文，加入原文的附录中，所加内容在文中以脚注的形式标出。曹廷杰在任职期间对治理边疆，巩固防务，防御沙俄的侵略等方面做出了巨大贡献，同时也反映出曹廷杰作为一名仁人志士赤诚的爱国之心。⑤ 他多次实地勘察并取证丰富的东北史地

---

① 傅朗云、杨旸：《曹廷杰与永宁寺碑》，沈阳：辽宁人民出版社，1988年，第127页。

② 金毓黻：《静晤室日记》戊集三，丛佩远，赵鸣岐：《曹廷杰集》前言，北京：中华书局，1985年，第6页。

③ 鞠殿义、佟铮：《〈东三省地舆全图〉研究》，《社会科学战线》1986年第2期。

④ 马熙森：《曹廷杰与东北史地研究》，《学理论》2012年29期。

⑤ 范秀传：《杰出的东北史地学者曹廷杰》，《中国边疆史地研究》1991年第2期。

资料结合大量的历史文献，把历史和地理沿革及对当时形势的分析结合，著成《东三省舆地图说》。它对于了解中华民族开发东北地区的历史、认识中国历代政权对东北地区的有效管辖以及揭露沙俄殖民者对东北的侵略罪行，都提供了极有说服力的历史证据，为捍卫国家领土主权做出了极大的贡献。

参考文献

一、古籍部分

[1] 李延寿．北史 [M]．北京：中华书局，1974.

[2] 张凤台．长白汇征录 [M]．黄甲元，李若迁，校注．长春：吉林文史出版社，1987 (08)

[3] 刘建封．长白山江岗志略 [M]．孙文采，注．长春：吉林文史出版社，1987.

[4] 柳成栋，宋抵．东北方志序跋辑录：卷三吉林方志 [M]．哈尔滨：哈尔滨工业大学出版社，1993 (12).

[5] 钱开震，陈文焯．光绪奉化县志 [M] //凤凰出版社．中国地方志集成：吉林府县志辑．南京：凤凰出版社，2006.

[6] 吴光国，于会清．光绪辑安县乡土志 [M] //凤凰出版社．中国地方志集成：吉林府县志辑．南京：凤凰出版社，2006.

[7] 佚名．光绪通化县乡土志 [M] //凤凰出版社．中国地方志集成：吉林府县志辑．南京：凤凰出版社，2006.

[8] 萨英额．吉林外记 [M] //姜维公、刘立强．中国边疆研究文库初编：东北边疆卷．哈尔滨：黑龙江教育出版社，2014 (06).

[9] 曹廷杰．东三省舆地图说．于逢春，厉声．中国边疆研究文库初编．东北边疆卷二：东北边防辑要西伯利东偏纪要东三省舆地图说（外五种）．哈尔滨：黑龙江教育出版社，2014.

[10] 袁昶刊．吉林志略 [M]．陈见微，点校．长春：吉林文史出版社，2020.

二、著作部分

[1] 李泰棻. 方志学 [M]. 上海：商务印书馆，1935.

[2] 张国淦. 中国古方志考 [M]. 北京：中华书局，1963.

[3] 王云五. 续修四库全书提要 [M]. 台北：商务印书馆，1972.

[4] 俞鹿. 历代官制概略 [M]. 哈尔滨：黑龙江人民出版社，1978 (10).

[5] 谭其骧. 中国历史地图集 [M]. 北京：中国地图出版社，1982.

[6] 李澍田. 东北史志文献要略 [M]. 吉林：吉林师范学院，1983 (3).

[7] 丛佩远，赵鸣岐. 曹廷杰集：前言 [M]. 北京：中华书局，1985.

[8] 金毓黻. 静晤室日记戊集三 [M]. //丛佩远，赵鸣岐. 曹廷杰集前言. 北京：中华书局，1985.

[9] 李澍田. 长白丛书：初集 [M]. 长春：吉林文史出版社，1986.

[10] 李澍田. 长白丛书 [M]. 长春：吉林文史出版社，1987.

[11] 李澍田. 长白丛书：二集 [M]. 长春：吉林文史出版社，1988.

[12] 李澍田. 长白丛书：四集 [M]. 长春：吉林文史出版社，1990.

[13] 李澍田. 长白丛书：五集 [M]. 长春：吉林文史出版社，1993.

[14] 黄苇. 中国地方志词典 [M]. 合肥：黄山书社，1986 (11).

[15] 傅朗云，杨旸. 曹廷杰与永宁寺碑 [M]. 沈阳：辽宁人民出版社，1988.

[16] 曹殿举. 吉林方志大全 [M]. 长春：吉林文史出版社，1989 (7).

[17] 王晓岩. 方志体例古今谈 [M]. 成都：巴蜀书社，1989.

[18] 曹殿举. 吉林方志大全 [M]. 长春：吉林文史出版社，1989 (7).

[19] 李树田. 珲春史志 [M]. 长春：吉林文史出版社，1990.

[20] 王兆明，傅朗云. 中华古文献大辞典：地理卷 [M]. 长春：吉林文史出版社，1991.

[21] 中国人民政治协商会议河南省安阳县委员会文史委员会. 安阳县文史资料：第 3 辑 [M]. 1992.

[22] 长白县志编纂委员会. 长白朝鲜族自治县志 [M]. 北京：中华书

局，1993.

［23］刘自立，安龙祯，孟昭秋. 刘大同集［M］. 长春：吉林文史出版社，1993.

［24］王鸫宾. 东北人物大辞典：第二卷：上册［M］. 沈阳：辽宁古籍出版社，1996.

［25］李学勤，吕文郁. 四库大辞典［M］. 长春：吉林大学出版社，1996 (1).

［26］中国人民政治协商会议山东省安丘市委员会学宣文史委员会. 安丘文史资料15［M］. 安丘一中印刷厂印刷，1999.

［27］吕友仁. 中州文献总录［M］. 郑州：中州古籍出版社，2002 (12).

［28］张福有. 长白山文化论丛［M］. 长春：时代文艺出版社，2003 (7).

［29］凤凰出版社. 中国地方志集成：吉林府县志辑［M］. 南京：凤凰出版社，2006.

［30］皮福生. 吉林碑刻考录［M］. 长春：吉林文史出版社，2006 (12).

［31］刘维清，张之言. 民国临江县志［M］//罗宝书，邱在官，纂. 凤凰出版社. 中国地方志集成：吉林府县志辑. 南京：凤凰出版社，2006.

［32］林珪. 民国珲春县乡土志［M］//徐宗伟，纂. 凤凰出版社. 中国地方志集成：吉林府县志辑. 南京：凤凰出版社，2006.

［33］包文俊，李溶. 民国梨树县志［M］//曲廉本，续修，范大全，续纂. 凤凰出版社. 中国地方志集成：吉林府县志辑. 南京：凤凰出版社，2006.

［34］王瑞之. 民国辉南风土调查录［M］//凤凰出版社. 中国地方志集成：吉林府县志辑. 南京：凤凰出版社，2006.

［35］赵述云，金毓黻. 长春县志［M］//凤凰出版社. 中国地方志集成：吉林府县志辑. 南京：凤凰出版社，2006.

［36］张元俊，车焕文. 抚松县志［M］//凤凰出版社. 中国地方志集成：吉林府县志辑. 南京：凤凰出版社，2006.

［37］郑士纯，朱衣点. 民国农安县志［M］//凤凰出版社. 中国地方志集成：吉林府县志辑. 南京：凤凰出版社，2006.

[38] 马空群，陈国钧，等. 民国安图县志 [M] //孔广泉，臧文源，纂. 凤凰出版社. 中国地方志集成：吉林府县志辑. 南京：凤凰出版社，2006.

[39] 刘建封评传编委会. 刘建封评传 [M]. 北京：中国文史出版社，2007.

[40] 杨旸. 明代东北疆域研究 [M]. 长春：吉林人民出版社，2008.

[41] 张福有. 百苦旅 [M]. 长春：吉林人民出版社，2009.

[42] 宋志勇，田庆立. 日本近现代对华关系史 [M]. 北京：世界知识出版社，2010.

[43] 白寿彝. 史学概论 [M]. 北京：中国友谊出版公司，2012.

[44] 刘卫东. 河南大学百人物志 [M]. 开封：河南大学出版社，2012 (8).

[45] 赵瑞. 吉林外记：解题 [M] //姜维公，刘立强. 中国边疆研究文库初编：卷十：吉林外记、黑龙江外记. 哈尔滨：黑龙江教育出版社，2014.

[46] 万丽华，蓝旭，译. 孟子 [M]. 北京：中华书局，2016.

[47] 商务辞书国际编辑部. 现代汉语词典 [M]. 北京：商务印书馆国际有限公司，2018.

三、论文部分

[1] 章学诚. 州县请立志科议 [J]. 档案工作，1961 (5).

[2] 安龙祯. 一位知县的壮举——长白山地名普查的楷模刘建封 [J]. 延边大学学报（社会科学版），1983 (4).

[3] 鞠殿义，佟铮. 东三省地舆全图研究 [J]. 社会科学战线，1986 (2).

[4] 郭殿忱. 吉林外记成书及流布小考 [J]. 社会科学战线，1987 (1).

[5] 傅朗云. 开发乡帮文献　宏扬地方文化——评长白丛书初集 [J]. 古籍整理研究学刊，1987 (2).

[6] 汪玢玲. 一部研究东北地方史志的珍贵资料——长白山江岗志略新序 [J]. 吉林师范学院学报（哲学社会科学版），1987 (2).

[7] 范秀传. 杰出的东北史地学者曹廷杰 [J]. 中国边疆史地研究，1991

(2).

[8] 张钧，张弛. 刘建封与《长白山江岗志略》[J]. 图书馆学研究，1992 (6).

[9] 衣保中. 弘扬区域文化的大型文献丛刊——《长白丛书》综评 [J]. 中国典籍与文化，1993 (3).

[10] 马大正. 东三省舆地图说 [J]. 中国边疆史地研究，1993 (3).

[11] 张冠梓. 试论古代人口南迁浪潮与中国文明的整合 [J]. 内蒙古社会科学（文史哲版），1994 (4).

[12] 孙文采. 不求一时荣，但求千秋誉——刘建封对长白山的勘察与开发 [J]. 社会科学战线，1994 (6).

[13] 张乐圣. 刘知县成为民主革命先驱 [J]. 春秋，1995 年 (6).

[14] 陶勉. 清代封祭长白山与派员踏查长白山 [J]. 中国边疆史地研究，1996 (3).

[15] 文楚. 刘大同传奇一生 [J]. 档案与史学，1996 (5).

[16] 徐学毅. 乘槎河的由来与考辨 [J]. 学问，2001 (11).

[17] 宫健泽，聂翔雁. 刘建封与长白山 [J]. 北华大学学报（哲学社会科学版），2002 (2).

[18] 兴夫，德标. 爱国学者曹廷杰 [J]. 黑龙江史志，2002 (2).

[19] 申少春. 论民国初年两位安阳籍省长倾心修方志的贡献 [J]. 安阳大学学报，2002 (3)

[20] 施立学. 山转水回现民俗——重读刘建封《江岗志略》[J]. 吉林日报，2002 (10).

[21] 袁义. 长白山世纪名印——“天地钓叟”[J]. 学问，2002 (10).

[22] 刘自力. 怀念老爷爷刘建封 [J]. 学问，2002 (10).

[23] 皮福生. 刘建封书法艺术探微 [J]. 学问，2002. (10).

[24] 李乐营，王景泽. 长白府设置的背景及意义 [J]. 中国边疆史地研究，2004 (2).

[25] 安龙祯. 长白山的五道坡口与八大绿洲 [J]. 东北史地，2004 (2).

[26] 施均显. 广西地方志与区域经济发展关系研究 [J]. 第三届广西青年学术年会论文集（社会科学篇），2004 (10).

[27] 陈福顺，孙玲玲. 论清末民初刘建封对安图林业发展的贡献 [J]. 通化师范学院学报，2005 (5).

[28] 安龙祯. 试谈长白山文化的渊源与发展 [J]. 东疆学刊，2006 (1).

[29] 蒋成义. 刘建封与牙湖晚钓 [J]. 东北史地，2007 (2).

[30] 金凤杰等. 刘建封——长白山人参故事的第一搜集人 [J]. 人参研究，2007 (3).

[31] 耿志刚. 浅析张凤台的长白汇征录 [D]. 延吉：延边大学，2007 (5).

[32] 王猛. 此处居然有桃源——长白山江冈志略展现长白山原始风情 [J]. 东北史地，2008 (5).

[33] 耿铁华. 白山纪咏中的历史文化信息 [J]. 东北史地，2008 (5).

[34] 曹保明. 走进百年记忆 [J]. 抢救挖掘长白山非物质文化遗产东北史地，2008 (5).

[35] 刘建封作，张福有续. 白山纪咏并注 [J]. 东北史地，2008 (5).

[36] 陈福顺，孙文采. 刘建封四次勘测长白山 [J]. 吉林日报，2008 (6).

[37] 韩爱平. 吉林地方志文献研究 [D]. 长春：东北师范大学，2009.

[38] 栾英良. 灵石蕴玉　嘉木清华——读刘彦臣先生《长白山木石文化》[J]. 通化师范学院学报，2009 (1).

[39] 张波等. 辽东人参、全球称最——刘建封与人参文化 [J]. 人参研究，2009 (2).

[40] 吴文昌. 开拓传承长白山文化的历史壮举 [J]. 东北史地，2009 (4).

[41] 刘禹，梁琴. 刘建峰精神述略 [J]. 东北史地，2009 (4).

[42] 王珉. 积极从学术上推进长白山文化研究 [J]. 东北史地，2009 (6).

[43] 李花子. 清代长白山踏查活动及对三江源的记述 [J]. 韩国研究论丛，2011 (1).

[44] 马熙森. 曹廷杰与东北史地研究 [J]. 学理论，2012 (29).

[45] 王纯信. 长白山漫江木屋探查、研究与保护 [J]. 通化师范学院学

报，2013（3）.

［46］李东日. 安图县别名考及其文化意义［J］. 黑龙江史志，2013（19）.

［47］王慧. 现存志料、采访册、调查记等文献概述［J］. 学术探索，2014（7）.

［48］周慧. 从方志发展看方志创新［J］. 中国地方志，2014（12）.

［49］韩成权. 刘建封与长白山十六峰命名［J］. 黑龙江史志，2014（17）.

［50］黄为放，梁超前，高莹. 踏察长白三江源　填补缺典三百年——刘建封长白山江岗志略记［J］大连大学学报，2018（5）.

［51］王爱荣. 媒介融合业态下大型文献丛书影印出版的品牌生产线建设——以凤凰出版社中国地方志集成出版为中心［J］. 经济管理文摘，2019（16）.

［52］李秋洪. 地方志工作的哲学思辨［J］. 广西地方志，2021（1）.

［53］彭勇. 试论中华民族交往交流交融史研究的路径和方法［J］. 中华民族共同体研究，2023（4）.

后　记

我熟悉吉林省地方志是在读博士以后，对清末的方志尤其感兴趣。仰赖长春师范大学图书馆馆藏《中国地方志集成·吉林府志辑》，使我更方便掌握吉林清末、民国初年地方旧志的全貌。去年开始，应好友黄为放之约，加入“‘三交’视域下《中国地方志集成》中吉林地区古代民族史料汇编”项目组，承担旧志中“经济关系”史料的整理与编辑工作。我深入学习“民族交往交流交融”理论后，专门对经济关系中的物产、租税、实业、财赋、户口、交通等内容进行了总结，形成了本文的基本构架，并以《中国地方志集成》为中心搜集材料。在近一年的编写过程中，我殚精竭虑、不敢遗漏任何一条史料，最终完成本书全部20余万字的史料整理和论证工作。在这一段时间中，感谢好友黄为放、周文瑶对全书结构和研究视角给予的指导意见，更感谢我家人给与的支持。

在编写《吉林旧志中经济史料整理与研究——以〈中国地方志集成·吉林府县志辑〉为中心》的过程中，对长春师范大学历史学院在读博士生夏晓宇，在读硕士生李丹与王壹，在读本科生张宏烨、范文瀚、王冉、苗煜晨等同学在搜集和影印吉林旧志时付出的努力表示感谢。

李龙胜

2024年7月